BLUMEN *malen*

HEIKE RENZ

Alle Grundlagen & leuchtende Mixed-Media-Motive

SCHRITT FÜR SCHRITT

EMF

EIN BUCH DER EDITION MICHAEL FISCHER

Inhalt

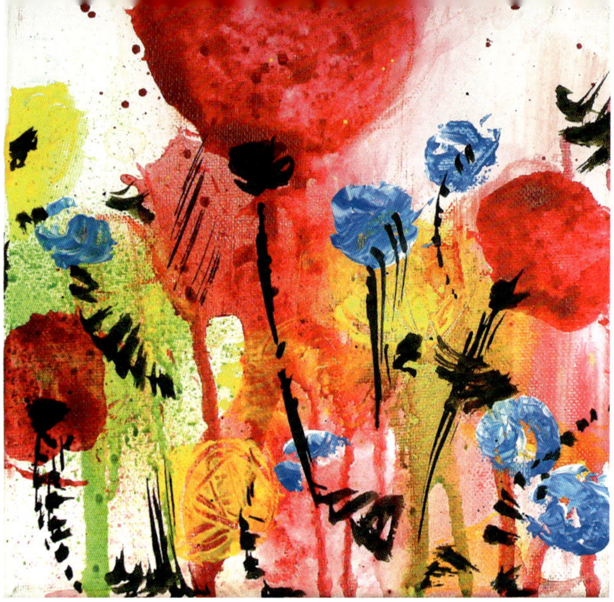

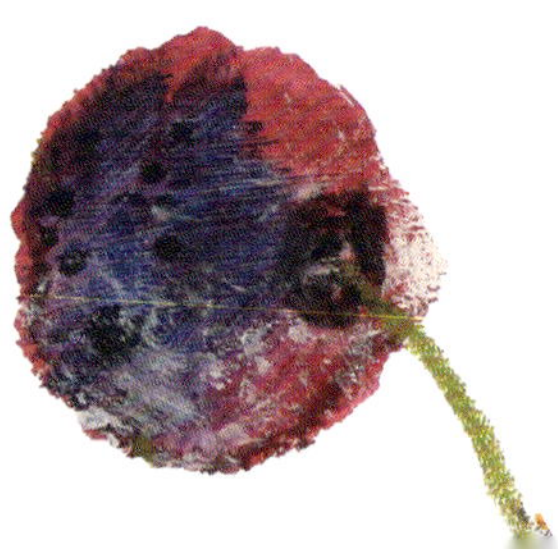

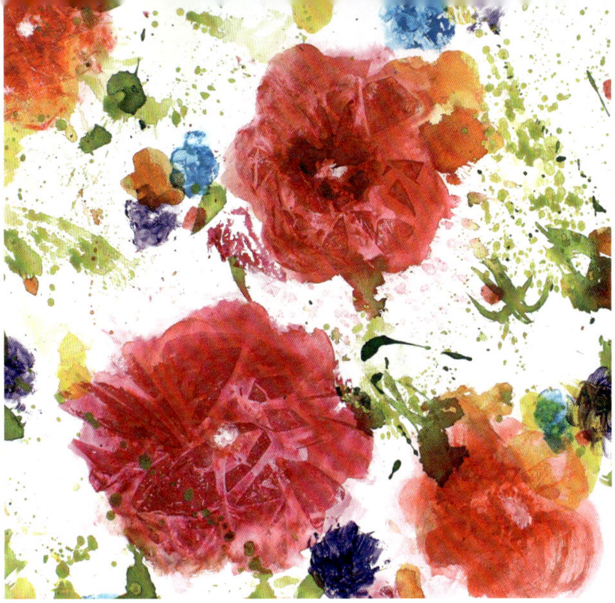

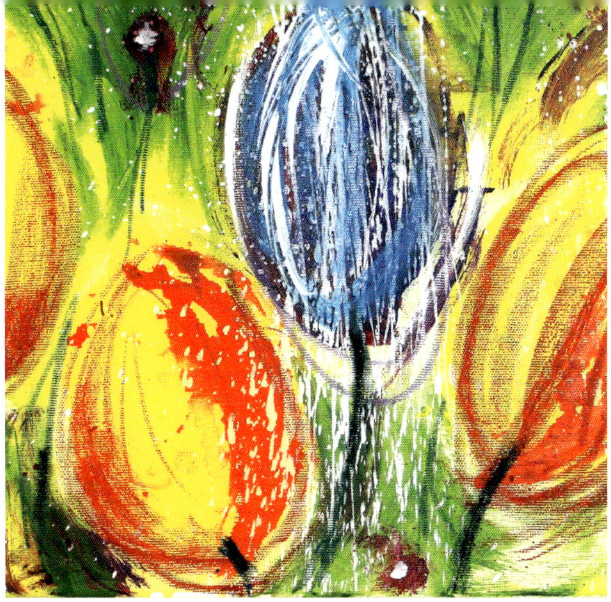

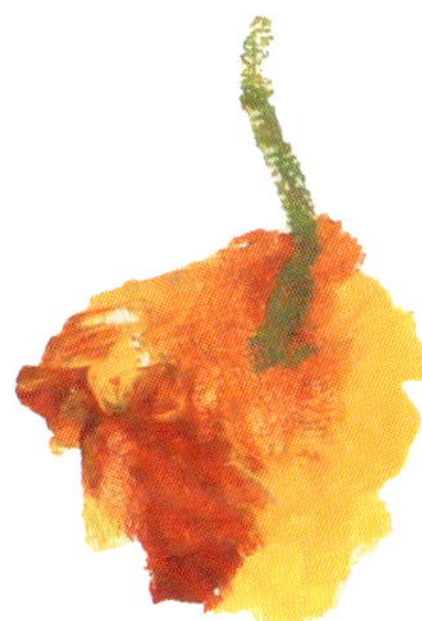

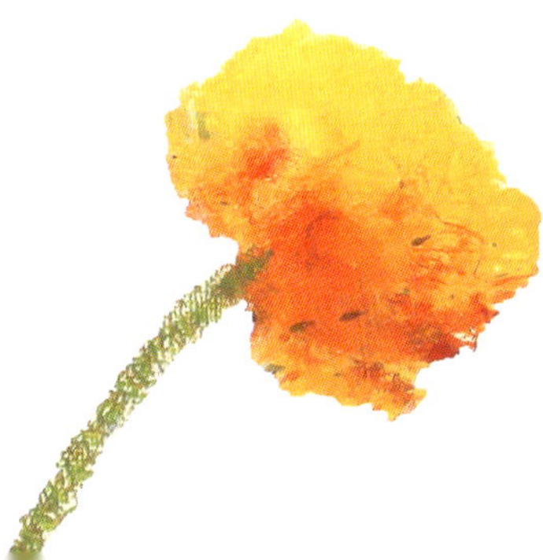

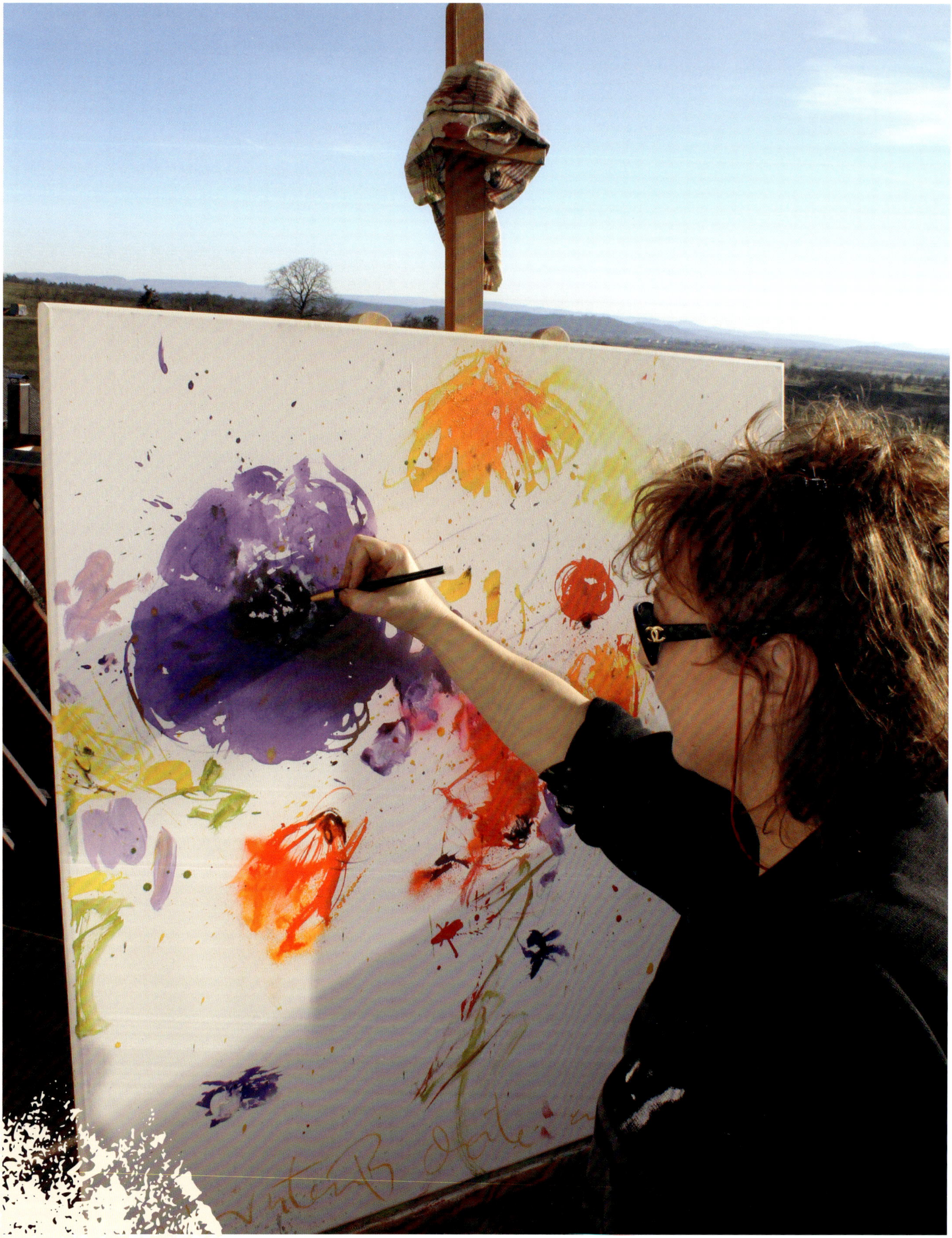

Vorwort

Lieber Leser und liebe Leserin,

ich freue mich sehr, dass dieses Buch dein Interesse geweckt hat. Vielleicht malst du schon eine ganze Weile oder bist noch in den Startlöchern, das ist nicht so wichtig. Dieses Buch hält Anregungen für jeden bereit, der Lust und Freude am Experimentieren mit Acrylfarben hat.

Seit vielen Jahren unterrichte ich in meiner Kunstschule verschiedene Techniken der Acrylmalerei. Aus diesen Erfahrungen heraus habe ich dieses Buch konzipiert. Es soll in erster Linie ein praktisches Arbeitsbuch für dich sein. Die hier beschriebenen Techniken kannst du mit einfachen Hilfsmitteln aus dem Haushalt anwenden. Natürlich brauchst du eine gewisse Grundlage an Künstlermaterial, zum Beispiel einige Leinwände, ein Sortiment an Farben und Pinseln, und schon kannst du loslegen. All diese Techniken habe ich selbst ausprobiert und nutze sie auch bei meinen eigenen Bildern.

Mein Lieblingsthema sind Blumen und Pflanzen, da kommt die Textildesignerin in mir durch, denn auch in diesem Bereich sind Blumen und Pflanzen ein beliebtes Motiv. Ich habe sie am liebsten auf Bettwäsche und Dekorationsstoffe platziert. Um dich auf dieses Thema vorzubereiten, kannst du beispielsweise über Wiesen gehen und Blumen betrachten, und dabei vielleicht einige Fotos als kleine Inspirationsquelle knipsen. Auch das Sammeln von Bildern deiner Lieblingsblumen kann eine wunderbare Anregung sein, um kreativ zu werden.

So kannst du dir deinen Arbeitsbereich herrichten: Decke deinen Arbeitstisch mit Zeitungspapier ab und stelle deine Materialien bereit.

Such dir das Motiv aus, das dir am besten gefällt, und fang einfach an! Lass dich nicht entmutigen, wenn dir etwas nicht auf Anhieb gelingen sollte: Es ist noch kein Meister vom Himmel gefallen! Du wirst merken, wie du dich mit etwas Übung stetig verbesserst. Ich hoffe, ich kann dich ermutigen, neue Wege zu gehen und viele neue Techniken auszuprobieren. Acrylfarbe ist wirklich ein wunderbares Medium, das du mit vielen anderen Farben kombinieren kannst. Probiere es einfach aus!

Gerne kannst du mir über Instagram schreiben, @heike.renz.art. Vielleicht kannst du mich auch in deinen Werken markieren oder dich mit mir über deine Erfahrungen austauschen – ich freue mich darauf!

Ich wünsche dir in jedem Fall sehr viel Freude und viele kreative Stunden mit meinem Buch.

Herzlichst,

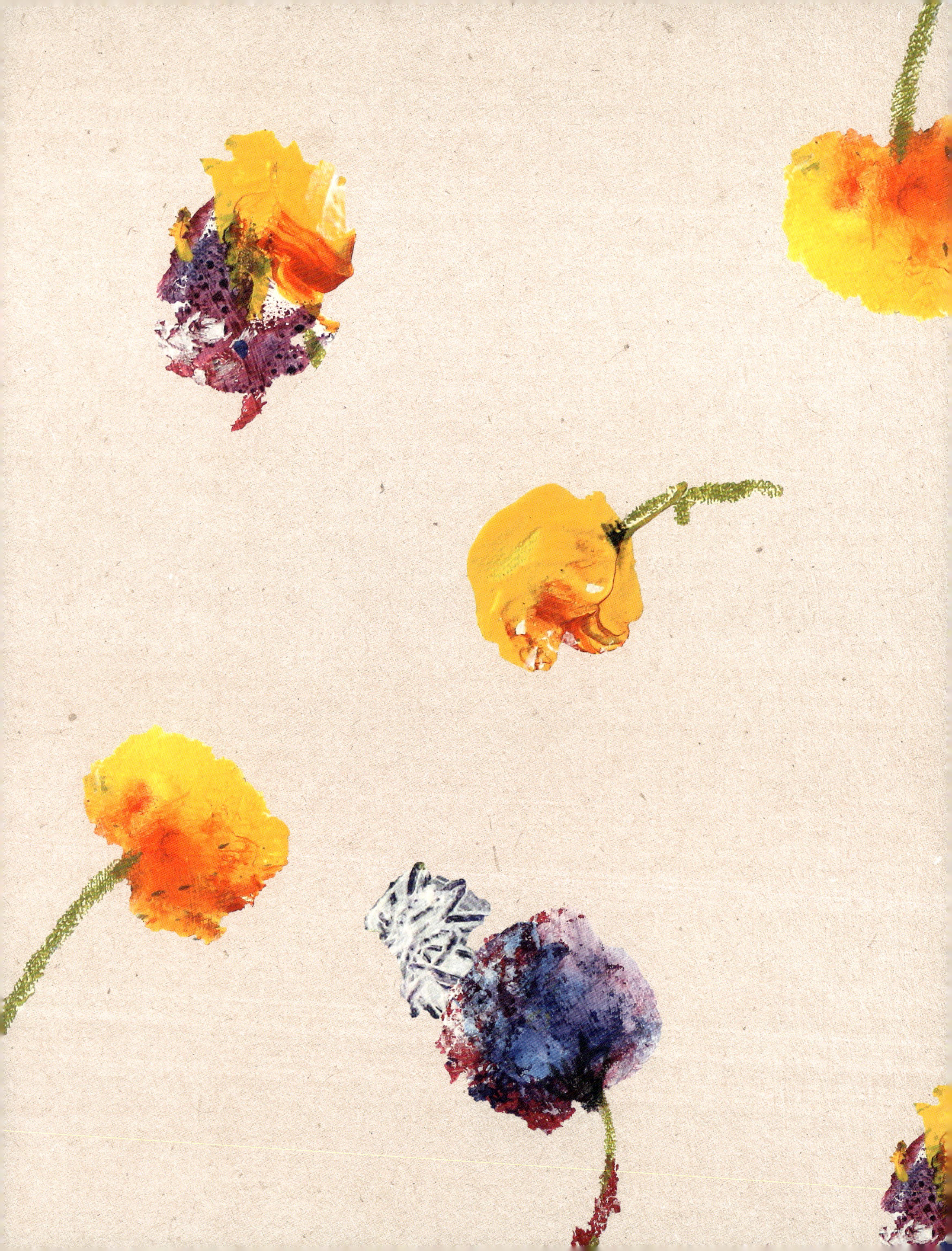

Grundlagen

Material

Im folgenden Kapitel möchte ich dir die Materialien vorstellen, die ich gerne für das Malen von Blumen und Pflanzen verwende. Ein gutes Ergebnis hängt sehr stark von der Qualität deines Materials ab. Nichts ist ärgerlicher, als wenn dir ein Bild gelungen ist, und deine Leinwand anschließend einreißt oder die Farbe nach dem Trocknen verblasst.

Hier findest du ein paar Tipps für gute Materialien, mit denen du sicher Freude haben wirst.

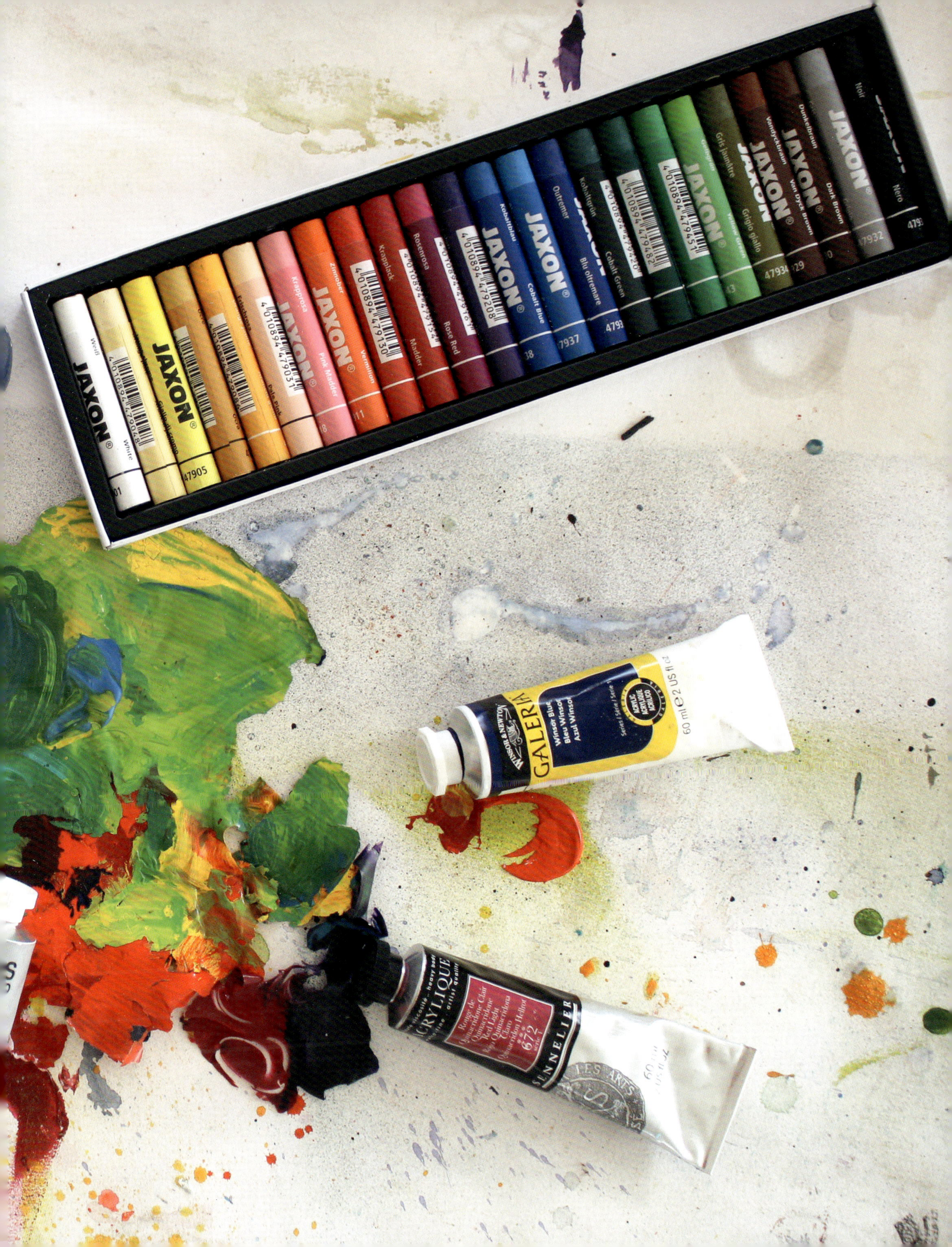
JAXON
GALERIA
WINSOR & NEWTON
Winsor Blue
60 ml 2 US fl oz
ACRYLIQUE
SENNELIER

Leinwand

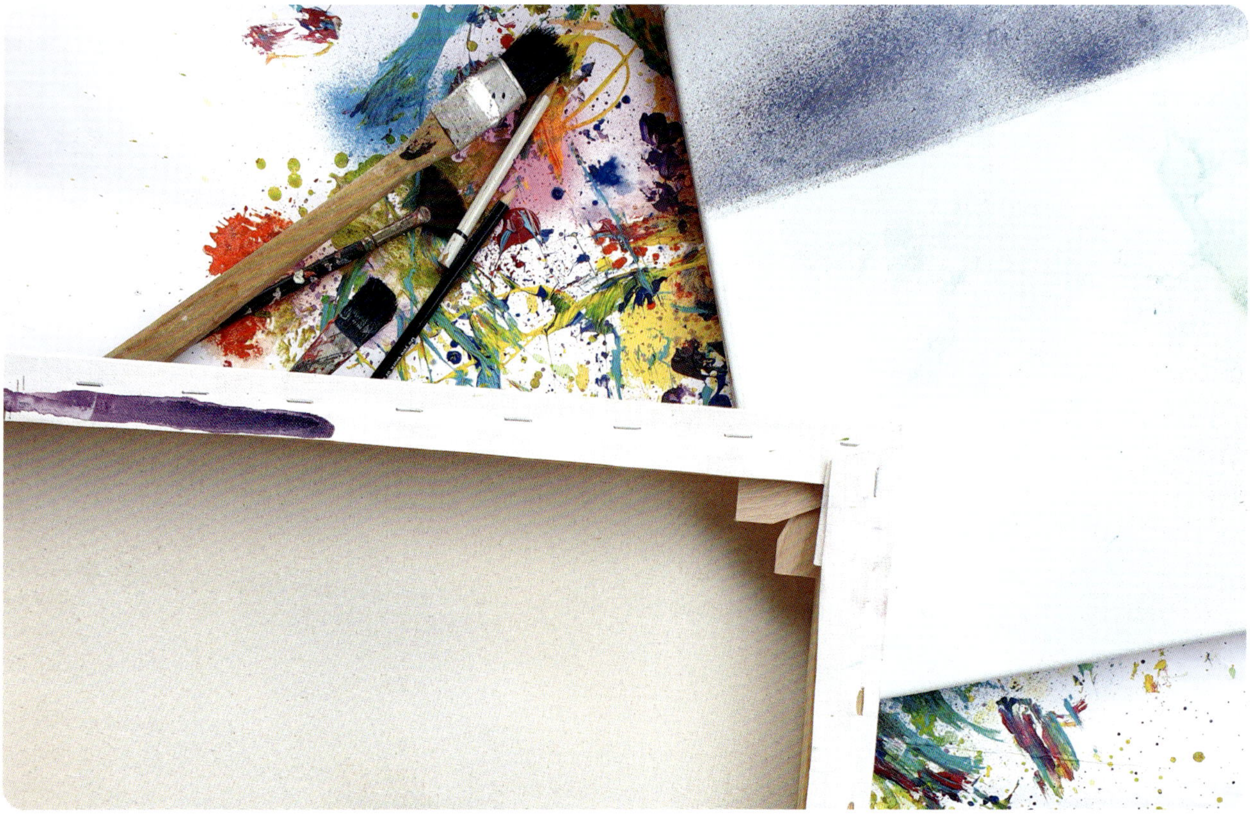

Leinwände gibt es aus Mischgewebe, Baumwolle oder Leinen. Mischgewebe sind preisgünstiger, aber dafür auch anfälliger für das Verziehen. So etwas hast du bestimmt schon einmal gesehen: Wenn sich eine Ecke der Leinwand nach vorne wölbt, hat sich die Leinwand verzogen. Das passiert häufig bei Temperatur- und Luftfeuchtigkeitsschwankungen.

Deswegen solltest du immer die Holzkeile zum Spannen verwenden, die bei den Leinwänden an der Rückseite in einem kleinen Beutel befestigt sind (siehe dazu Seite 20: Die Leinwand spannen). Ob diese Keile beim Kauf einer Leinwand beigelegt sind, ist auch ein Qualitätsmerkmal.

Leinwände aus Baumwolle oder Leinen sind teurer, aber deutlich verzugsfreier. Als beste Leinwandbindung gilt das Kreuzmuster. Diese Webtechnik sorgt für ein gleichmäßiges Spannungsverhältnis auf dem Keilrahmen.

Firnis

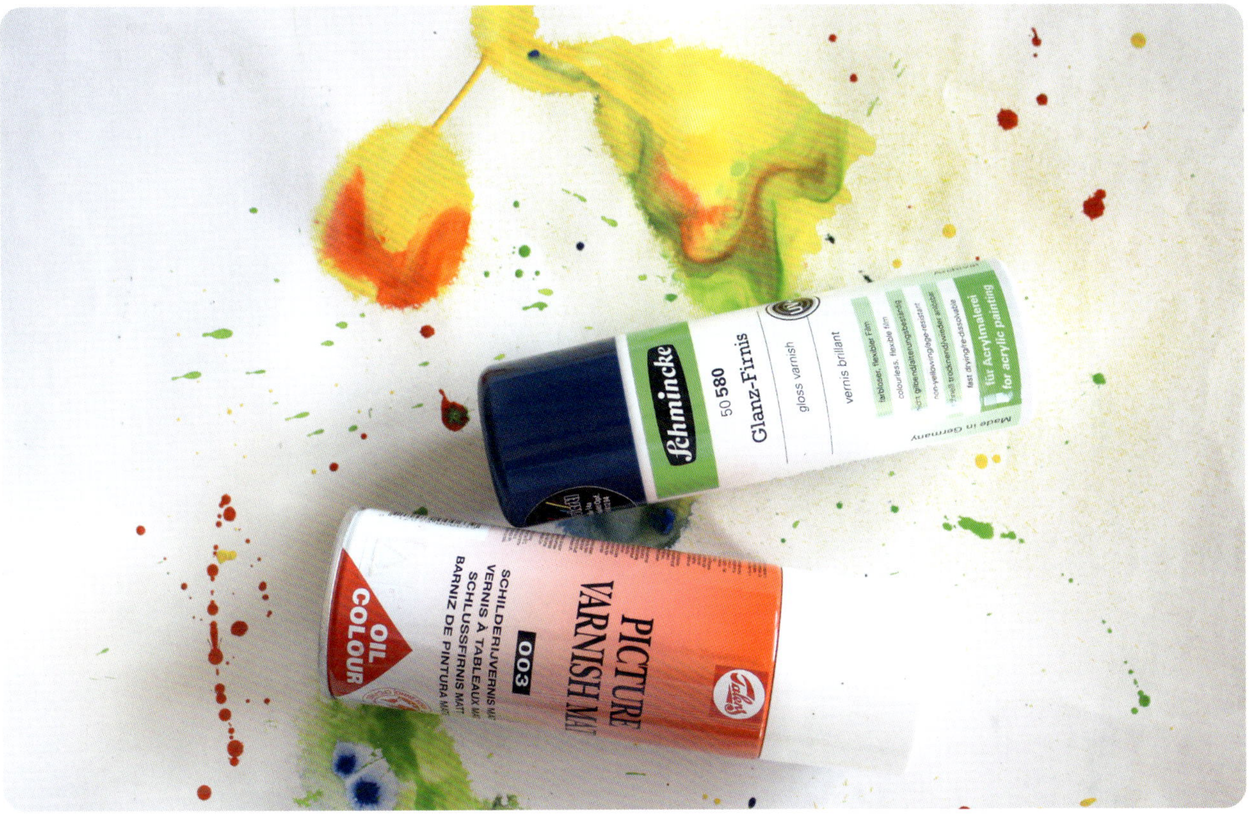

Firnis verwendest du auf deinem fertigen Acrylbild, um es anschließend nochmal zu schützen. Acrylfarbe trocknet wasserfest an, weshalb dein Bild nach dem Trocknen bereits recht unempfindlich ist. Firnis bietet anschließend noch einen extra Schutz. Wenn du zum Beispiel ein Glas Wasser auf einem mit Firnis beschichteten Bild verschüttest, kannst du es unbesorgt abwischen, ohne dein Werk zu verwischen oder zu beschädigen.

So wendest du Firnis richtig an: Sprühe den Firnis im Abstand von 10 – 15 cm gleichmäßig auf deine Leinwand und lass dein Bild anschließend trocknen und gut auslüften.

Verwende Firnis immer nur draußen und nie in Innenräumen. Beim Sprühen bilden sich Aerosole, die sehr gesundheitsschädlich sein können, wenn du sie direkt einatmest. Zum Trocknen kannst du deine Bilder ca. drei Stunden draußen stehen lassen, beispielsweise auf dem Balkon.

Die Pinsel

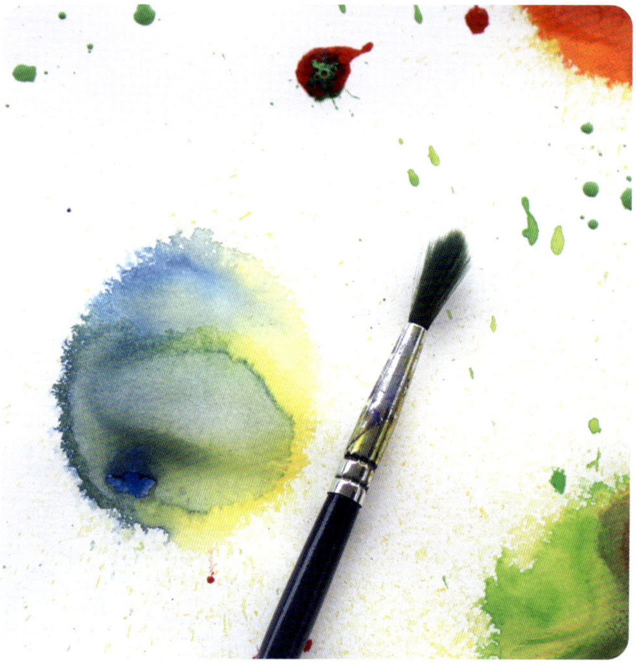

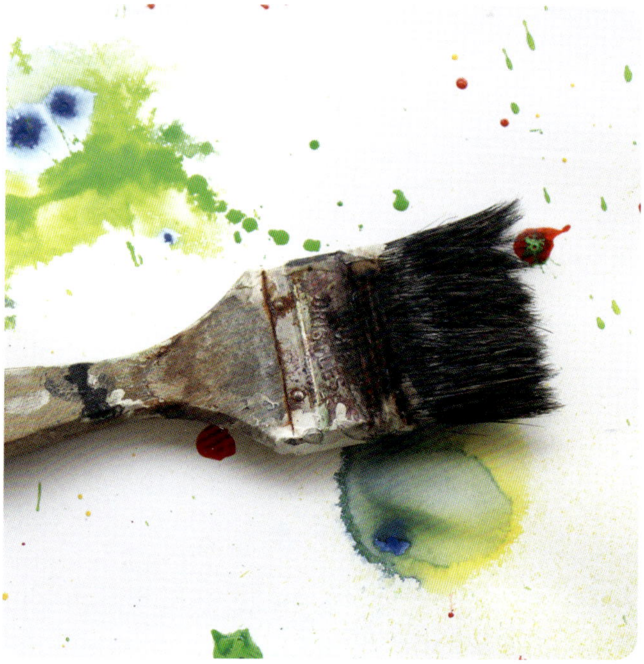

Der Rundpinsel

Der gebräuchlichste Pinsel ist der Rundpinsel, der vielseitig einsetzbar ist. Mit einem Rundpinsel der Größe 3 kannst du beispielsweise sehr feine Linien ziehen oder winzige Details malen. Einen Rundpinsel der Größe 20 nehme ich hingegen für große Blumen.

Am besten hast du ein Sortiment mit den Pinselgrößen 3, 9, 12 und 20 zu Hause.

Der Flachpinsel

Ein großer Flachpinsel (Gr. 20) ist unerlässlich für das Bemalen von größeren Flächen.

Mit einem Flachpinsel der Größe 12 trägst du zum Beispiel im Projekt „Rote Blüten“ (S. 126) Wasser für die Folientechnik auf. Diese beiden Größen reichen dir für den Anfang.

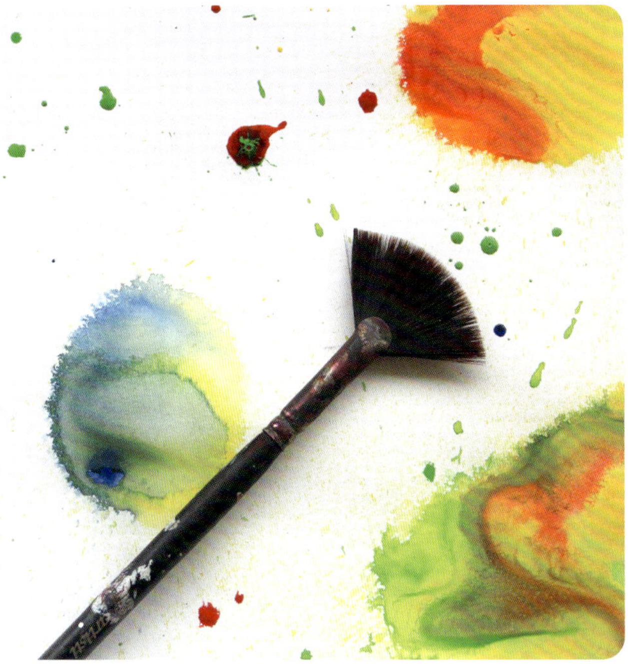

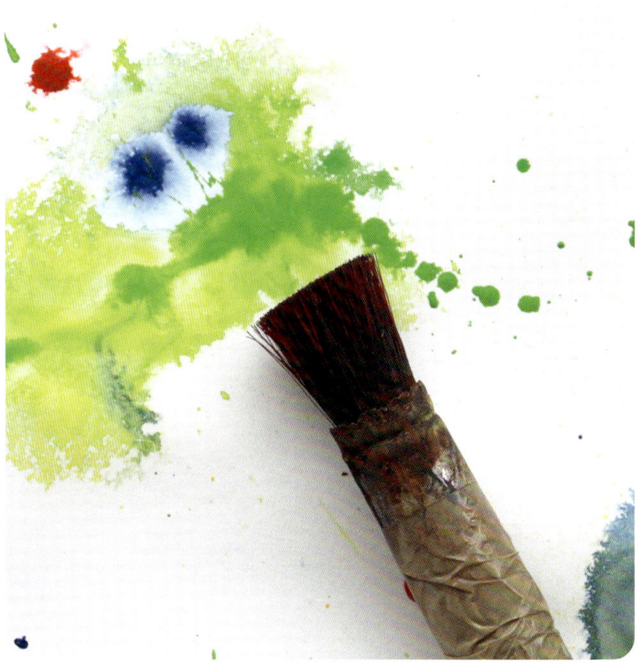

Der Fächerpinsel

Der Fächerpinsel eignet sich für Spezialeffekte wie unregelmäßige Linien oder fächerartige Abdrücke.

Der Stempelpinsel

Mit dem Stempelpinsel stempele ich beispielsweise Blumen oder Hintergründe.

Tipp

Bevor du mit einem Fächer- oder Stempelpinsel auf deiner Leinwand loslegen kannst, ist meist erst mal ein Flachpinsel an der Reihe. Dieser eignet sich ideal für das Grundieren deiner Leinwand, da du mit seiner breiten Seite schnell und einheitlich große Flächen abdecken kannst.

Acrylfarben

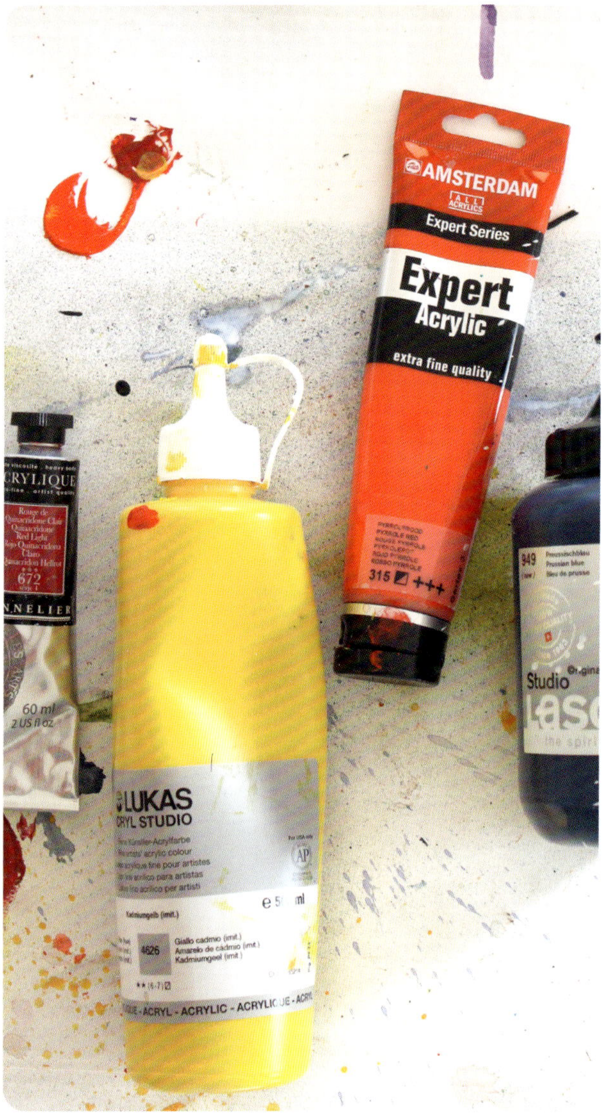

Die meisten Hersteller bieten sowohl günstige Acrylfarben in Studioqualität als auch hochwertige Farben in feinster Künstlerqualität an.

Um eine möglichst hohe Intensität der Farbe zu erzielen, solltest du Acrylfarben in Künstlerqualität wählen. In diesem Segment gibt es hochwertige Acrylfarben in Profiqualität, die natürlich etwas teurer sind als in Studioqualität.

Ich verwende gerne Acrylfarben von Schmincke, Lukas oder Lascaux. Aber auch die Amsterdam, Boesner oder Gerstaecker Eigenmarken sind zu empfehlen.

Wenn du dir ein paar Grundtöne besorgst, kannst du damit viele andere Farbtöne anmischen.

Die unterstrichenen Farben halte ich für sehr wichtig, die anderen kannst du dir nach und nach anschaffen, da du diese mit den Grundfarben anmischen kannst. Natürlich kannst du auch jede andere Farbe verwenden, die dir gefällt.

- *Titanweiß*
- *Schwarz*
- *Kadmiumgelb mittel*
- *Indischgelb*
- *Kadmiumorange*
- *Zinnoberrot*
- *Magenta*
- *Ultramarinblau*
- *Türkisblau*
- *Coelinblau*
- *Kobaltblau*
- *Violett*
- *Permanentgrün hell*
- *Dunkelgrün (aus Permanentgrün hell und Ultramarinblau gemischt)*
- *Vandyckbraun*

Acrylic Ink-Farben

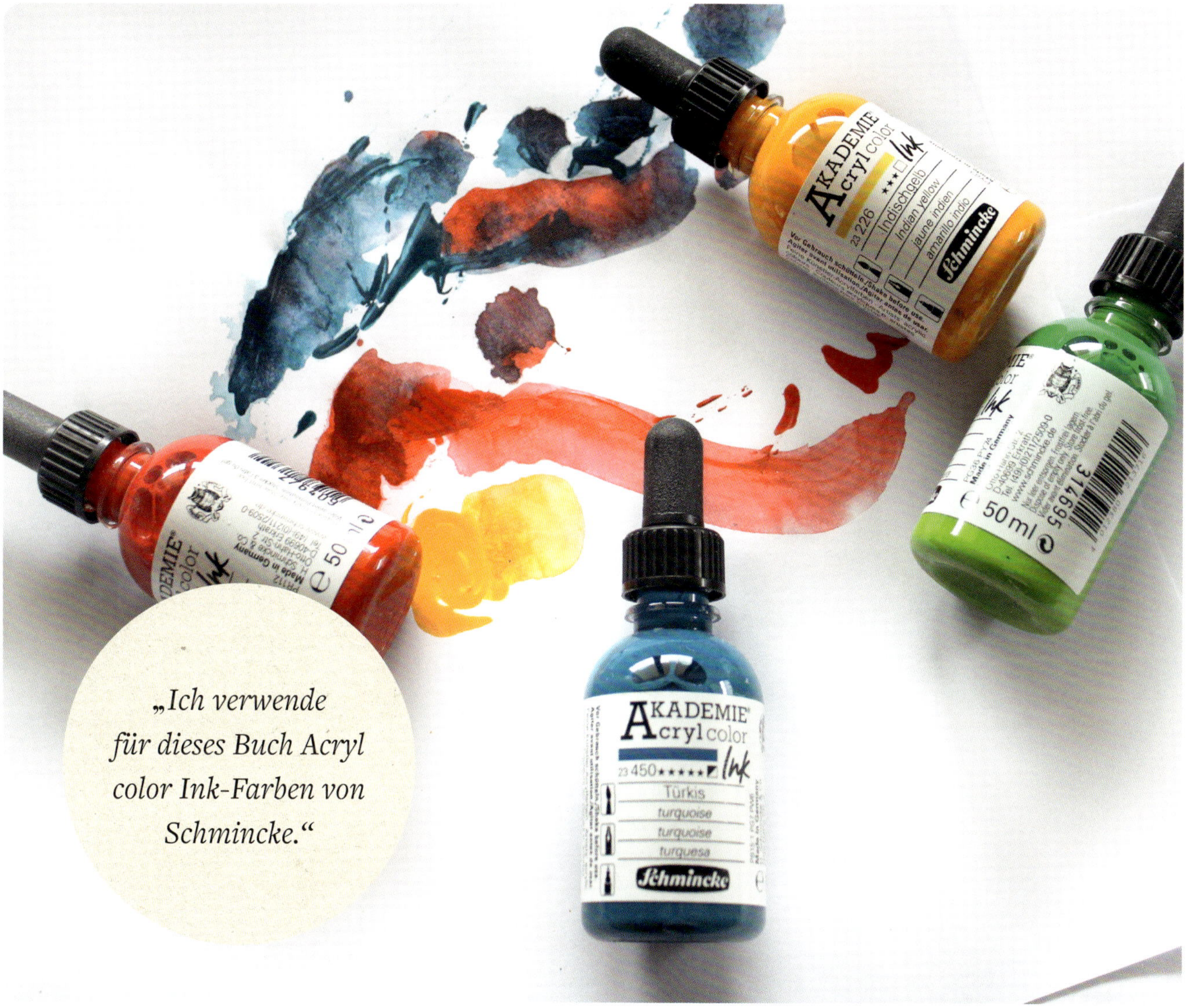

„Ich verwende für dieses Buch Acryl color Ink-Farben von Schmincke.“

- *Kadmiumgelbton*
- *Zinnoberrot*
- *Krappdunkel*
- *Primär Magenta*
- *Brillantviolett*
- *Primär Cyan*
- *Kobaltblauton dunkel*
- *Maigrün*
- *Laubgrün*

Ölpastellkreiden

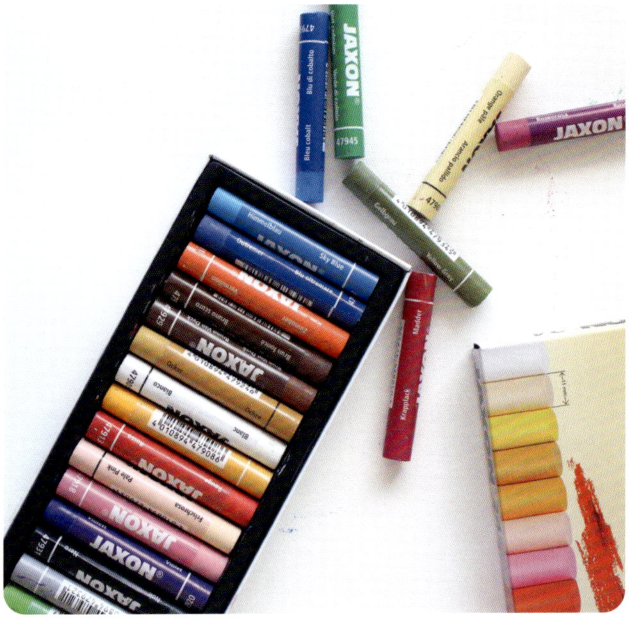

Mit Ölpastellkreiden lassen sich wunderbar unregelmäßige, strukturierte Flächen erzeugen. Du kannst die Kreide linear oder flächig einsetzen. Letzteres entsteht, indem du das Papier deiner Kreide entfernst, sie quer nimmst und flach über die Leinwand reibst. Vielleicht probierst du es erst einmal auf einem Stück Papier aus, bevor du damit deine Leinwand gestaltest. Ölpastellkreiden kannst du außerdem linear zum Vorzeichnen deiner Blumen nutzen. Zeichne die Umrisse deiner Motive nur grob auf, du sollst lediglich erkennen, wo du deine Blumen platzieren möchtest.

Bleistift

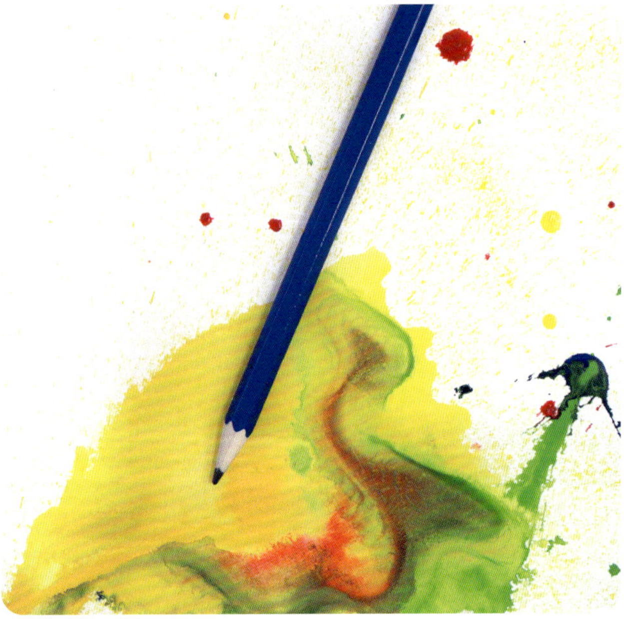

Auch den Bleistift nutze ich, um meine Blumenmotive vorzuzeichnen. Mit den meisten Farbtönen kannst du dann einfach über deine Bleistiftskizzen malen, während du bei hellen Farbtönen wie Gelb oder Weiß deine Skizzen lieber vorsichtig wegradieren solltest, damit später keine Bleistiftlinien durchscheinen.

Zeichenkohle

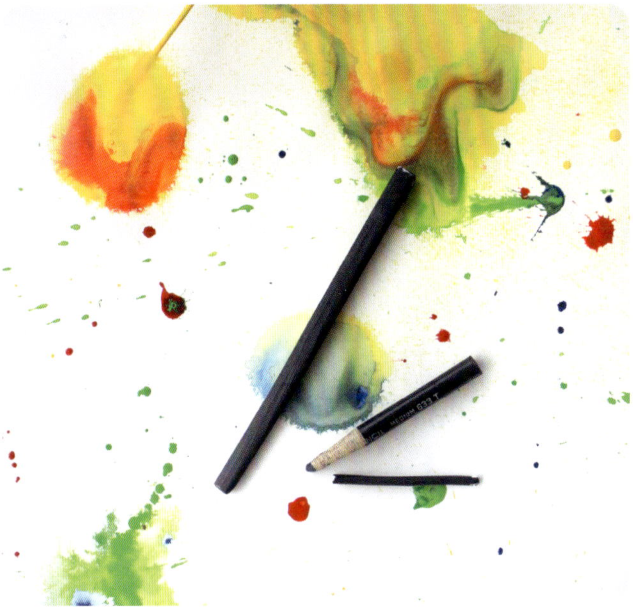

Zeichenkohle eignet sich ebenfalls gut zum Vorzeichnen. Im Gegensatz zu einem Bleistift lässt sich Kohle ganz einfach wieder wegreiben, wenn du ein paar Striche zu viel gezeichnet hast.

Mit deiner Acrylfarbe kannst du dann ganz einfach über die Zeichenkohle malen. Sei hier ebenfalls vorsichtig mit sehr hellen Tönen, da Kohle einen kleinen grauen Schleier hinterlässt, der bei Weiß- oder Gelbtönen störend wirken kann.

Sonstige Hilfsmittel

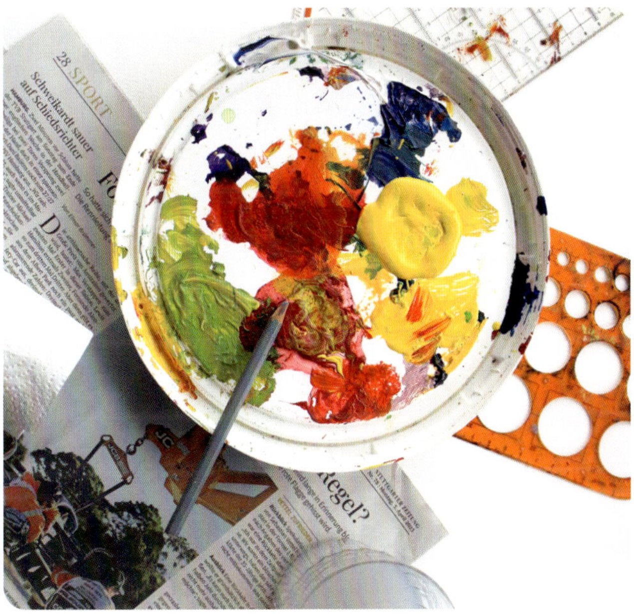

In deinem Haushalt lassen sich viele tolle Hilfsmittel finden: Für das Vorzeichnen der Blumen kannst du zum Beispiel einen Teller oder eine Tasse verwenden, als Wasserglas kannst du ausgespülte Becher, zum Beispiel von Sahne, hernehmen, und als Palette dienen alte Deckel wie von Wandfarben. Ausgelesene Zeitungen sind eine wunderbare Unterlage und ein Schutz vor Flecken, wenn du deine Projekte beginnst.

In den einzelnen Projekten werden später noch weitere Hilfsmittel vorgestellt, wie etwa Korken, Schwämme oder Taschentücher.

Techniken

Hier findest du einige Beispiele für Acryltechniken, die ich in meinen Bildern gerne verwende.

Du kannst diese ohne große Mühe mit Hilfsmitteln anwenden, die du mit Sicherheit in deinem Haushalt findest, beispielsweise einen Korken, einen Schwamm oder ein zusammengeknülltes Taschentuch. Du wirst überrascht sein, was man mit alltäglichen Materialien wie diesen alles malen kann.

Tipp: Bevor du mit dem Gestalten deiner Leinwand anfängst, probiere die beschriebenen Techniken doch erst einmal auf einem Stück Papier aus. So fällt es dir später auf deiner Leinwand leichter, und du kannst herausfinden, welche Techniken dir besonders gefallen.

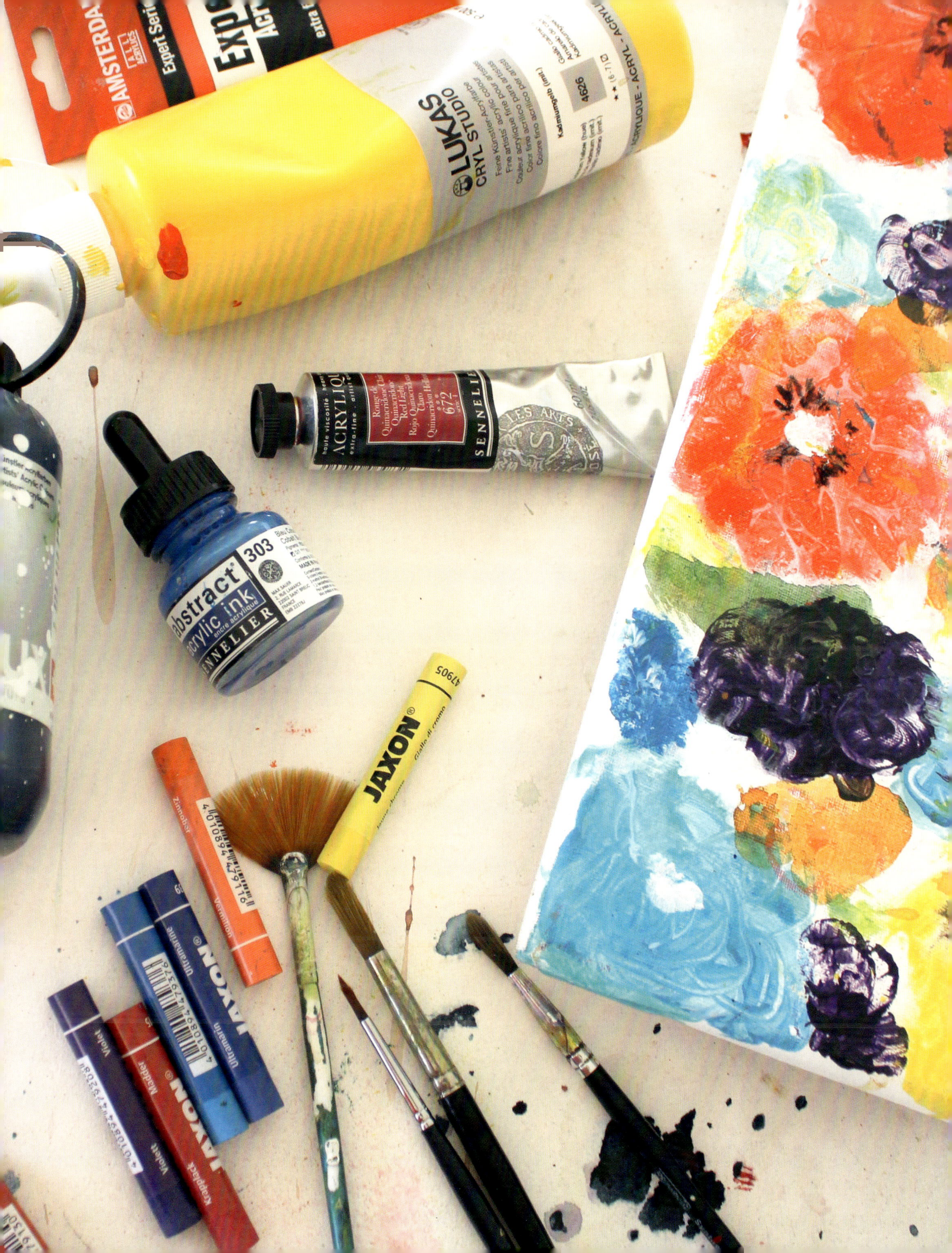

LUKAS
CRYL STUDIO
4626
ACRYLIQUE
SENNELIER
672
303
abstract
acrylic ink
JAXON
JAXON
JAXON
Zinnober
Ultramarin
Violett

Die Leinwand spannen

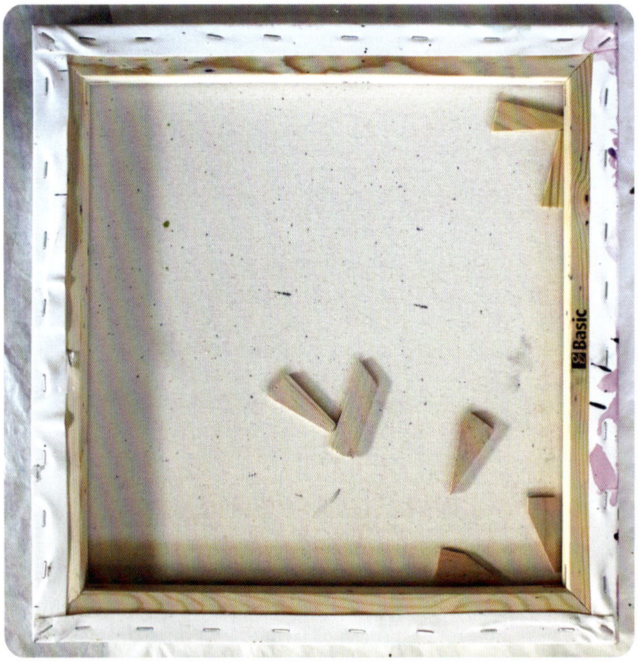

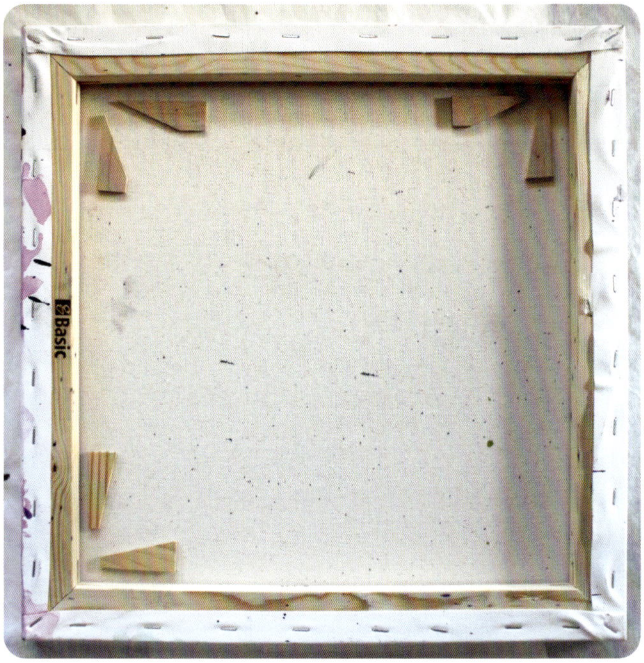

Auf der Rückseite deiner Leinwand findest du einen kleinen Beutel mit Holzkeilen.

Diese nutzt man, um die Leinwand besser zu spannen. Der Holzrahmen deiner Leinwand kann sich bei Temperatur- oder Luftfeuchtigkeitsschwankungen verziehen. Um das zu vermeiden, helfen diese Keile.

Nimm immer zwei Keile für eine Ecke. Schiebe jeweils einen Keil von oben und den anderen von der Seite mit der Spitze voran in jede Ecke. Sie sollten fest genug und stramm sitzen, damit sie nicht herausfallen.

Die Leinwand grundieren

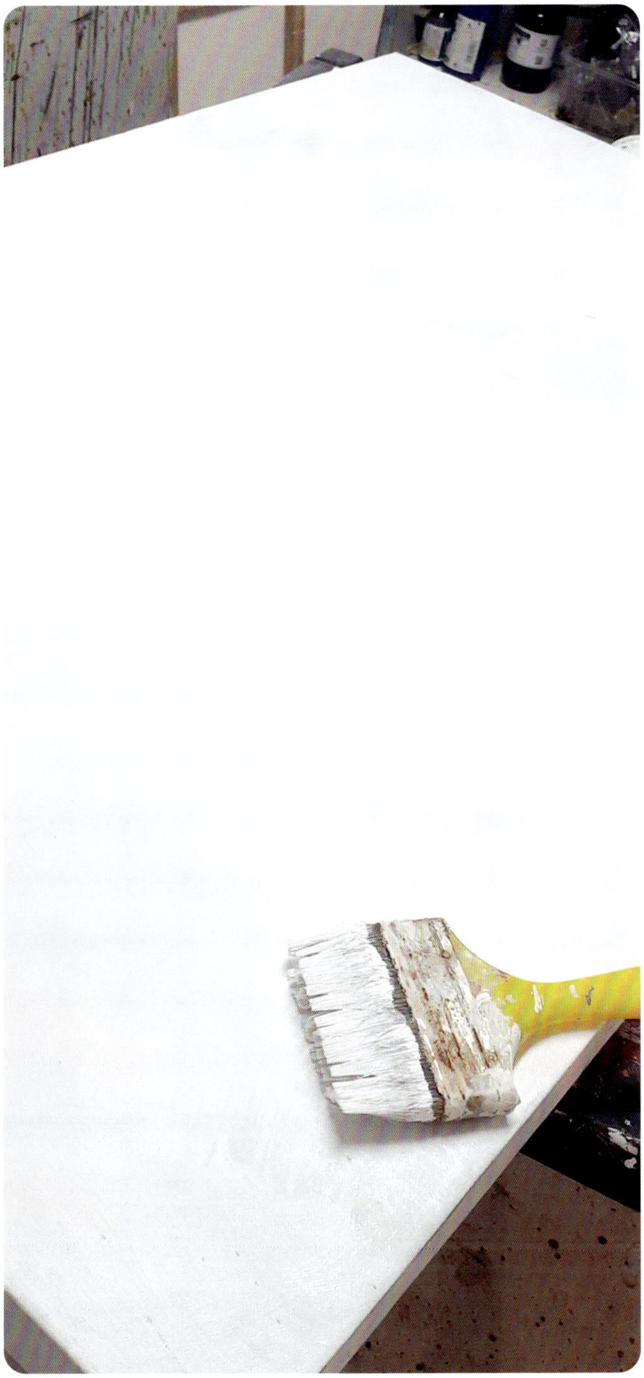

Wenn du deine Leinwände grundierst, können die Farben darauf später besser leuchten.

Dafür streichst du einen Primer oder eine Grundierung mit einem großen Pinsel auf deine Leinwand und lässt diese trocknen.

Vorgehensweise:

Nimm einen großen Flachpinsel und öffne deine Grundierung. Wenn sie dir zu dickflüssig erscheint, kannst du deinen Pinsel etwas mit Wasser befeuchten. Nun trägst du die Farbe damit gleichmäßig von oben nach unten, danach noch einmal von rechts nach links und zum Schluss noch einmal von unten nach oben auf. Wenn deine ganze Leinwand mit Grundierung bedeckt ist, kannst du diese trocknen lassen.

Tipp

Grundierweiß, Grundierung, Primer oder Gesso nimmt man üblicherweise zum Grundieren der Leinwand, bevor man mit dem eigentlichen Malen beginnt. Du erhältst solche Grundierungen bei fast allen Marken, die auch Acrylfarbe herstellen.

Mit dem Taschentuch arbeiten

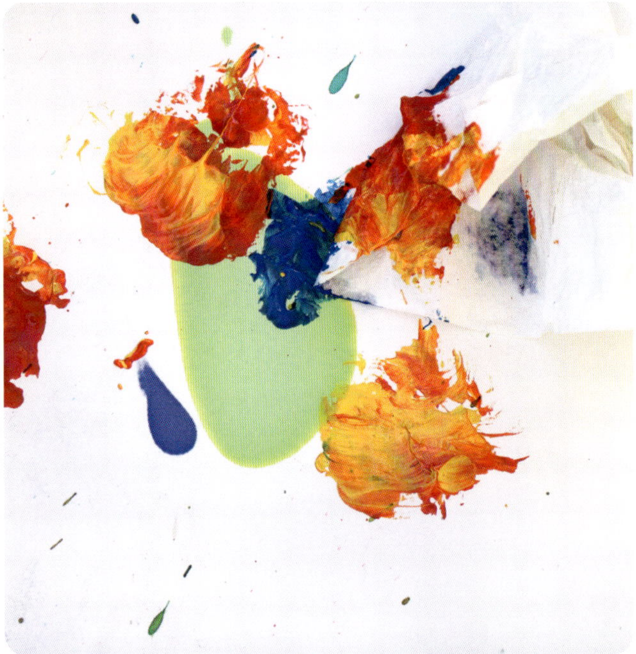

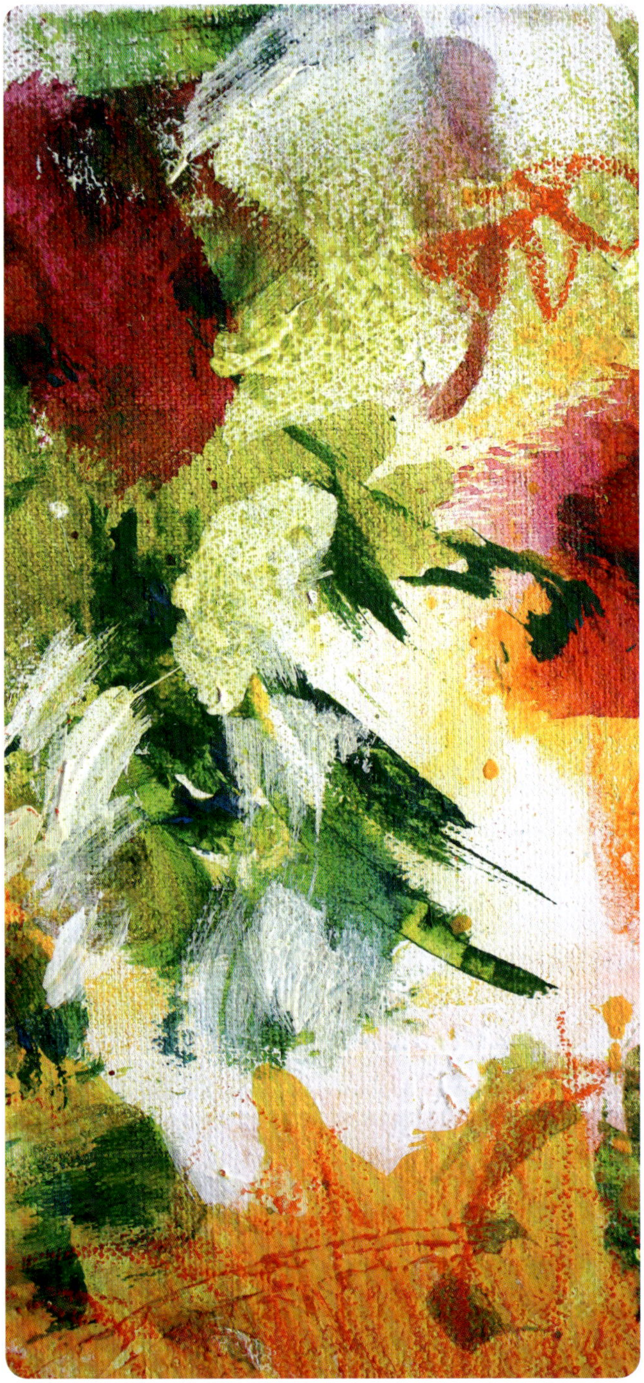

Nimm ein Taschentuch und knüll es zusammen. In dieser Form kannst du es in deine nasse Acrylfarbe tauchen. Stemple nun mit dem zusammengeknüllten Taschentuch verschiedene Muster auf ein Probepapier und später auf deine Leinwand. Indem du das Tuch mehrmals nebeneinander auf die Leinwand drückst, erhältst du eine interessante Struktur im Hintergrund.

Wenn du das geknüllte Taschentuch punktuell einsetzt, kannst du damit Blumen gestalten. Probiere ruhig ein paar mögliche Formen mit deinem Taschentuch aus: Hier macht Übung den Meister.

Den Korken einsetzen

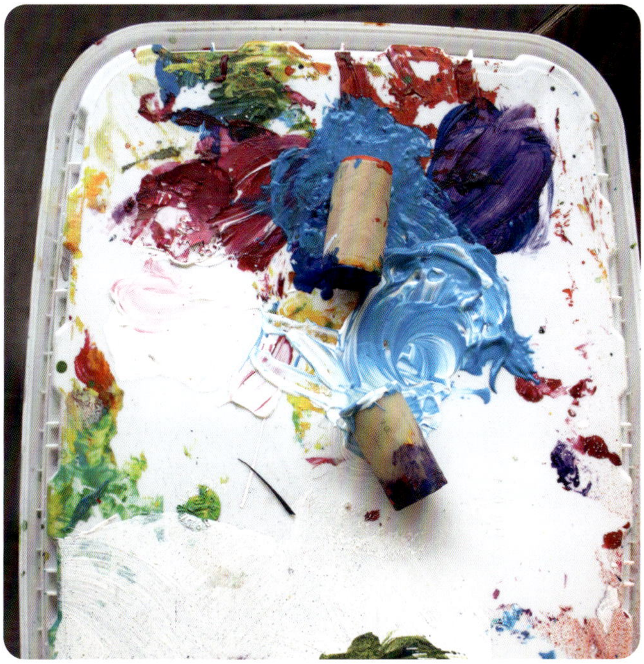

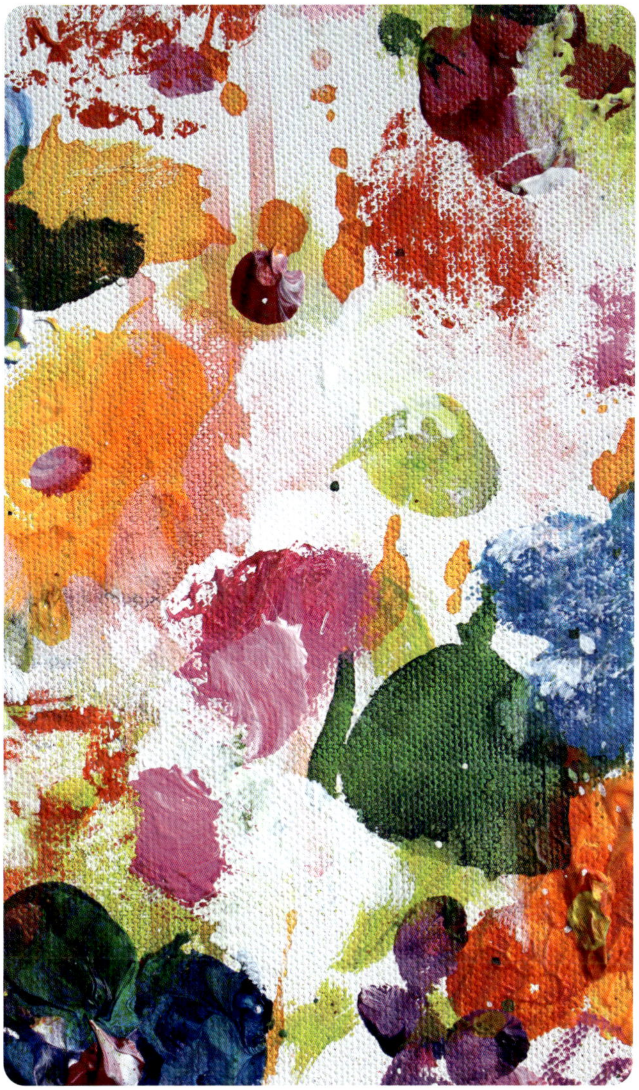

Nimm zuerst eine Palette oder einen alten Deckel. Darauf kannst du dir verschiedene Farben bereitlegen oder anmischen. Für die Korkentechnik nimmst du am besten mindestens zwei verschiedene Farben. Nimm deinen Korken und tauche ihn zunächst in die erste Farbe und danach in die zweite, ohne die beiden Farben dabei homogen zu vermischen. Drücke dann den Korken auf deine Leinwand. Besonders wenn deine Farben ungleichmäßig auf dem Korken verteilt sind, entsteht so ein interessanter Farbabdruck.

Tipp

Versuche das Stempeln mit normaler Acrylfarbe und mit verdünnter Farbe. Dadurch ergeben sich interessante Unterschiede.

Mit dem Schwamm Strukturen erzeugen

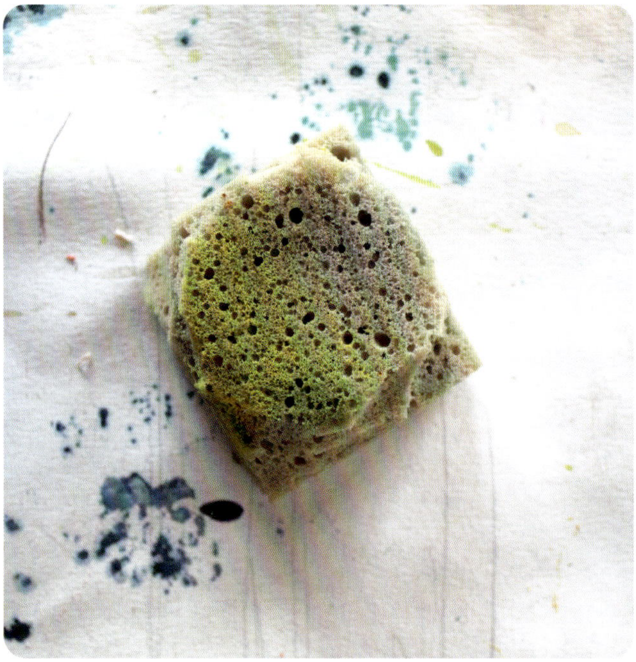

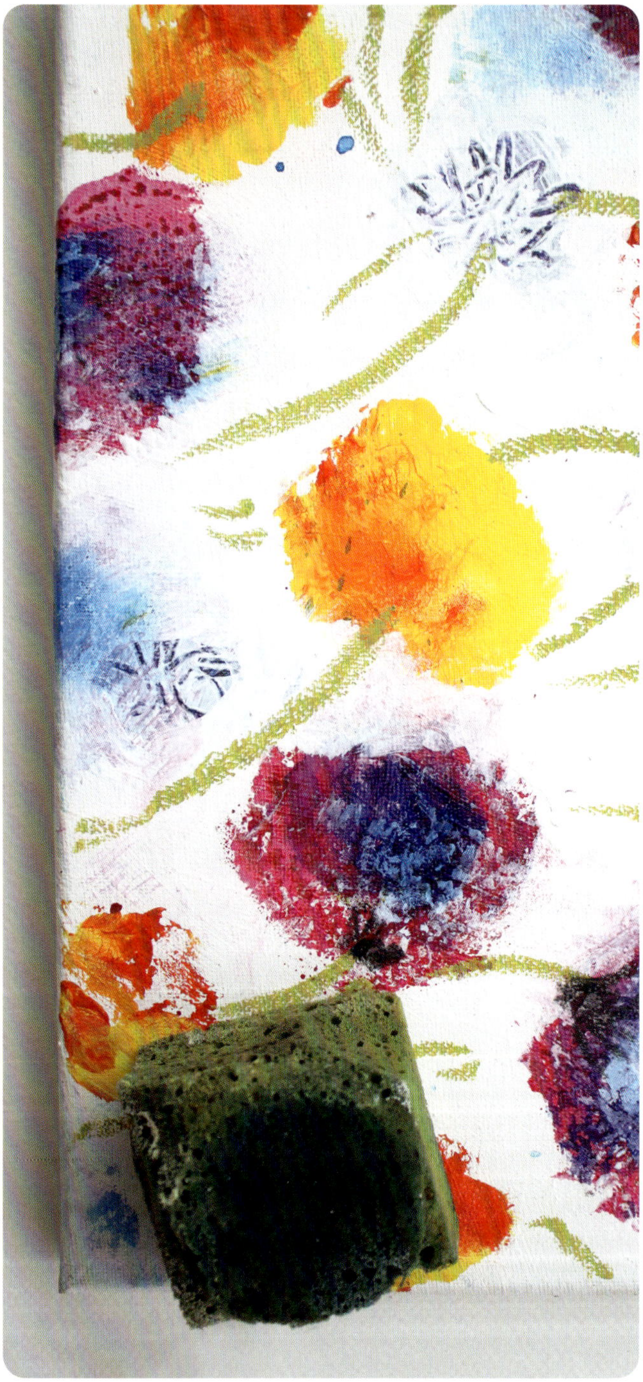

Nimm einen normalen Haushaltsschwamm. Schneide ihn mit einer Schere in die gewünschte Form und tauche ihn anschließend in deine Farbe. Nun kannst du damit Blumen stempeln.

Tipp

Versuche auch das Stempeln mit dem Schwamm mit normaler und verdünnter Acrylfarbe, um interessante Unterschiede zu kreieren.

Wattepads benutzen

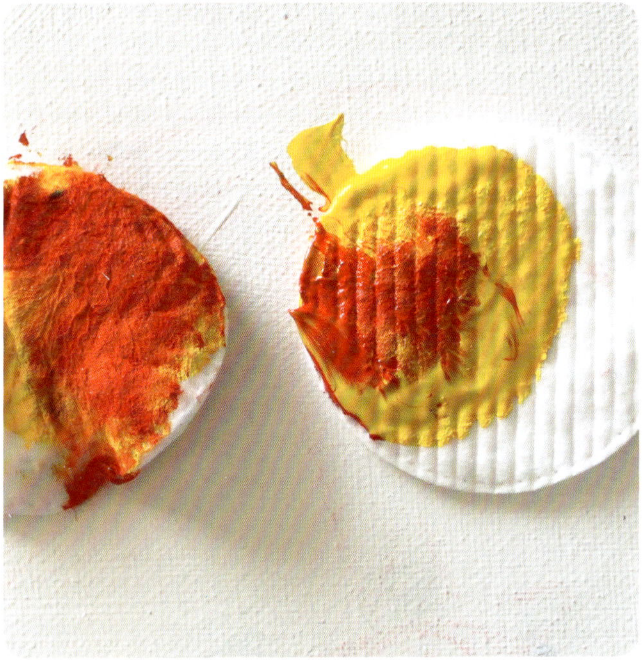

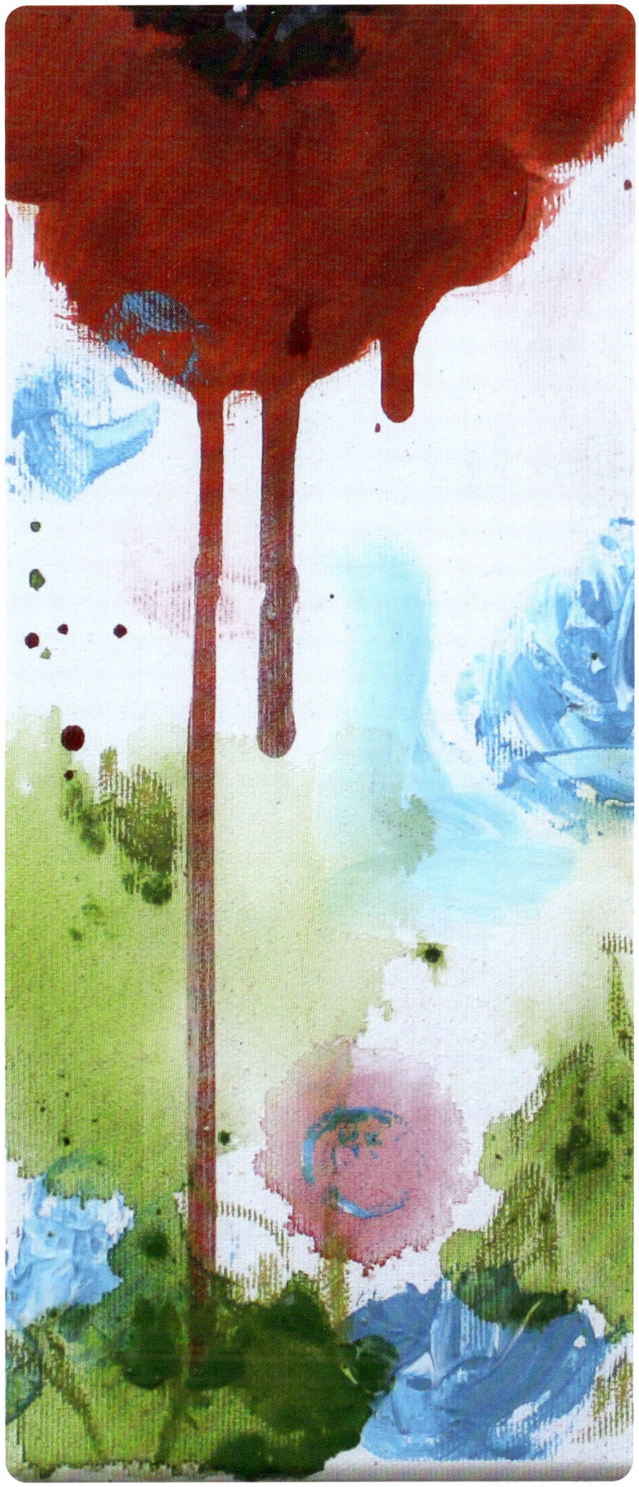

Mit den Wattepads verfährst du ähnlich wie mit dem Schwamm und dem Korken. Nimm jeweils ein Pad und tauche es in zwei unterschiedliche Farben. Indem du das Wattepad nun nach Belieben auf deine Leinwand drückst, kannst du viele verschiedene Formen kreieren.

Tipp

Ein besonders schöner Effekt entsteht, wenn du mit deinen Pads die Farbe leicht verwischst.

Stempeln mit dem Stempelpinsel

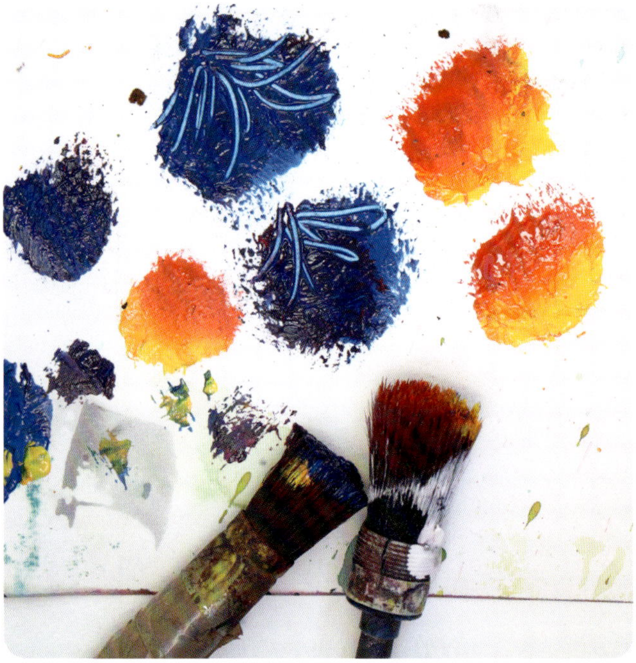

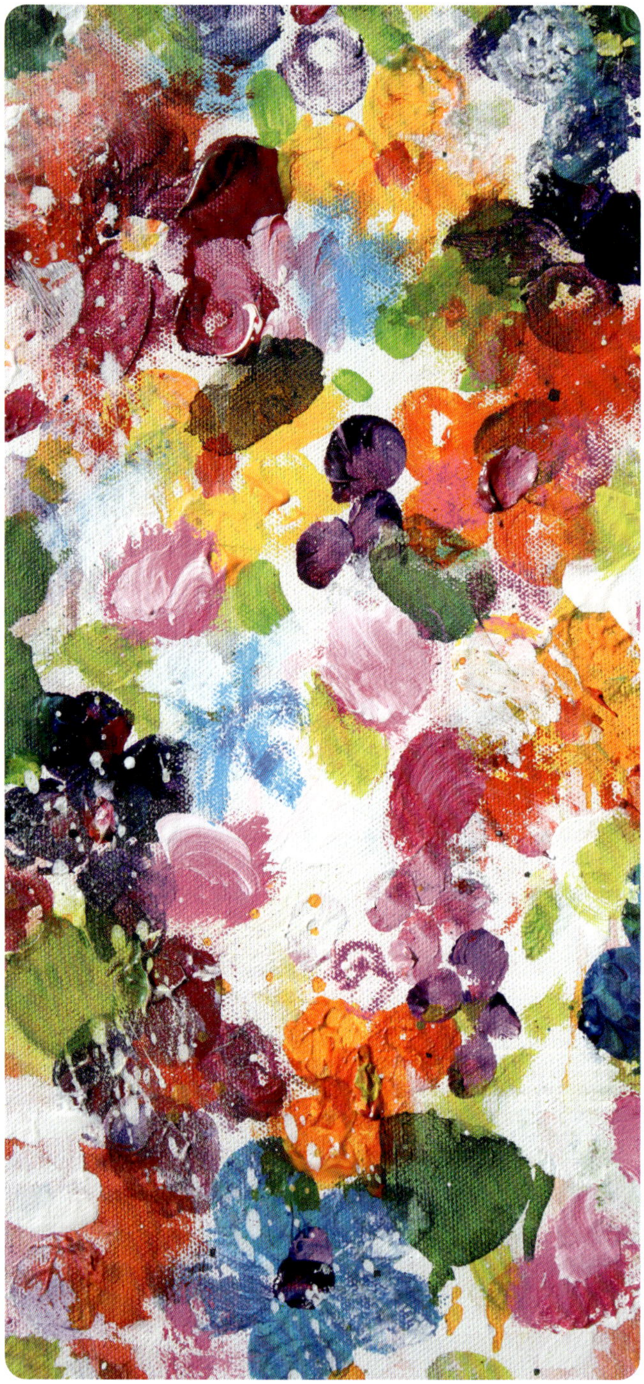

Mit dem Stempelpinsel stempele ich Blumen, die einen leicht gezackten Umriss haben, wie zum Beispiel die Strohblumen beim Projekt „Rittersporn" (S. 106). Du kannst eine ganze Leinwand damit füllen und so interessante Effekte schaffen. Du kannst auch versuchen, größere Blumen mit diesem Pinsel zu malen, indem du mehrere Stempel neben- oder ineinander kombinierst.

Strukturen erzeugen mit dem Fächerpinsel

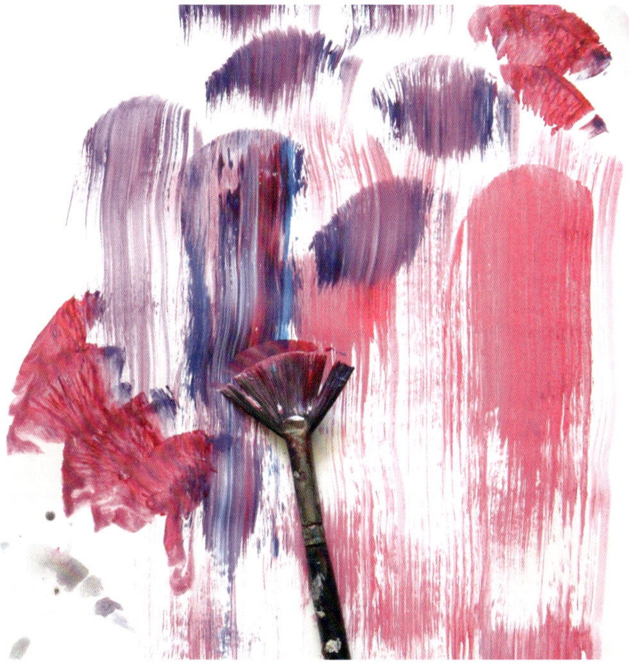

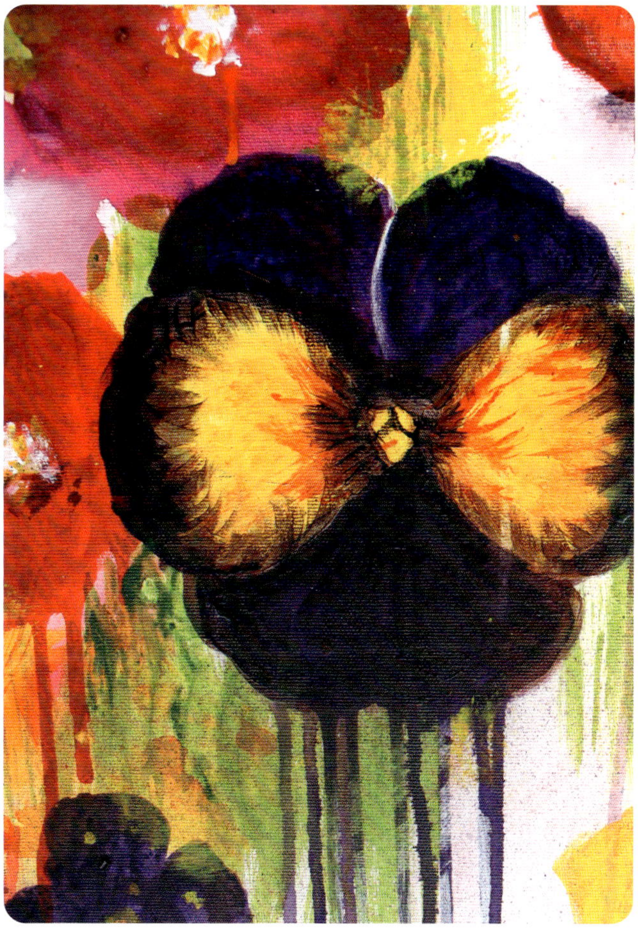

Der Fächerpinsel eignet sich gut für Spezialeffekte. Drückst du ihn einmal ganz auf die Leinwand, entsteht eine dreieckige Form. Drückst du diesen Abdruck nochmal spiegelverkehrt ab, erhältst du zwei Dreiecke, die sich an der Spitze berühren. Wenn du nun auch an den beiden freien Seiten deinen Pinsel abdrückst, entsteht eine Pusteblume. Du kannst deinen Fächerpinsel auch seitlich drehen und damit Linien ziehen, um eine Wiese oder eine belebte Fläche zu gestalten, wie etwa beim Projekt „Stiefmütterchen“ (S. 79).

Tipp

Der Fächerpinsel kann vieles: Probiere doch einmal aus, was dir selbst alles einfällt.

Kratzen

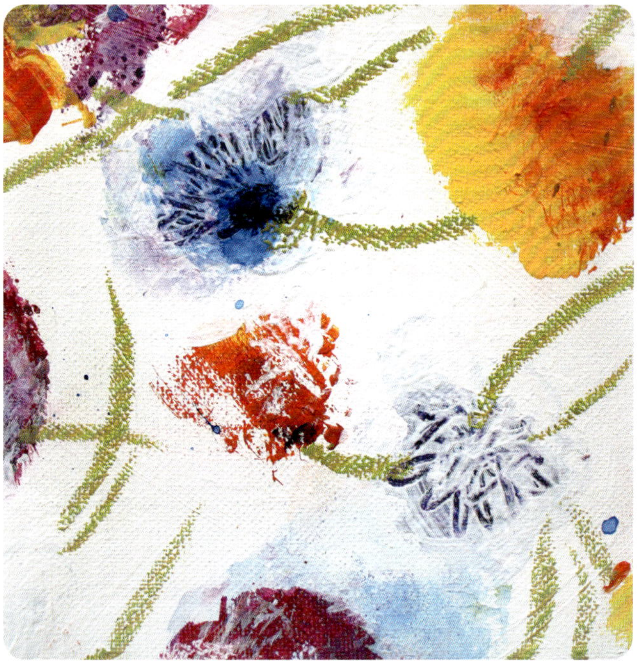

Hierfür brauchst du deinen Pinselrücken. Suche dir einen Pinselstiel aus, der spitz zuläuft und nicht zu groß ist. Trage nun deine Acrylfarbe pastos auf deine Leinwand auf, das heißt, ohne sie mit Wasser zu verdünnen.

Bevor die Farbe antrocknet, kannst du mit deinem Pinselstiel Muster hineinkratzen, wie im Projekt „Bunte Sommerwiese" (S. 94).

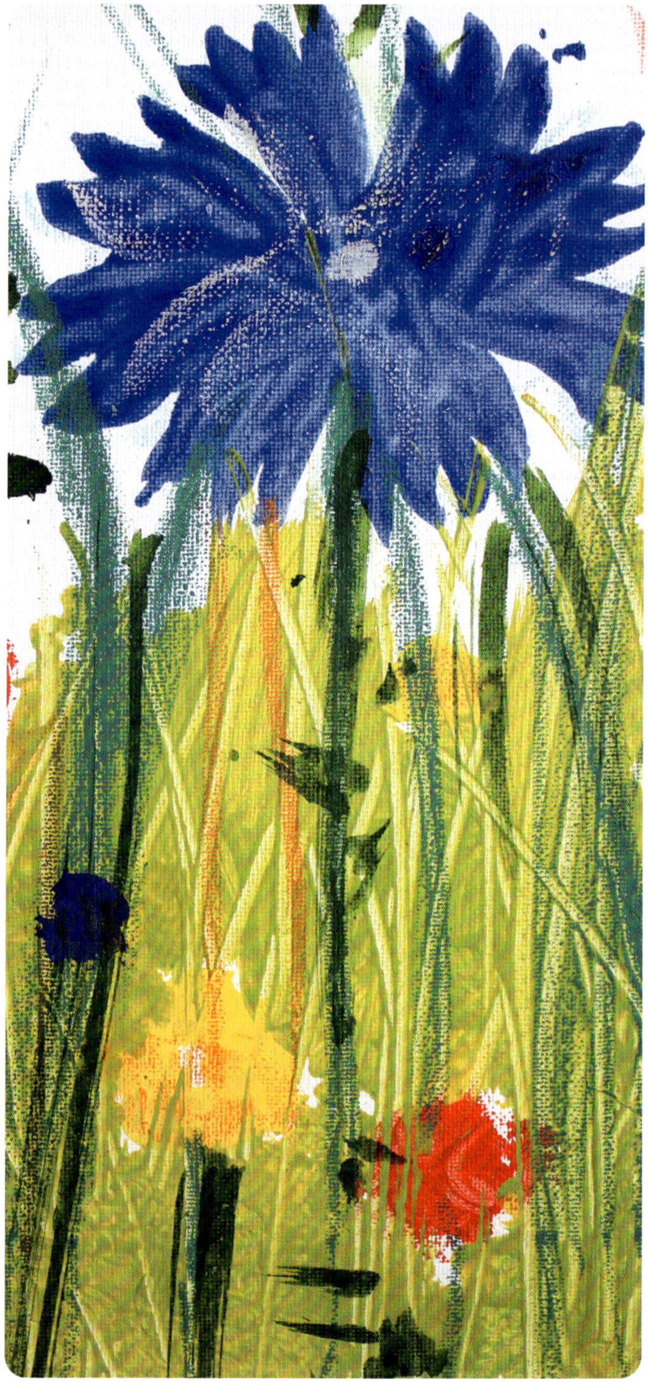

Farben ineinander mischen

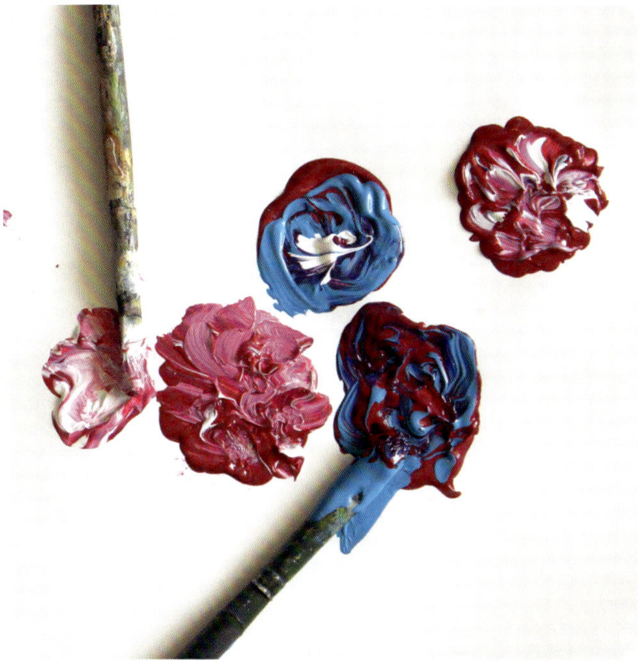

Wichtig bei dieser Technik ist, dass beide Farben noch nicht getrocknet sind. Male zuerst in einer Farbe deiner Wahl eine Blume. Nimm nun zügig eine zweite Farbe und male damit in die erste Farbe hinein. An manchen Stellen vermischt sich die Farbe, während sie an manchen unvermischt bleibt.

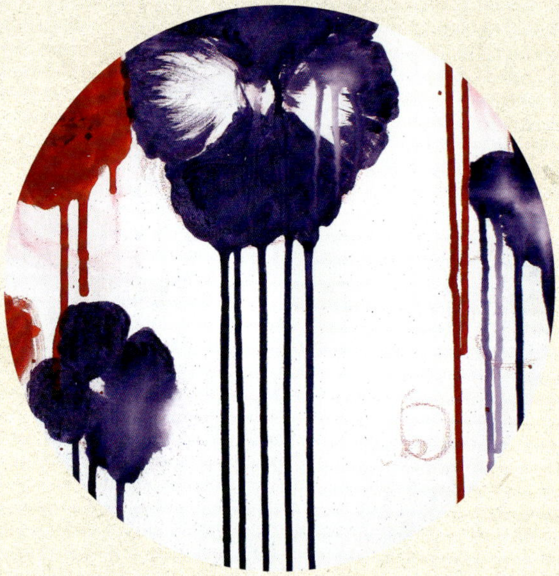

Flüssige Techniken mit Acrylfarbe

Du kannst auch flüssig mit Acrylfarben arbeiten. Dabei ergeben sich wunderschöne, oft zufällig entstandene Strukturen. Hierfür kannst du deine Acrylfarbe einfach mit der gleichen Menge Wasser verdünnen. Mit einem langen Pinselstiel rührst du die Mischung um, bis du die gewünschte Konsistenz erreicht hast. Nun kannst du deine Farbe auf die Leinwand fließen lassen oder mit einem Pinsel feine Punkte spritzen.

Farbe fließen lassen

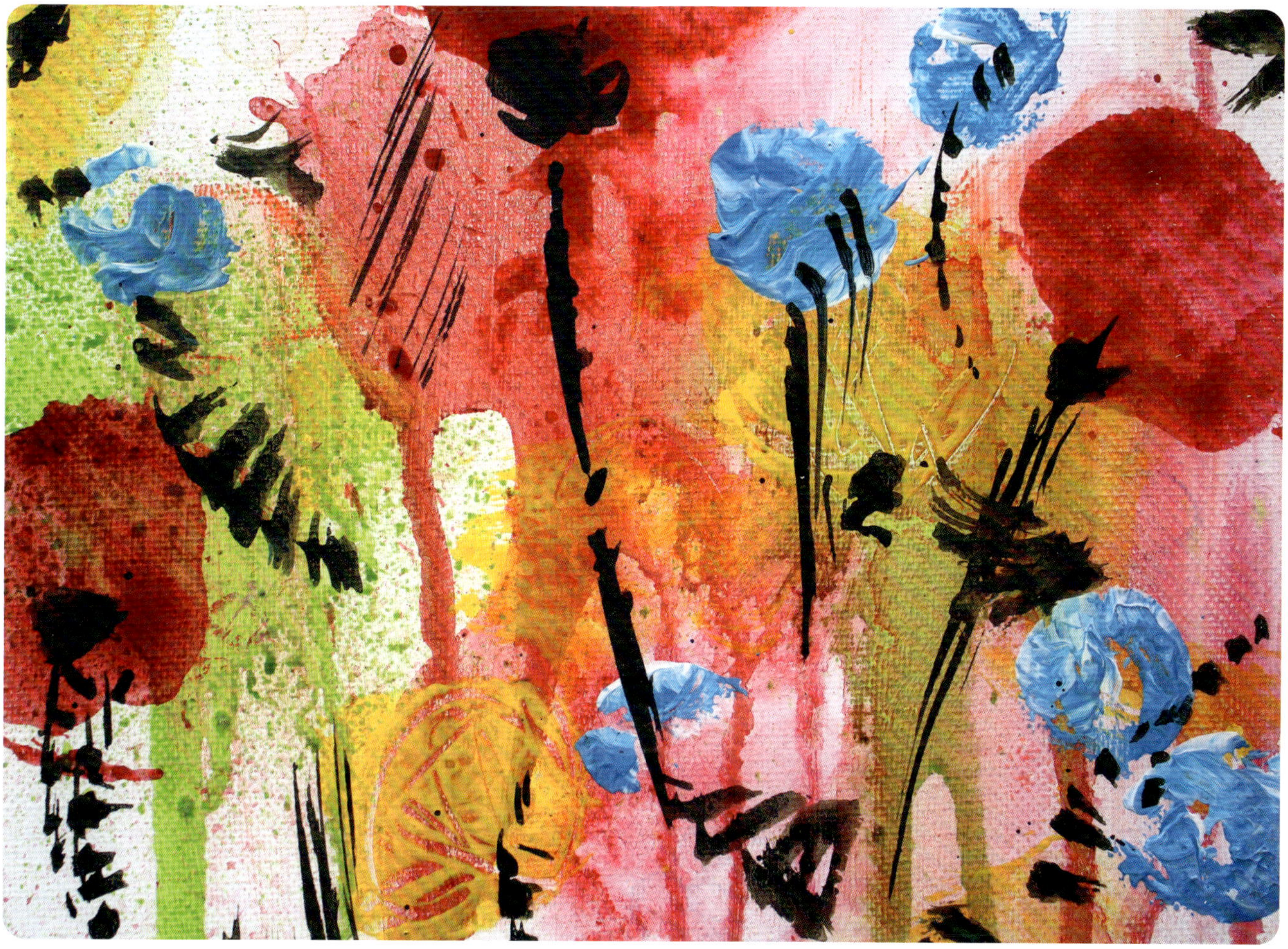

Diesen Effekt erreichst du am besten, indem du deine Leinwand aufrecht hinstellst. Nimm deine verdünnte Acrylfarbe und kleckse sie auf deine Leinwand. Nun kannst du beobachten, wie deine Farbe nach unten läuft. Kleckse so viel, wie es dir gefällt.

Du kannst auch einen schönen Effekt erreichen, indem du deine Farbe nach dem ersten Fließvorgang trocknen lässt und diesen Vorgang dann beliebig oft wiederholst.

Tipp

Sollte deine Farbe noch zu zäh fließen, kannst du mit einem Pinsel noch etwas Wasser daraufgeben, damit sie besser fließt.

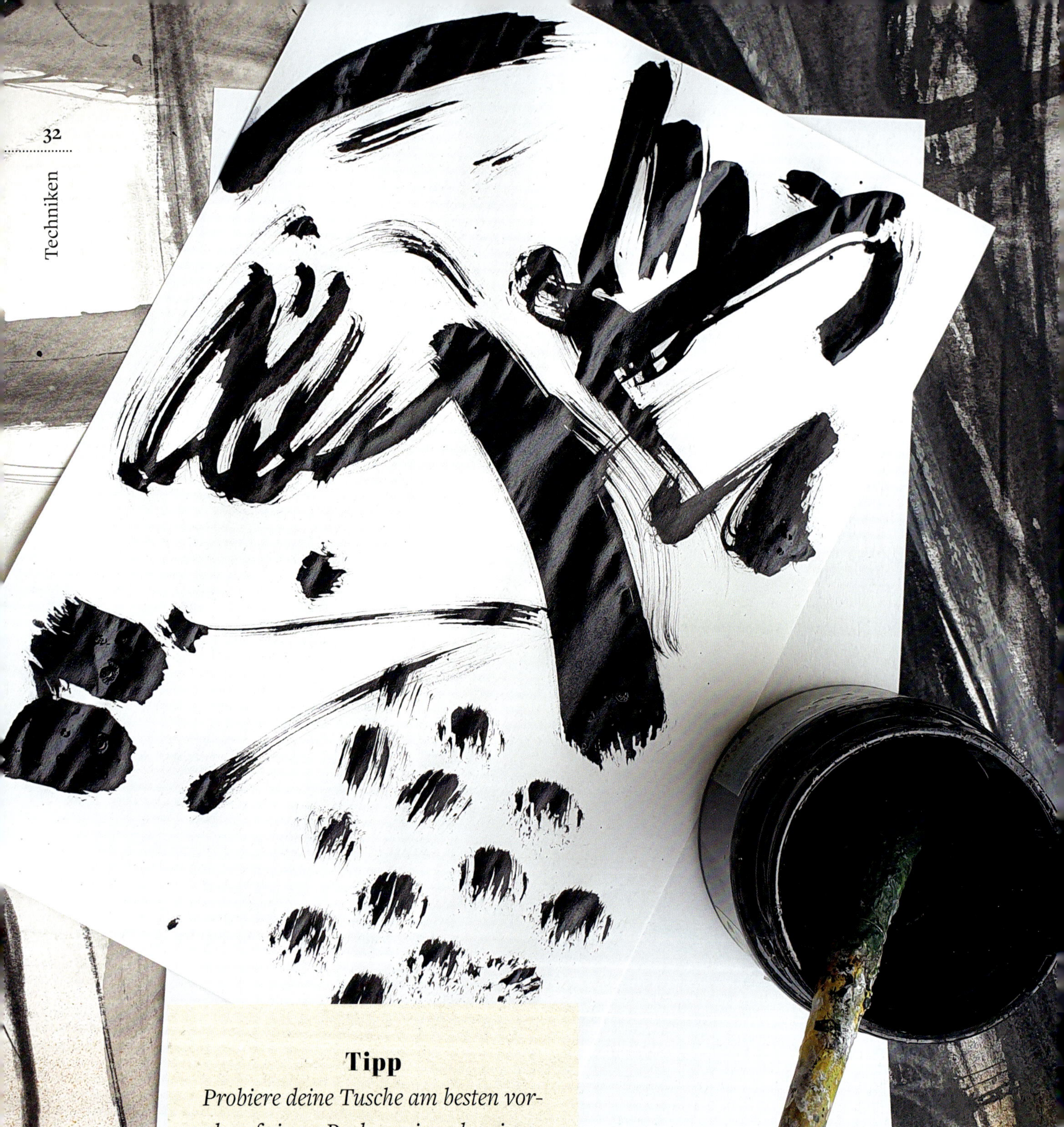

Tipp

Probiere deine Tusche am besten vorab auf einem Probepapier oder einem Zeitungspapier aus. So fällt es dir später auf deiner Leinwand leichter, den richtigen Schwung hinzubekommen.

Mit Tusche malen

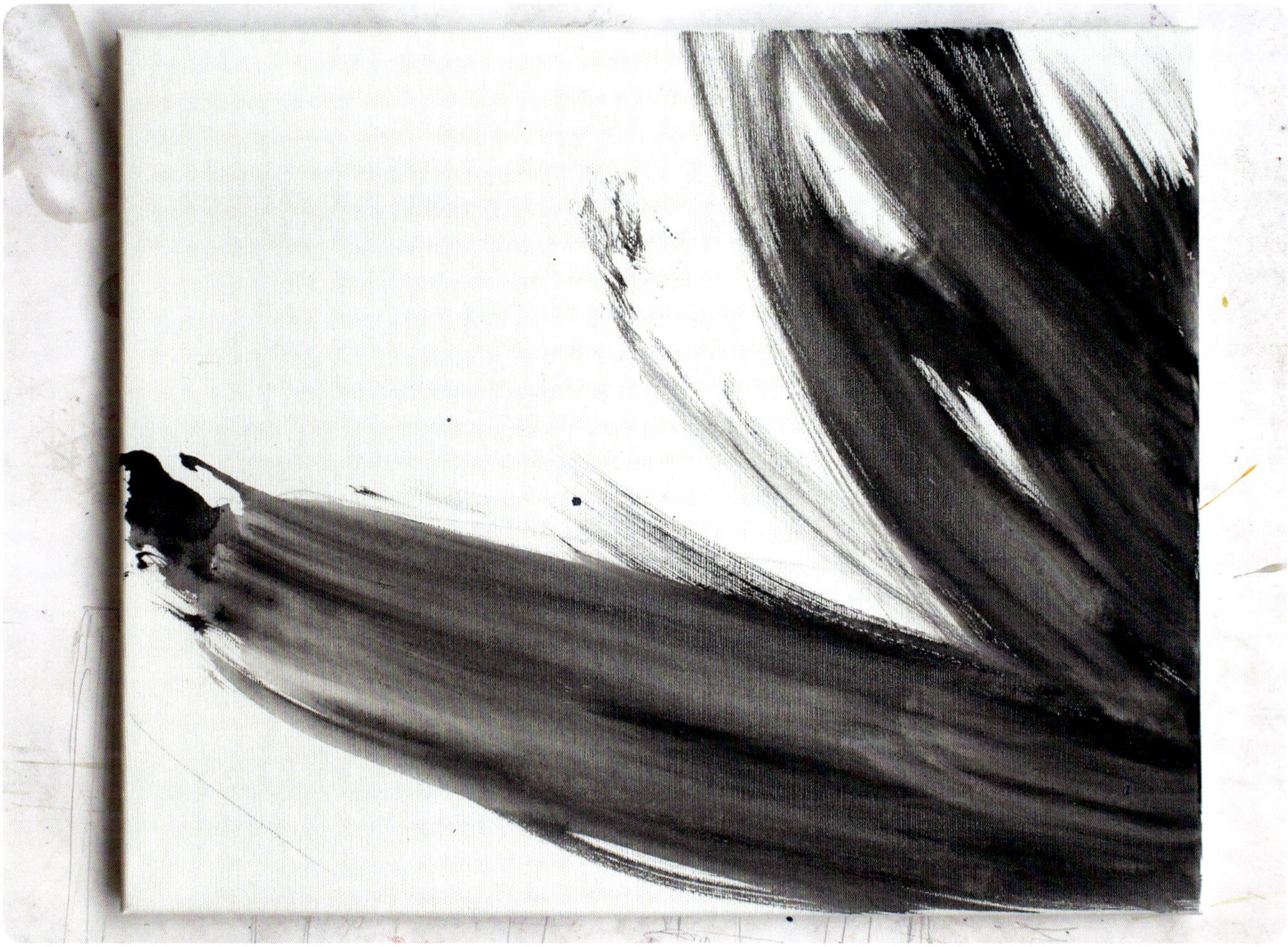

Nimm eine wasserfeste Tusche, da du sonst Gefahr läufst, dass sich deine Tusche beim Bearbeiten wieder löst und dein Bild gräulich verfärbt. Beim Projekt „Bunter Rosengarten" (S. 74) wird Tusche zum Beispiel folgendermaßen eingesetzt:

Nimm am besten einen großen Flachpinsel mit mindestens der Größe 10. Fülle deine Tusche in ein flaches Gefäß, sodass du sie mit deinem Pinsel gut aufnehmen kannst.

Nun kannst du schwungvolle Striche mit deinem Pinsel setzen. Übe am besten zuvor auf Zeitungspapier, bis du den richtigen Schwung raushast. Lasse dein Werk trocknen, bevor du weitermalst.

Mit Acrylfarbe Weiß spritzen

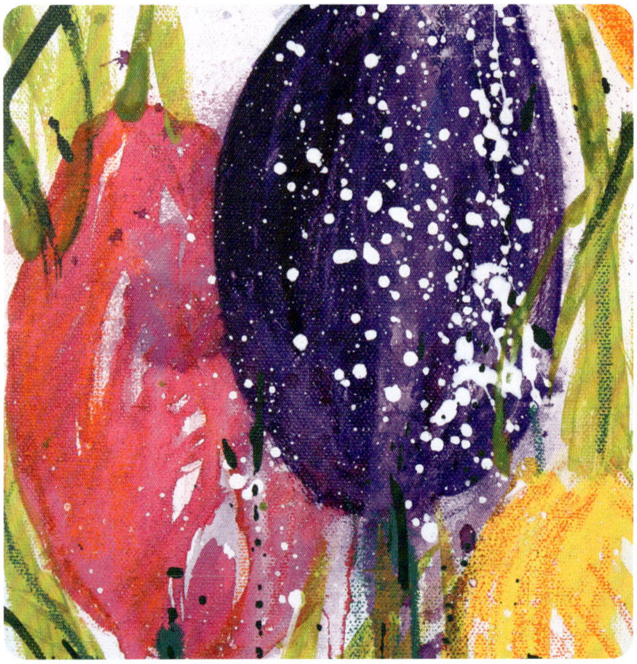

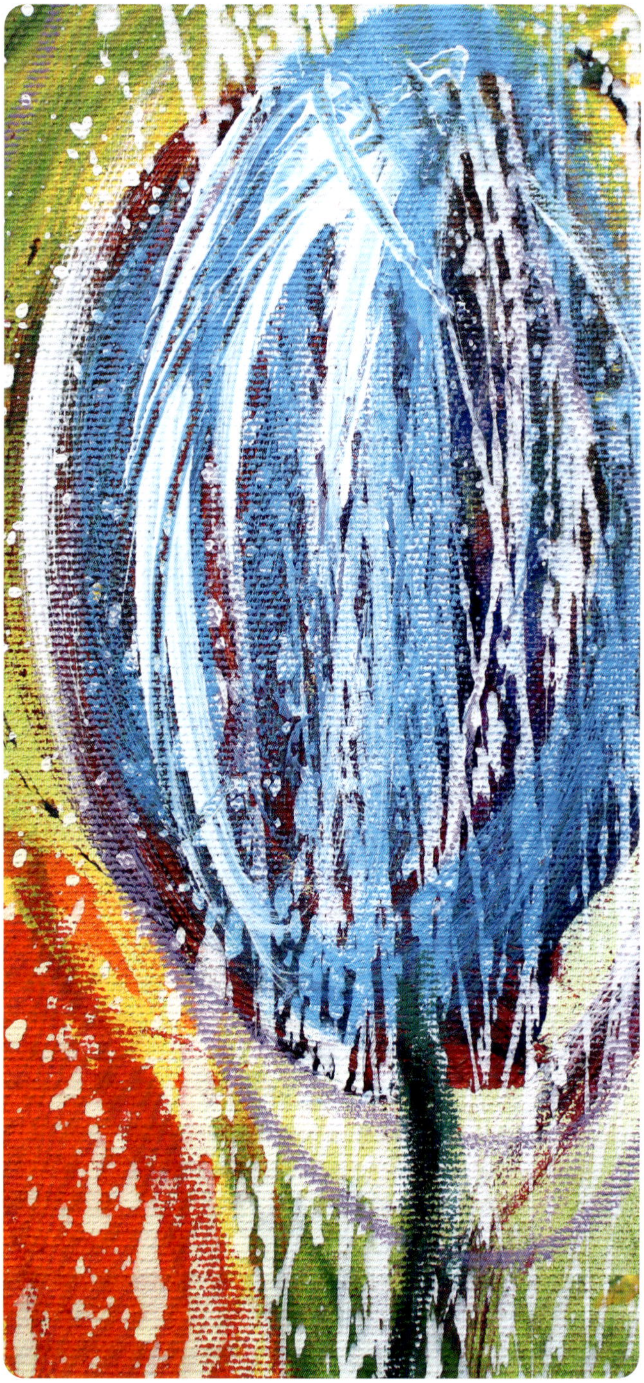

Wie beschrieben, kannst du deine Acrylfarbe verdünnen, um dekorative Striche oder Punkte zu erzeugen. Nimm hierfür die gleiche Menge Wasser wie Farbe und verrühre deine Mischung gut. Achte darauf, dass du dein Umfeld vorher gut mit Zeitungen oder einer Folie abdeckst. Nun kannst du loslegen:

Schüttele deinen Pinsel kräftig über deinem Bild aus. Sogleich siehst du überall kleine weiße Punkte, die sich über deiner Leinwand verteilen. Fahre so lange fort, bis dir deine Fläche gefällt.

Siehe hierzu auch: Projekt „Bunter Rosengarten“ (S. 75)

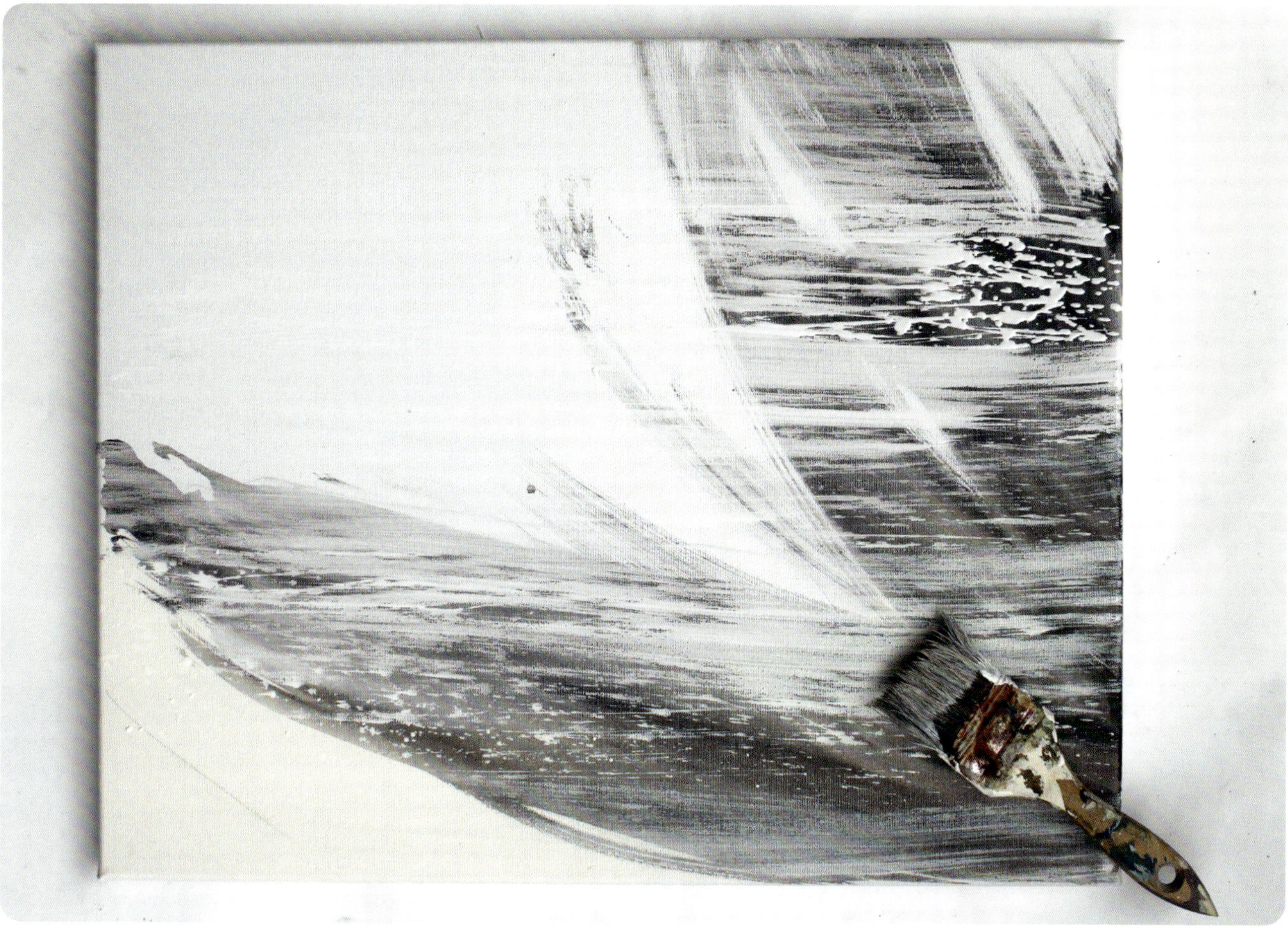

Um Linien zu kreieren, stellst du zunächst deine Leinwand schräg an die Wand. Vergewissere dich wieder, dass deine Umgebung sicher abgedeckt ist, und beginne dann, deine verdünnte weiße Acrylfarbe auf die Leinwand zu schütteln. Durch die Schrägstellung fängt die Farbe sofort an zu verlaufen und bildet feine, ungleichmäßige Linien. Dieses Muster finde ich besonders reizvoll.

Tipp

Wenn deine weiße Farbe nicht richtig laufen will, kannst du noch etwas mehr Wasser hinzufügen. Auch hier empfiehlt es sich, die Mischung vorher auszuprobieren, bevor du sie auf deine Leinwand aufträgst.

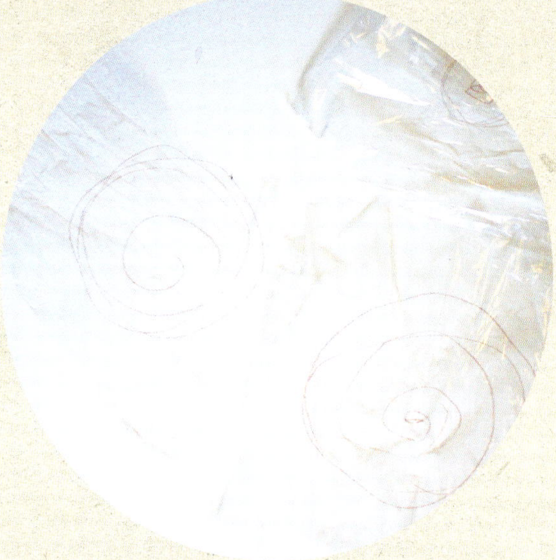

Folien-technik

Diese Technik mag ich besonders gerne, weil sie wunderschöne Strukturen im Hintergrund und in den Blüten entstehen lässt. Der Zufall spielt hier eine große Rolle, und ich freue mich jedes Mal, wenn ich nach dem Trocknen die Folie abziehen und das Ergebnis betrachten kann. Dabei überlege ich mir schon, wie ich das Bild weiterbearbeite.

Eine normale Haushaltsfolie hat sicher jeder zu Hause. Du kannst aber auch die Folie nehmen, in der deine Leinwand zu Beginn eingewickelt war. Mehr Materialien brauchst du für diese Technik nicht.

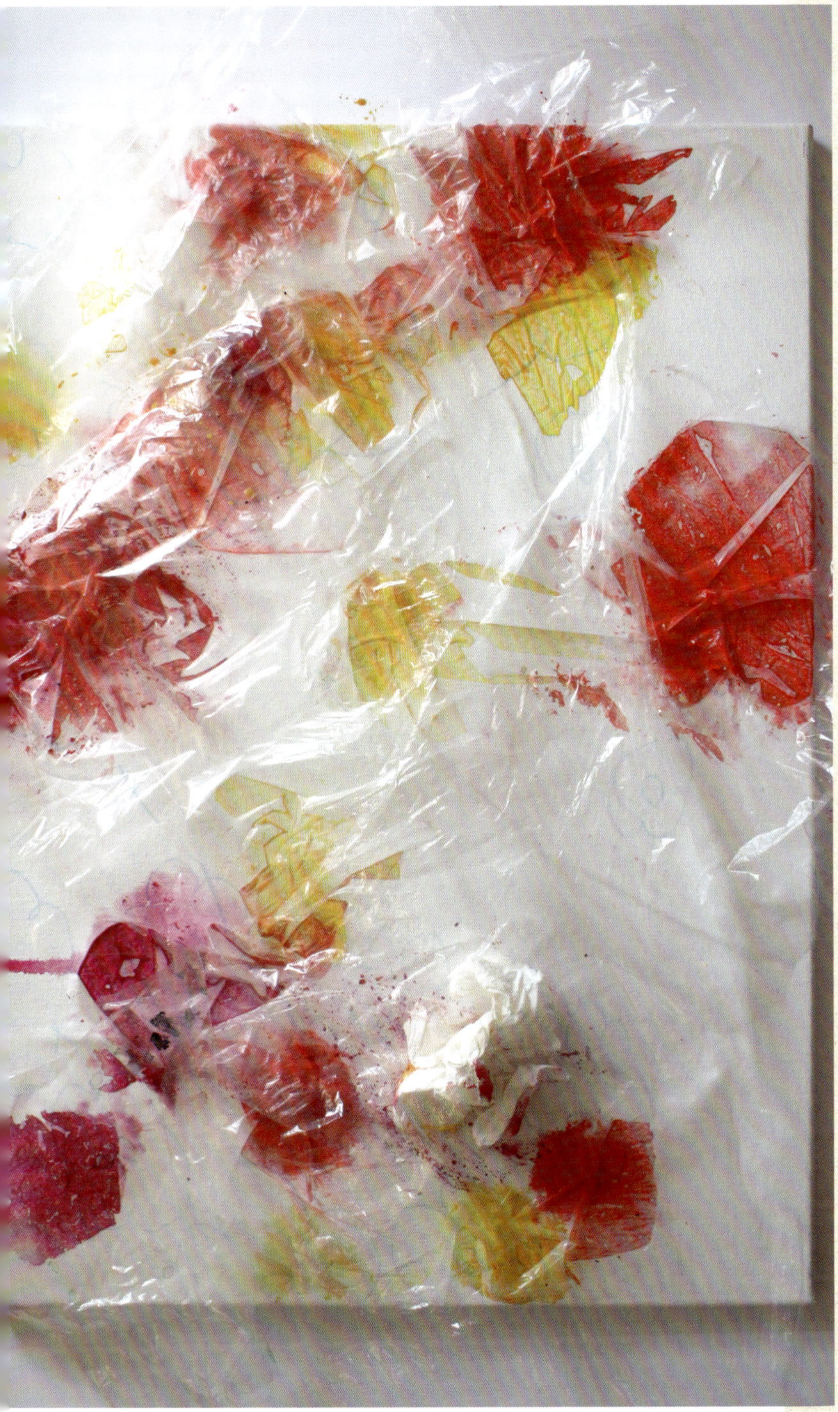

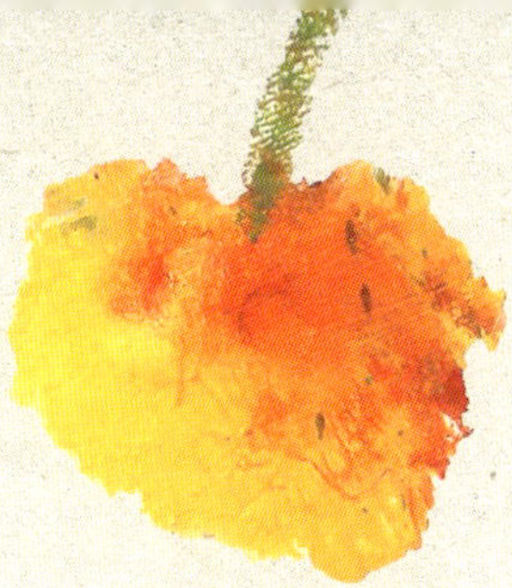

Step 1

Nimm deine Leinwand und benetze sie mit Wasser. Du kannst hierfür einen großen Pinsel benutzen. Wähle deine Farben und kleckse diese frei (und ruhig wild!) auf die Leinwand.

Step 2

Lege nun ein Stück Folie in Größe deiner Leinwand auf. Anschließend kannst du deine Folie mit den Fingern etwas hin und her bewegen, um interessante Strukturen zu erzeugen. Lasse die Farbe danach mindestens eine Stunde trocknen.

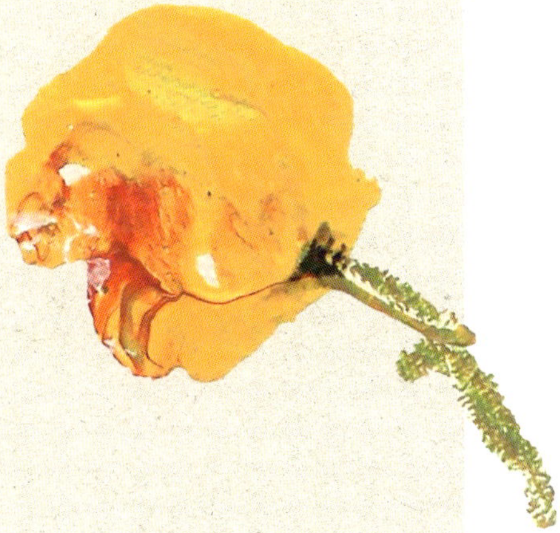

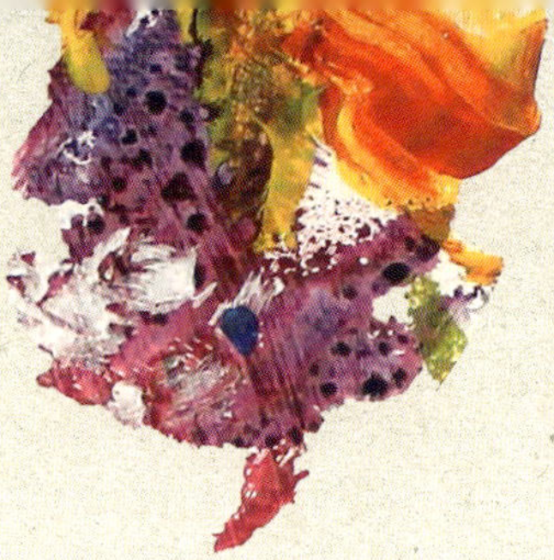

Step 3

Nun kannst du deine Folie abziehen. Der Untergrund und die verwendete Farbe sollten nun vollständig getrocknet sein.

Eine Variation hiervon ist, nur einzelne Motive mit der Folientechnik zu gestalten. Schneide dazu deine Folie nicht auf Leinwandgröße zu, sondern nur etwas größer als deine geplante Blume. Nun kannst du wieder beginnen, Wasser und Farbe aufzutragen und dein Motiv anschließend mit Folie zu bedecken.

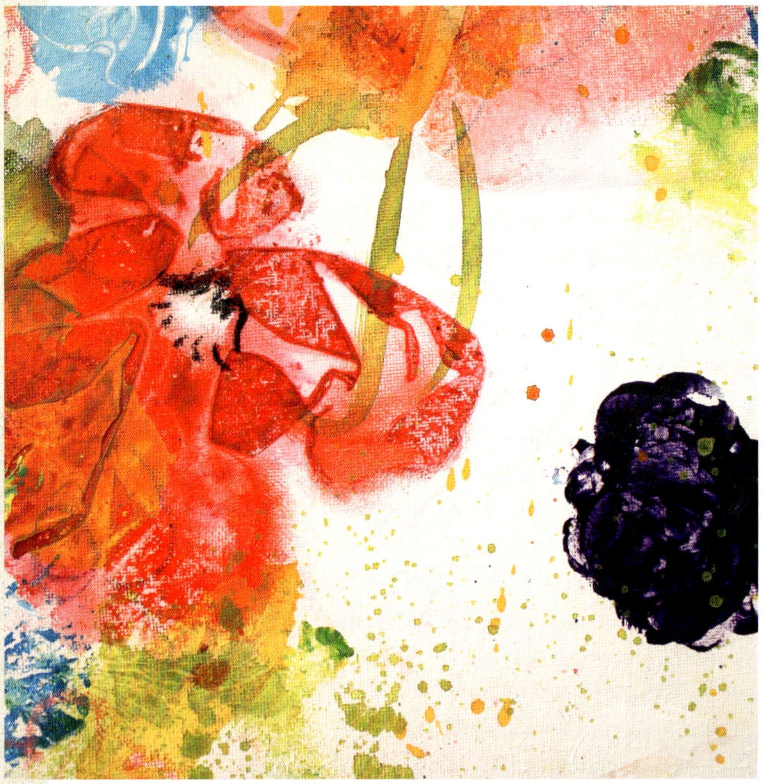

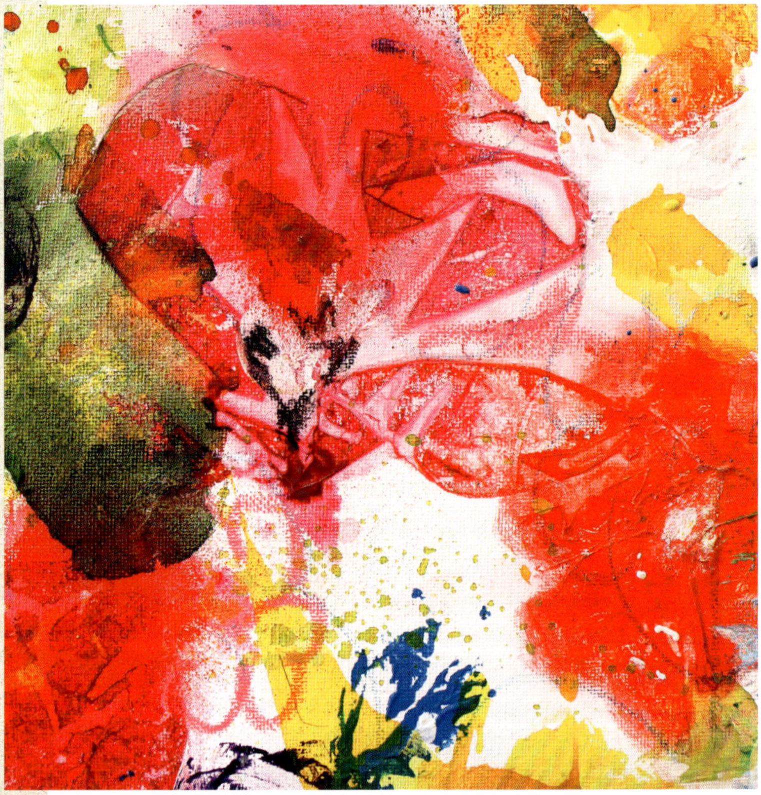

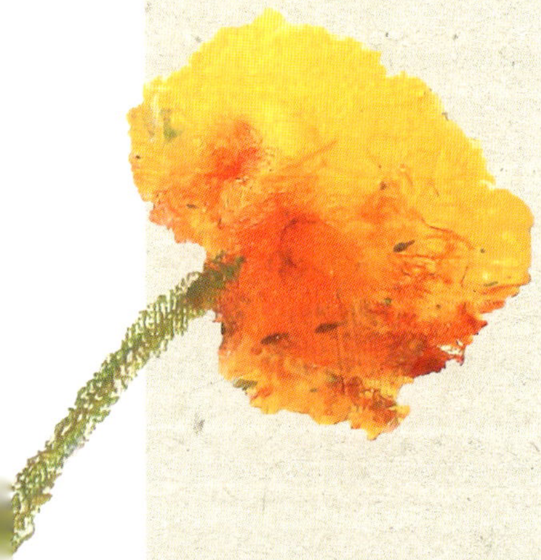

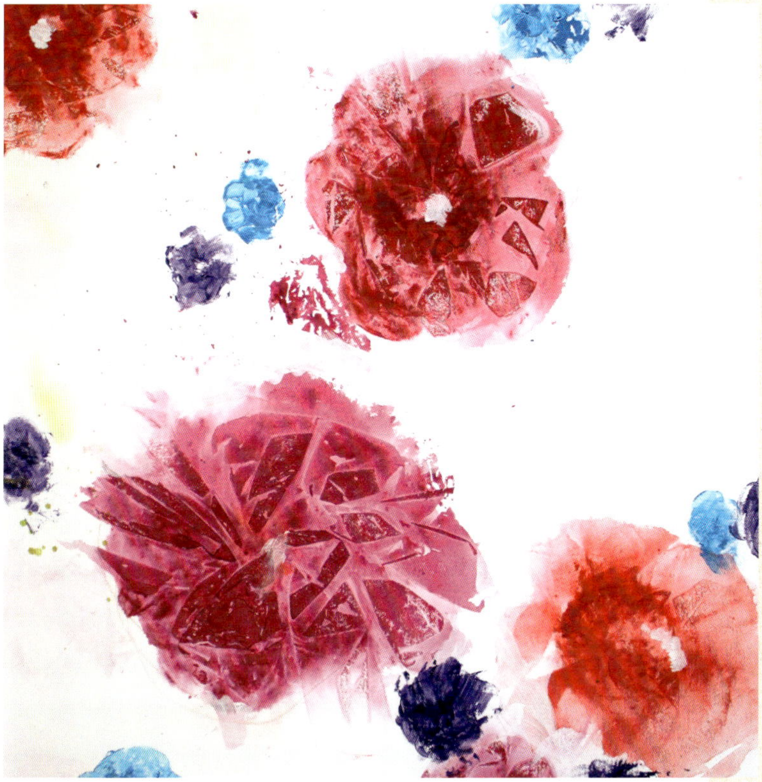

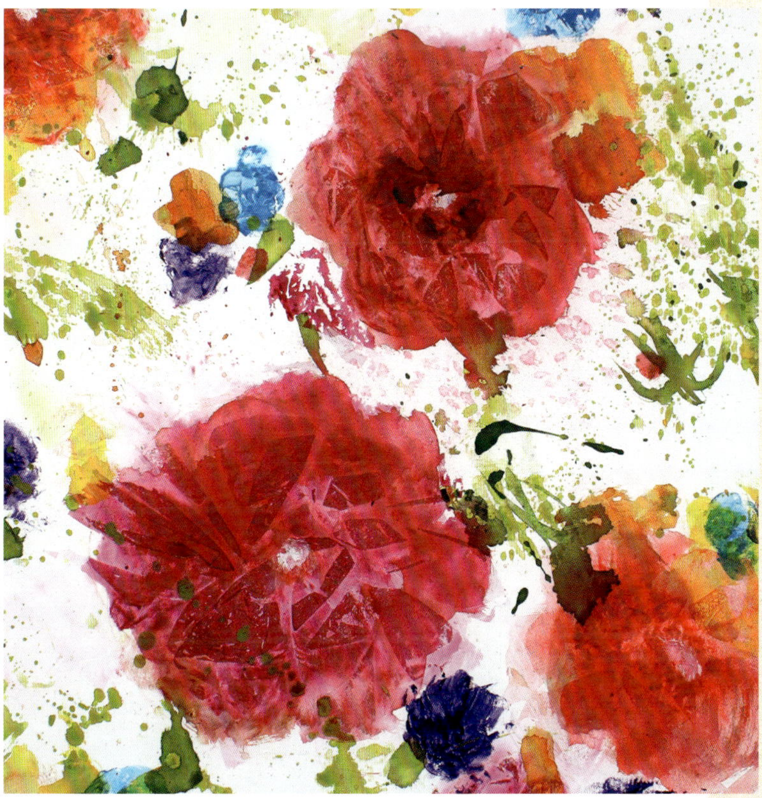

Step 4

Nimm deine Folie nach dem Trocknen vorsichtig ab, damit du die Strukturen nicht verletzt. Jetzt kannst du dein Bild auf eine Staffelei stellen und betrachten. Dabei kommen dir sicher Ideen, an welchen Stellen du dein Werk weiterbearbeiten möchtest. Du kannst hier alle Techniken einsetzen, die du willst. Du kannst mit flüssiger Acrylfarbe, mit pastoser Farbe oder mit Schwamm, Korken oder Wattepads weiterarbeiten – ganz wie es dir beliebt.

Ölpastellkreiden verwenden

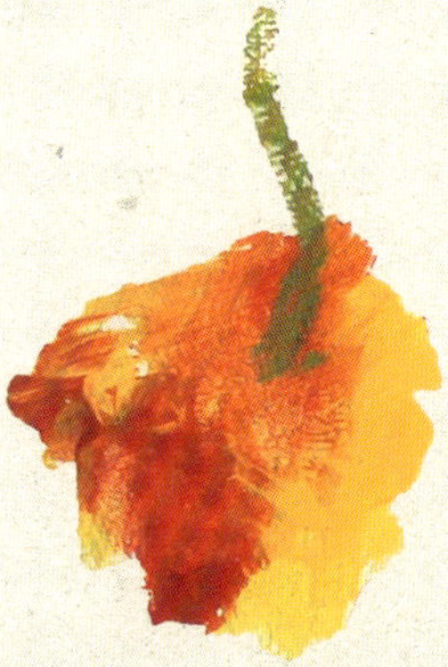

Die Ölpastellkreide leuchtet satt in vielen bunten Farbtönen. Du kannst sie wie einen Bleistift verwenden und beispielsweise Linien damit zeichnen, um Blütenblätter zu umranden oder in den Hintergrund ein paar Blütenformen hineinzukritzeln.

Du kannst die Ölpastellkreide aber auch flächig verwenden. Dazu musst du erst etwas Papier von der Kreide abwickeln und diese dann flach über die Leinwand reiben. Dies erzeugt eine feine, unregelmäßige Struktur auf deinen Blumen oder im Hintergrund.

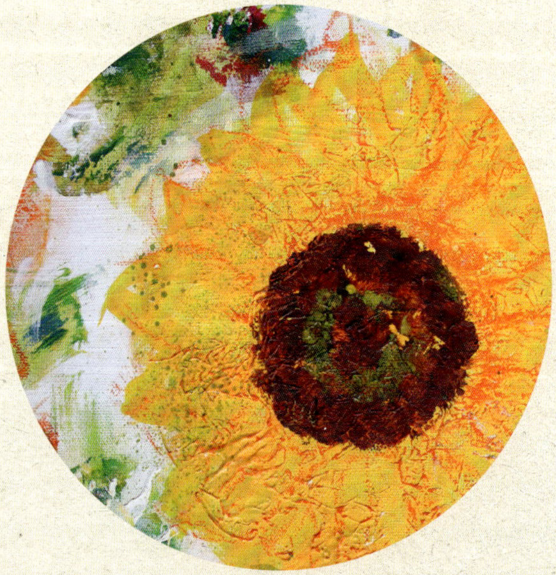

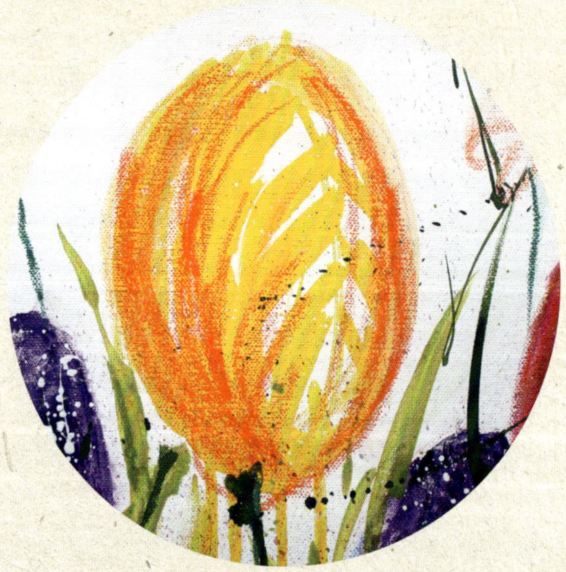

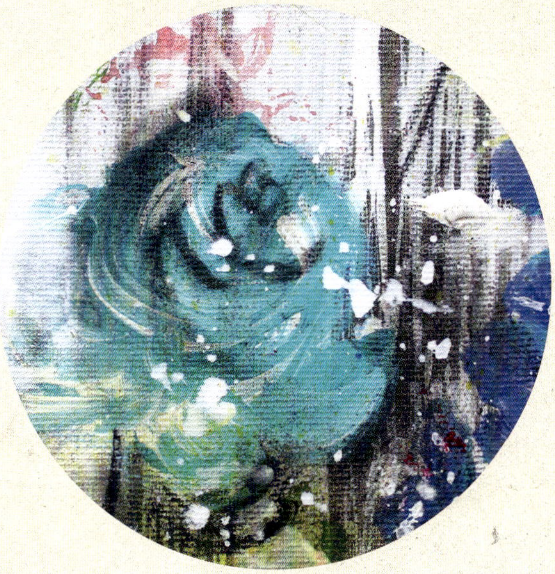

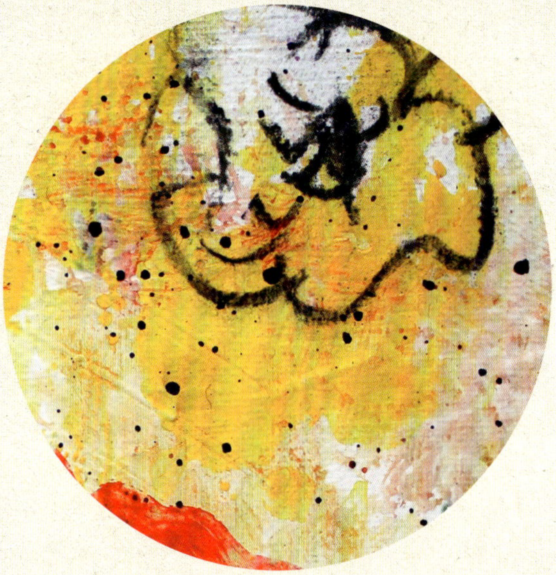

Zeichenkohle verwenden

Genauso wie die Ölpastellkreide kannst du die Zeichenkohle wie einen Stift verwenden oder flächig auftragen, um Unebenheiten zu betonen, die durch das Antrocknen der Acrylfarbe entstanden sind. Verfahre dabei so wie bei den Ölpastellkreiden.

***Achtung:** Wenn du Zeichenkohle eingesetzt hast, brauchst du ein Fixativ. Dieses sorgt dafür, dass deine Kohle fixiert, also haltbar gemacht wird.*

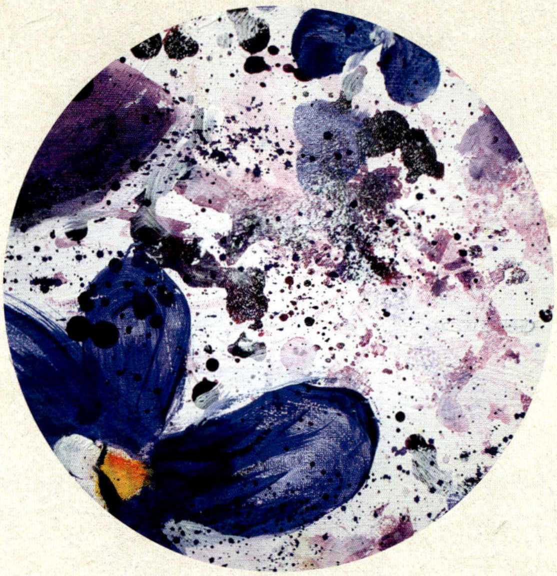

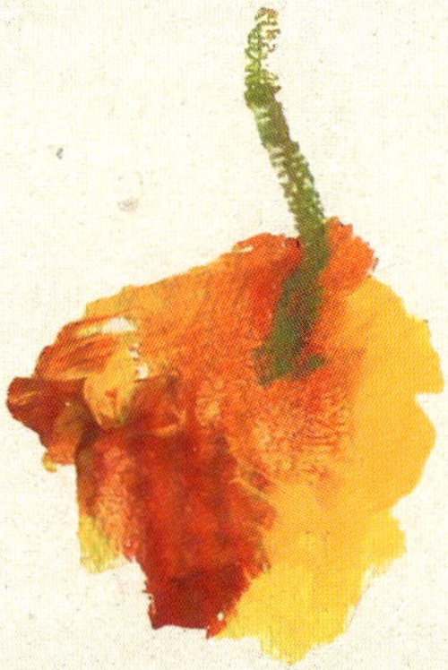

Acrylic Ink-Techniken

Spritzer im Hintergrund:

Nimm eine grundierte Leinwand. Fülle nun deine Acrylic Ink-Farbe in ein flaches Gefäß und nimm einen breiten Flachpinsel. Alternativ geht auch eine ausgediente Zahnbürste.

Decke dein Umfeld gut mit alten Zeitungen oder etwas Ähnlichem ab. Jetzt kannst du deinen Pinsel in die Farbe eintauchen und quer über dein Bild schütteln. Je geringer der Abstand zur Leinwand, desto größer werden die dadurch entstehenden Kleckse.

Tipp: Diese Kleckse kannst du weiterbearbeiten, indem du sie mit einem Taschentuch verwischst.

Mit Acrylic Ink-Farben lassen sich außerdem spannende Blumenstrukturen gestalten.

Zeichne mit einem Pinsel NUR mit Wasser einen Kreis. Anschließend lässt du mit der Pipette ein paar Tropfen deiner Acrylic Ink-Farbe in den Wasserkreis hineintropfen. Nun kannst du deinen Kreis mit weiteren Wasserlinien ausfüllen und immer wieder neu Farbe hineintropfen lassen.

Tipp

Du kannst auch verschiedene Farben tropfen und zusehen, wie diese sich mischen.

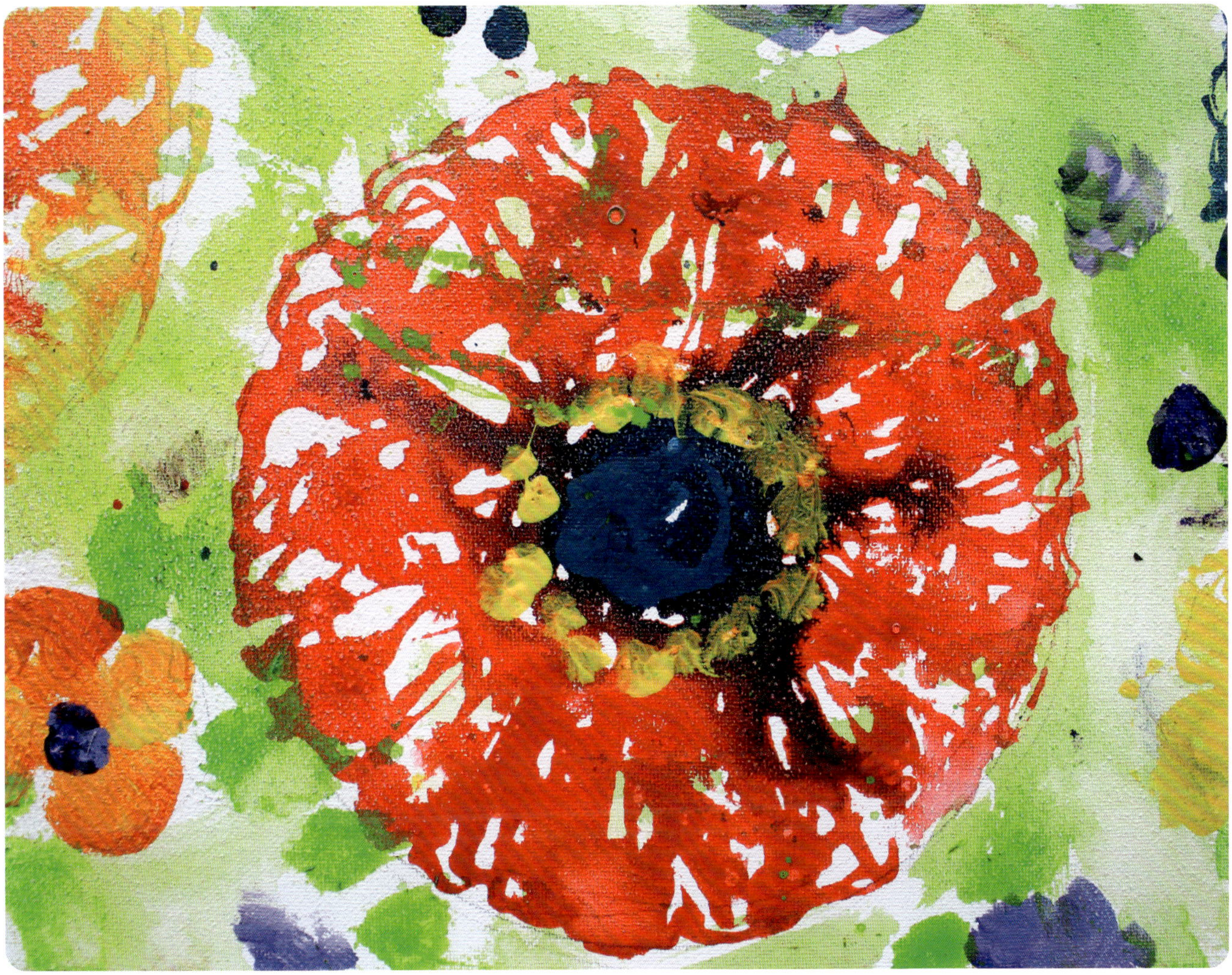

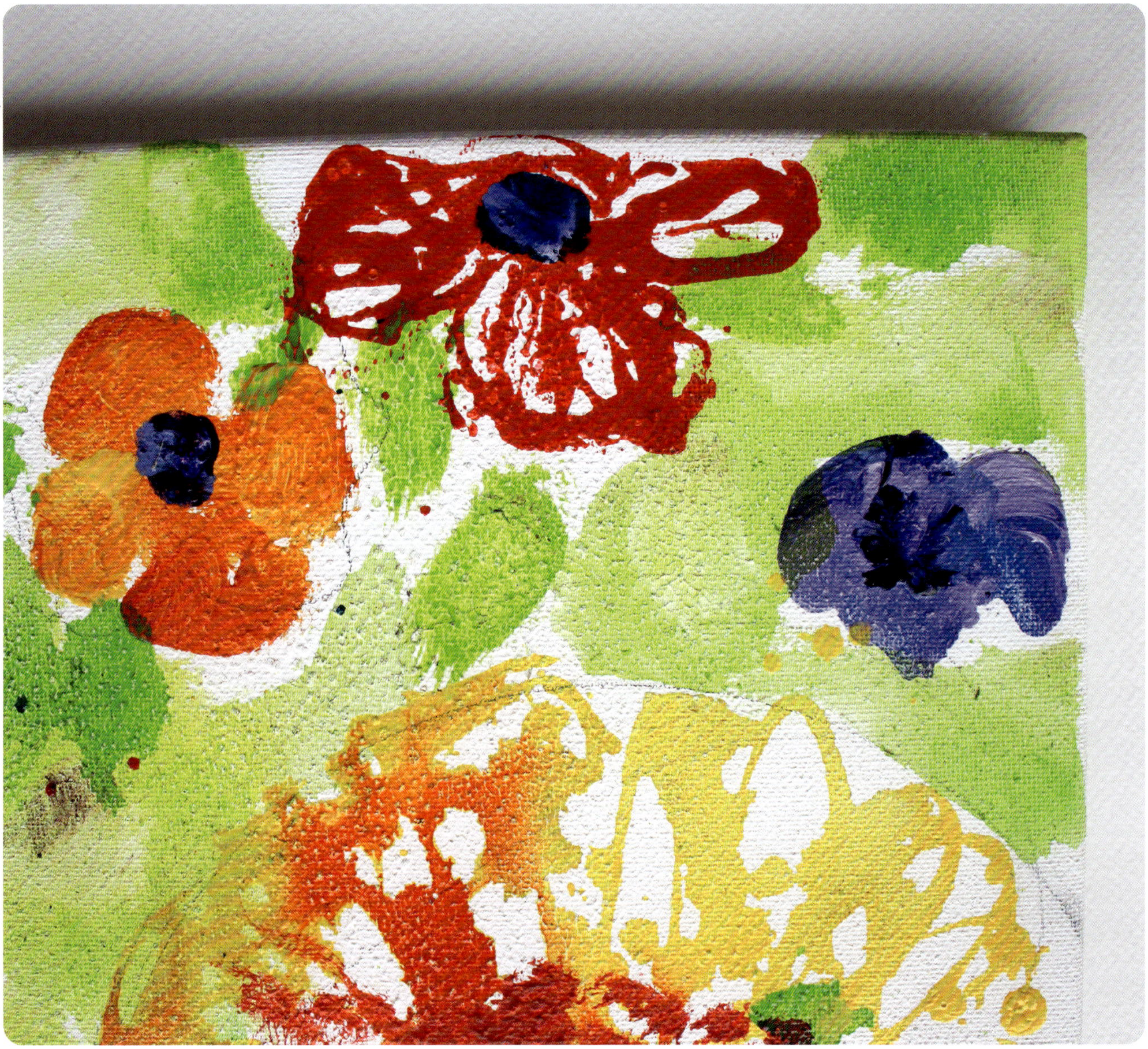

Nimm einen mittleren Rundpinsel, zum Beispiel in Größe 12 – 15, und male nur mit Wasser „unsichtbare" Flecken auf deinen Hintergrund. Suche dir eine Farbe aus und tupfe, wie im Schritt zuvor, mit der Pipette der Acrylic Ink-Farben deine Farbe auf die kleine Wasserfläche. Der Effekt ist sogleich sichtbar: Es ergibt sich ein spannende, marmorierte Fläche.

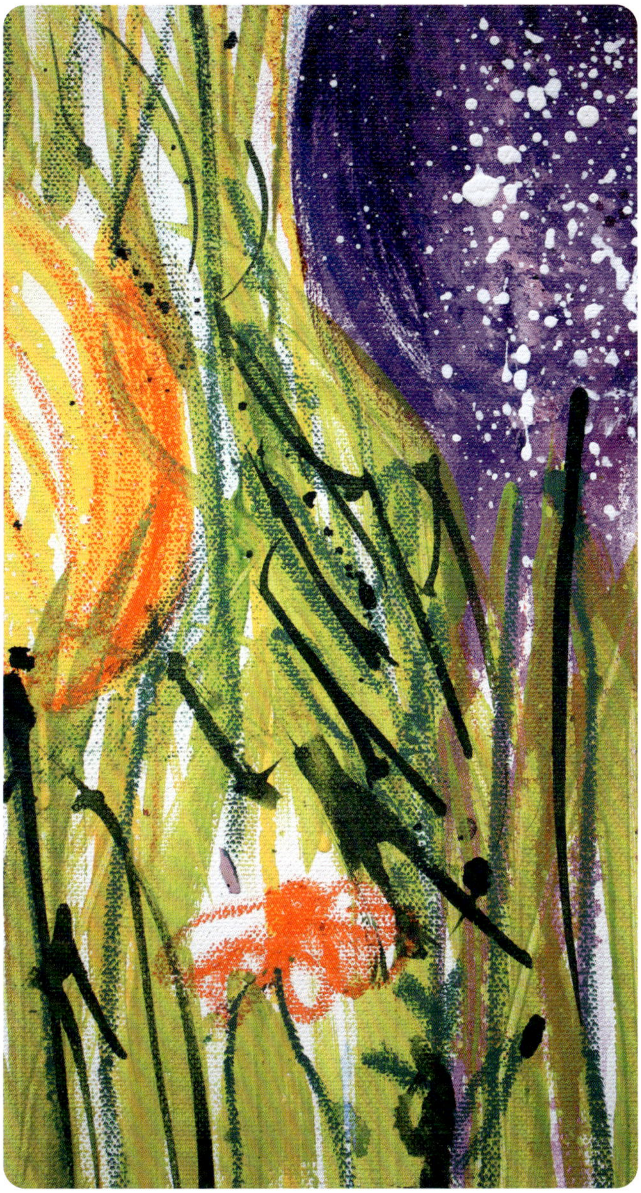

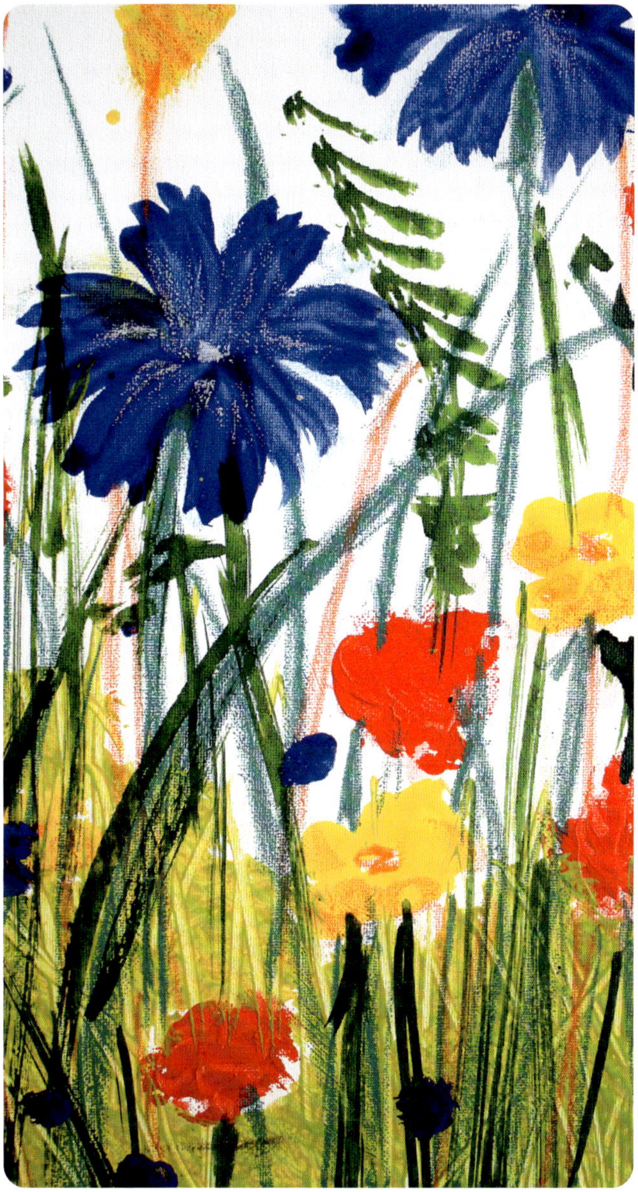

Nimm ein Bild, dem du noch den letzten Schliff hinzufügen möchtest. Du kannst mit der Pipette deiner Acrylic Ink-Farben direkt auf deine Leinwand „zeichnen“. Es ergeben sich dabei unregelmäßige, fast krakelige Linien. Das erzeugt Spannung in deinem Bild, vor allem, wenn du eine deutlich sichtbare Farbe wählst.

Die einfachste Variante, wie du deine Acrylic Ink-Farben benutzen kannst, ist die folgende:

Nimm einen Pinsel (z. B. Rundpinsel Größe 6) und male auf deine Leinwand und über deine Acrylfarbe.

Die Acrylic Ink-Farbe lässt sich so gut vermalen und leuchtet stark hervor.

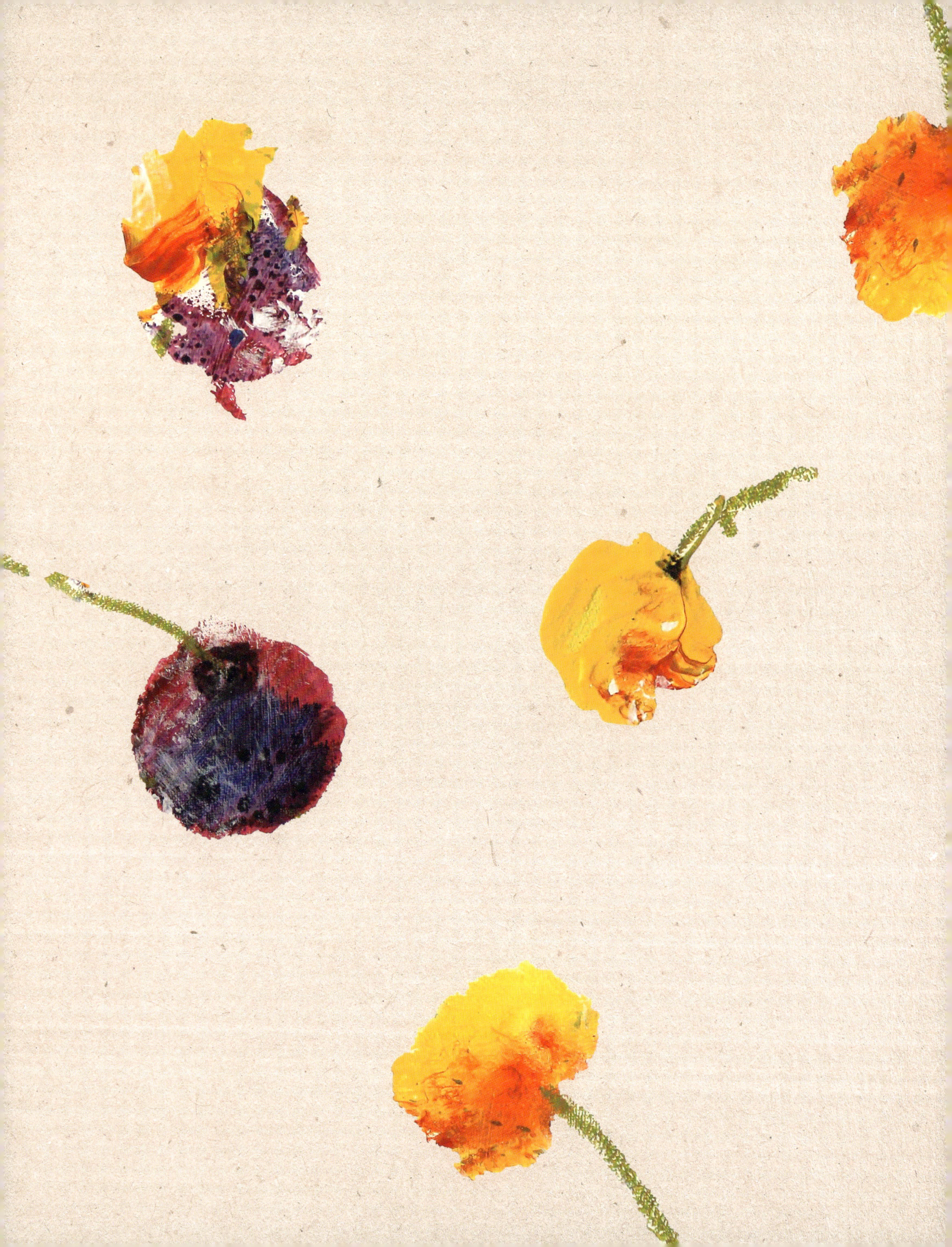

BLUMEN
Projekte

Zwei Mohnblumen

***Mit** diesem Motiv steigen wir ein in die experimentellen Techniken des Acrylmalens. Lies dir bitte vorab das ganze Projekt einmal durch. Richte vor Beginn alle Farben und Pinsel her, die du benötigst, und natürlich auch deine Leinwand.*

MATERIAL

- Breiter Flachpinsel (ca. Größe 18)
- Mittlerer Rundpinsel (ca. Größe 10)
- Kleiner Rundpinsel (ca. Größe 4)
- Ölpastellkreide in Rot und Grün
- Zeichenkohle
- Haushaltsschwamm
- Mischbecher
- Zeitungen zum Abdecken
- Fixativ (für die Kohle)
- 2 kleine, rechteckige Leinwände in derselben Größe (z. B. 30 x 40 cm)

FARBEN

Acrylic Ink:

- Kadmiumgelbton
- Primär Magenta

Acryl:

- Titanweiß
- Zinnoberrot
- Permanengrün hell
- Dunkelgrün
- Schwarz

Technik

Hintergrund mit Schwamm bearbeiten

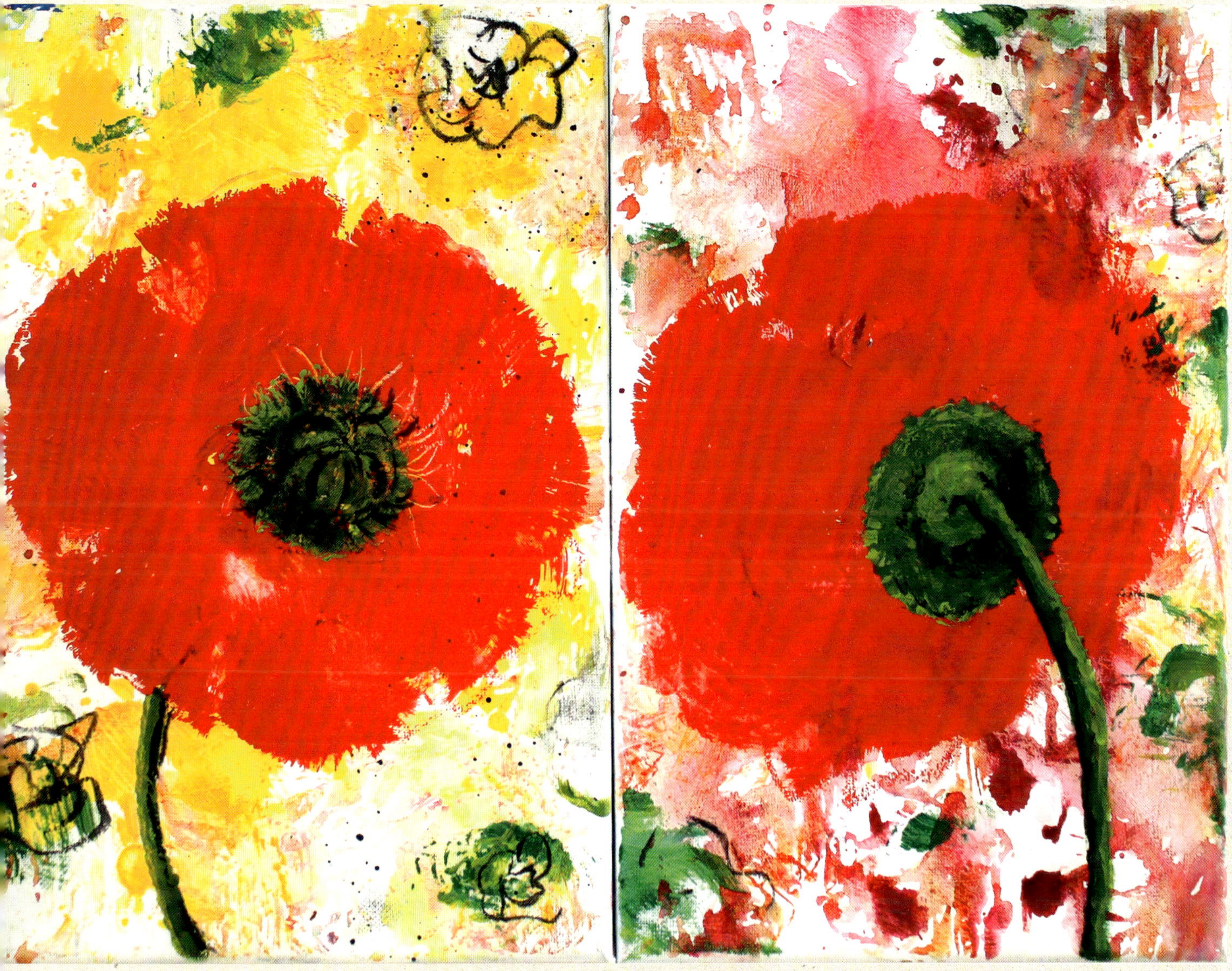

1

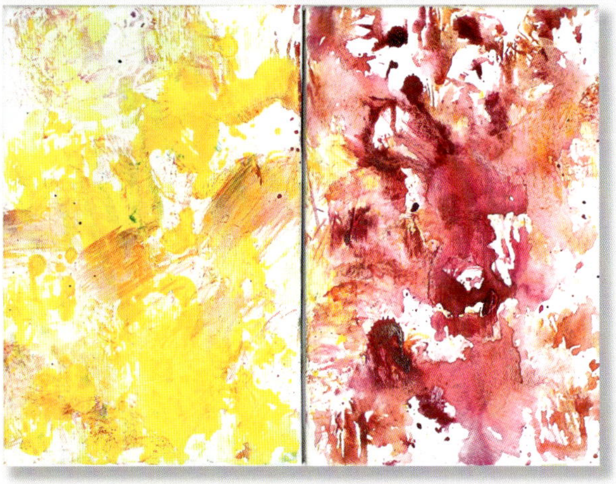

2

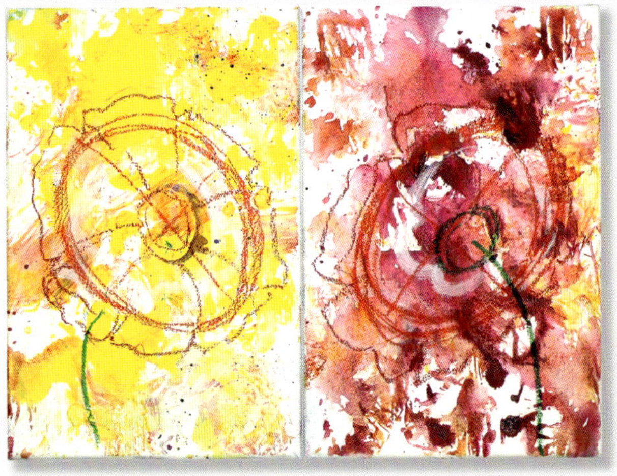

3

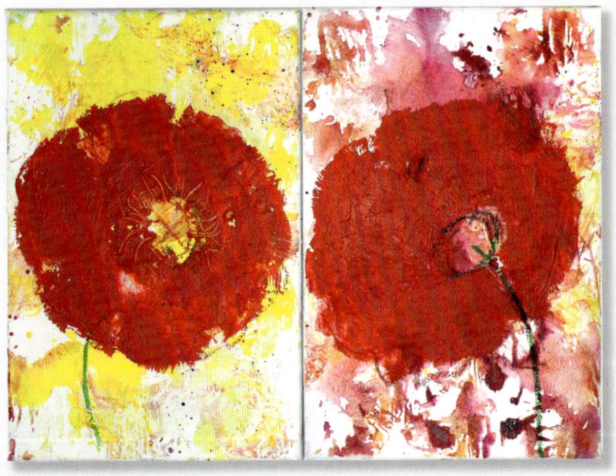

1 Nimm einen breiten Flachpinsel, tauche ihn in Wasser ein und schüttele damit mit Schwung Wasserkleckse auf deine beiden Leinwände. Nun kannst du mit der Pipette der Acrylic Ink in Gelb auf die eine Leinwand und mit der Pipette der Acrylic Ink in Magenta auf die andere Leinwand tropfen. Die Farbe vermischt sich sofort mit dem Wasser. Nimm deinen Schwamm und tupfe ihn in die Farbe. Verteile Farbflecken durch kleine Wischbewegungen mit dem Schwamm, bis dir dein Hintergrund gefällt.

2 Nachdem die beiden Farben getrocknet sind, kannst du deine Mohnblumen platzieren. Zeichne sie mittig mit Ölpastellkreiden auf.

3 Male nun die Blumen in Zinnoberrot mit dem mittleren Rundpinsel aus und lasse dabei die Mitte frei. Dort kommt später unser Stempel, also der Stielansatz, hin. Lasse dein Bild wieder trocknen.

4

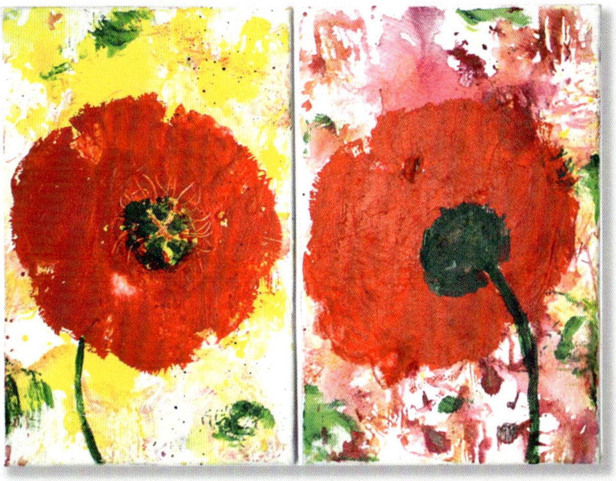

5

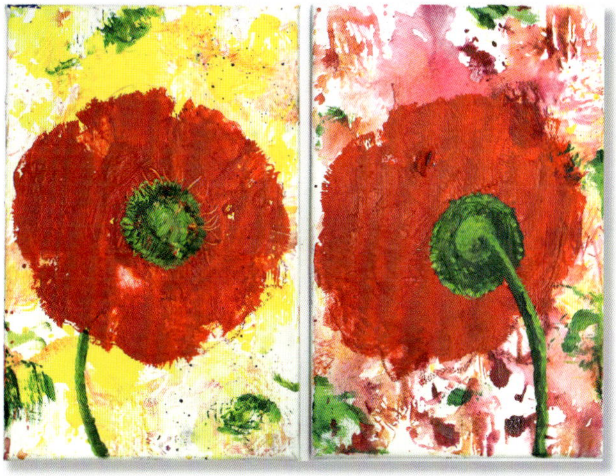

6

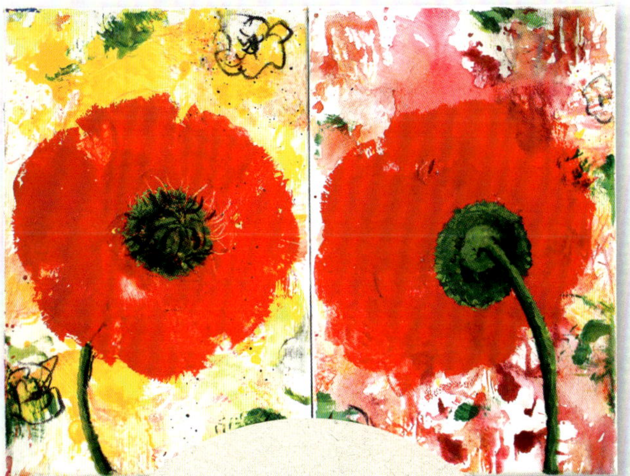

Tipp
Eine gute Übung vorab: Zeichne auf einem Übungspapier beide Blumen einmal mit Zeichenkohle oder einem Bleistift auf. Siehe dazu die Zeichentipps auf Seite 136.

4 Im Anschluss folgt das Dunkelgrün. Male mit einem kleinen Rundpinsel den Stempel der Mohnblüte und den Stielansatz mit dem Dunkelgrün aus. Vergiss bitte nicht den feinen Stiel, der hinter der Blüte zu sehen ist.

5 Mit dem Hellgrün kannst du nun Akzente setzen. Dazu kannst du wieder dein Taschentuch benutzen, mit dem du kleine Flecken auf den dunkelgrünen Untergrund tupfst. Am besten geht das mit einer Ecke des Taschentuchs. Mit dem kleinen Pinsel malst du eine feine Linie auf den Stiel und den Stielansatz in Hellgrün. Dadurch wird die Blüte plastisch.

6 Nun kommt die Zeichenkohle an die Reihe. Setze damit Akzente, indem du kleine Blümchen in deinen Hintergrund zeichnest. Auch den Stempel und den Stielansatz kannst du mit der schwarzen Kohle noch einmal betonen.

Mohnblumen

***Mohnblumen** gehören zu meinen Lieblingsblumen. Dieses Mal arbeiten wir auf einer länglichen Leinwand. In diesem länglichen Format kommen sie mit den langen Stielen besonders gut zur Geltung. Das Besondere an diesem Motiv ist, dass wir mit zwei Klecksen beginnen. Ja, du hast richtig gelesen: Wir klecksen.*

MATERIAL

- Mittlerer Rundpinsel (ca. Größe 8)
- Kleiner Rundpinsel (ca. Größe 4)
- Ölpastellkreide in Weiß
- Zeichenkohle
- Taschentücher
- Mischbecher
- Zeitungen zum Abdecken
- Fixativ (für die Kohle)
- 1 längliche Leinwand (z. B. 50 x 100 cm)

FARBEN

Acrylic Ink:

- Zinnoberrot

Acryl:

- Titanweiß
- Indischgelb
- Magenta
- Permanentgrün hell
- Ultramarinblau
- Türkisblau
- Schwarz

Technik

Farben fließen lassen

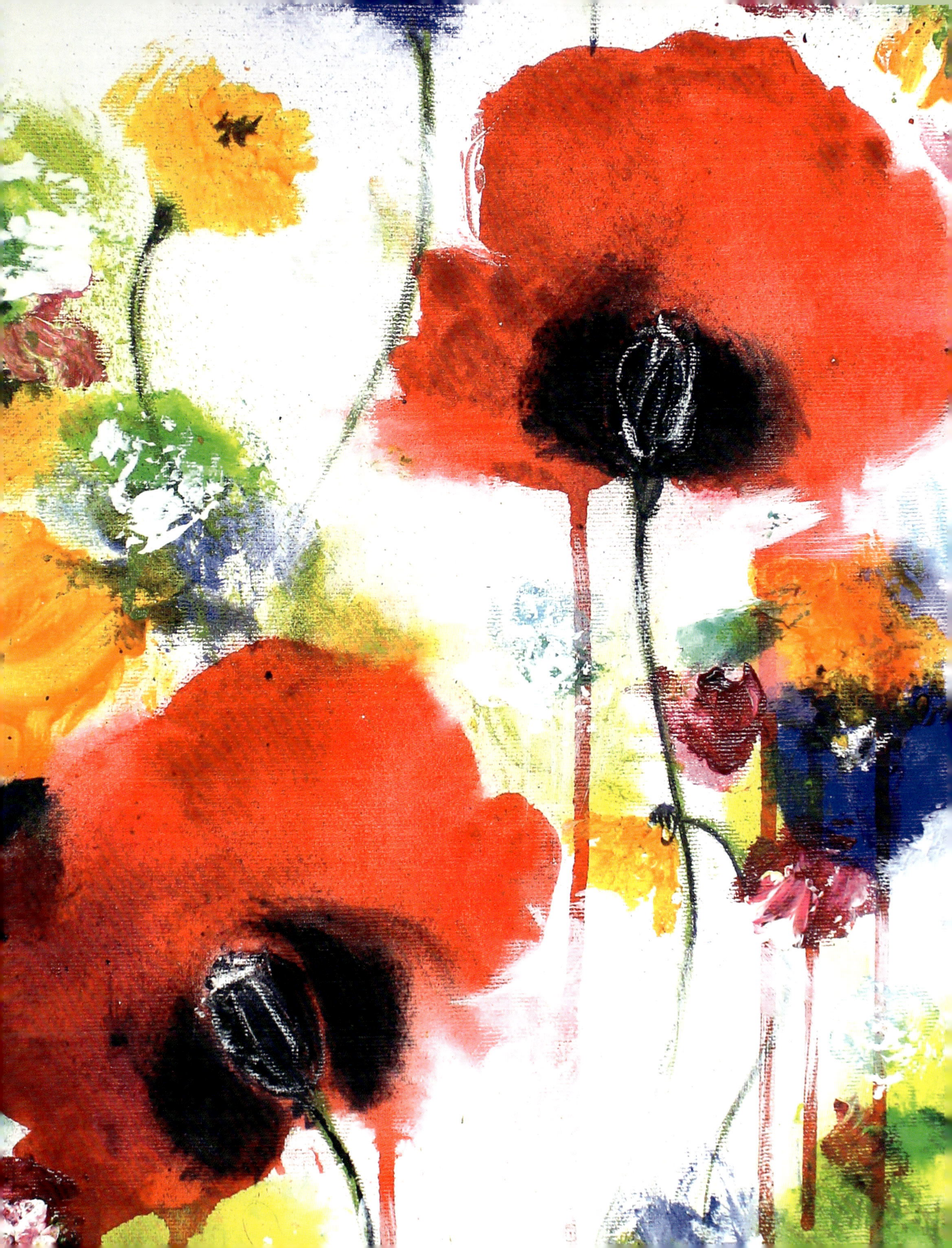

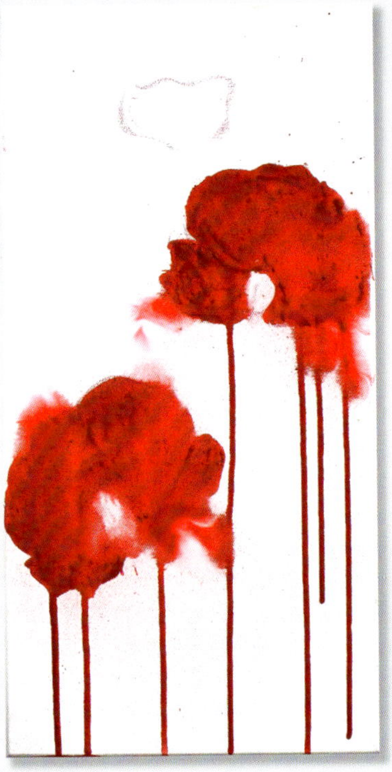

1

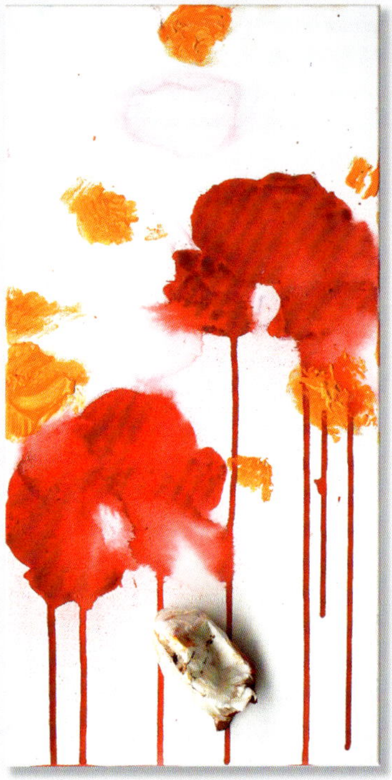

2

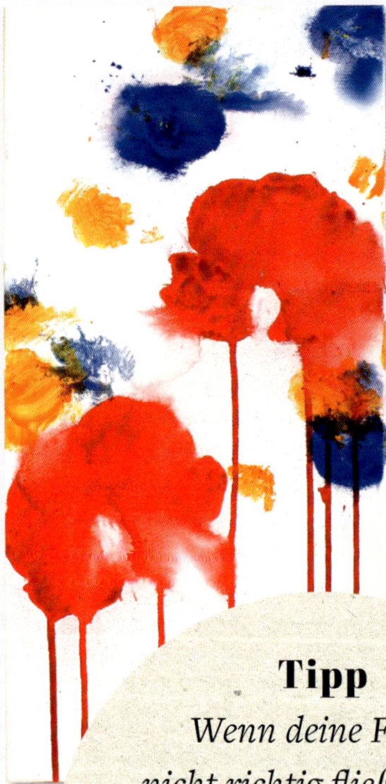

3

1 Male mit roter Farbe und einem mittleren Rundpinsel zwei große Kleckse auf deine Leinwand. Lass dabei in der Mitte eine kleine Stelle für den Stempel frei. Stelle dein Bild schräg, damit die rote Farbe verlaufen kann. Du kannst das Laufen stoppen, indem du dein Bild waagerecht legst. Lasse die erste Schicht trocknen.

2 Nimm deine Farbe in Indischgelb und tupfe mit einem zusammengeknüllten Taschentuch gelbe Kleckse um die roten Mohnblumen herum.

3 Nun kommt das Blau an die Reihe: Nimm ein neues Taschentuch und knülle es zusammen. Tränke das Taschentuch in dem Blau und tupfe damit blaue Flächen auf: Das sind deine blauen Blumen.

4 Mit einem dünnen Rundpinsel und der schwarzen Acrylfarbe kannst du nun den Stempel der Mohnblume einzeichnen. Um den Stempel herum färbe ich die Mohnblume mit Zeichenkohle ein und zeichne kleine Stiele an die Blumen. Auch die inzwischen getrockneten

Tipp

Wenn deine Farbe nicht richtig fließen will, kannst du einen großen Flachpinsel zu Hilfe nehmen. Kleckse Wasser auf deine Farbstelle, bis die Farbe wieder fließt.

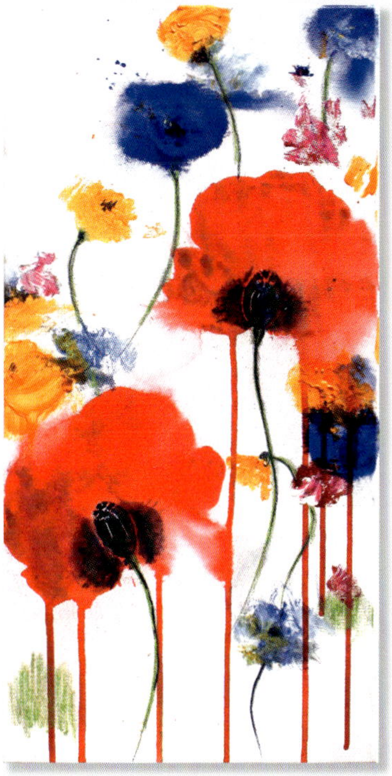

4

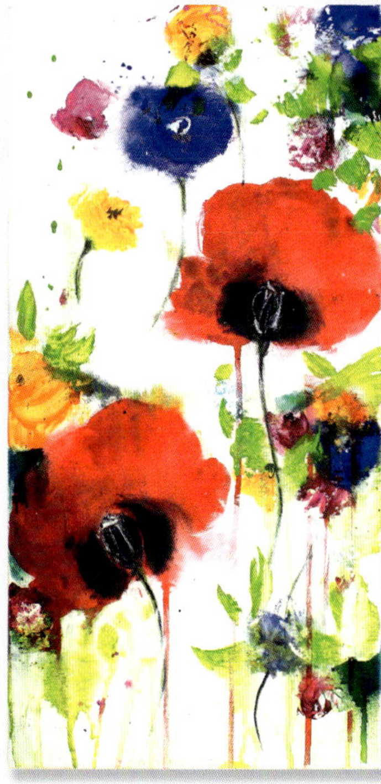

5

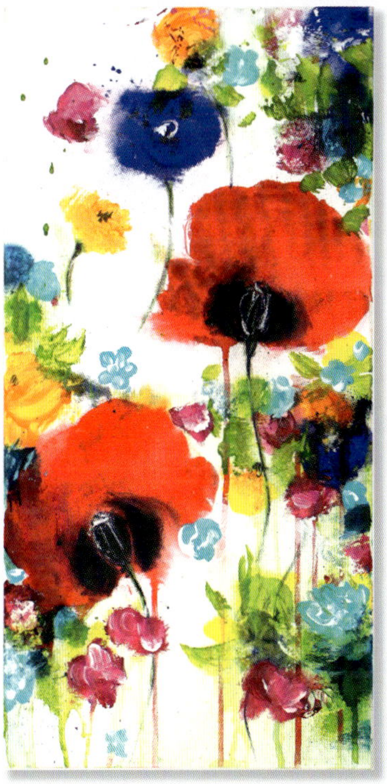

6

gelben und blauen Blüten bekommen einen kleinen Stempel in Schwarz. Anschließend kannst du ein Taschentuch in weiße Farbe tauchen und es auf die Blüten abdrücken. Die Blüten werden so lebendiger.

5 Mit dem kleinen Rundpinsel und der hellgrünen Farbe malst du nun kleine Blütenblätter ein. Anschließend geht es an das Ausbessern. Mit weißer Acrylfarbe und dem ausgewaschenen kleinen Rundpinsel zeichnest du den Blütenstempel der Mohnblume ein (siehe auch meine Zeichentipps auf Seite 136). Mit Weiß kannst du die Blütenblätter aufhellen, wie es dir gefällt.

6 Nun kannst du dein Bild nach Belieben weiter gestalten. Nimm weitere Farben hinzu, wie zum Beispiel Türkis oder Dunkelgrün. Füge weitere Blüten oder Blätter hinzu, indem du ein neues Taschentuch in jeweils zwei Farben tauchst und abdrückst. Das bringt zusätzliche Struktur und macht dein Motiv individuell.

Bunte Blumenwiese

Dieses *Mal arbeiten wir mit zwei quadratischen Leinwänden. Hier kannst du dich mit den Farben so richtig austoben – je mehr, desto besser. Später kannst du diese Leinwände eng aneinander oder mit einem kleinen Abstand dazwischen aufhängen.*

MATERIAL

- Großer Rundpinsel (ca. Größe 15)
- Kleiner Rundpinsel (ca. Größe 4)
- Fächerpinsel
- Ölpastellkreide in Rot
- Korken
- Alter Teller oder Palette
- Zeitungen zum Abdecken
- 2 quadratische Leinwände (z. B. 40 x 40 cm)

FARBEN

Acrylic Ink:

- Maigrün
- Laubgrün
- Krappdunkel

Acryl:

- Titanweiß
- Kadmiumgelb mittel
- Coelinblau
- Magenta
- Alle Farben, auf die du Lust hast

Technik

im Hintergrund Acrylfarbe fließen lassen

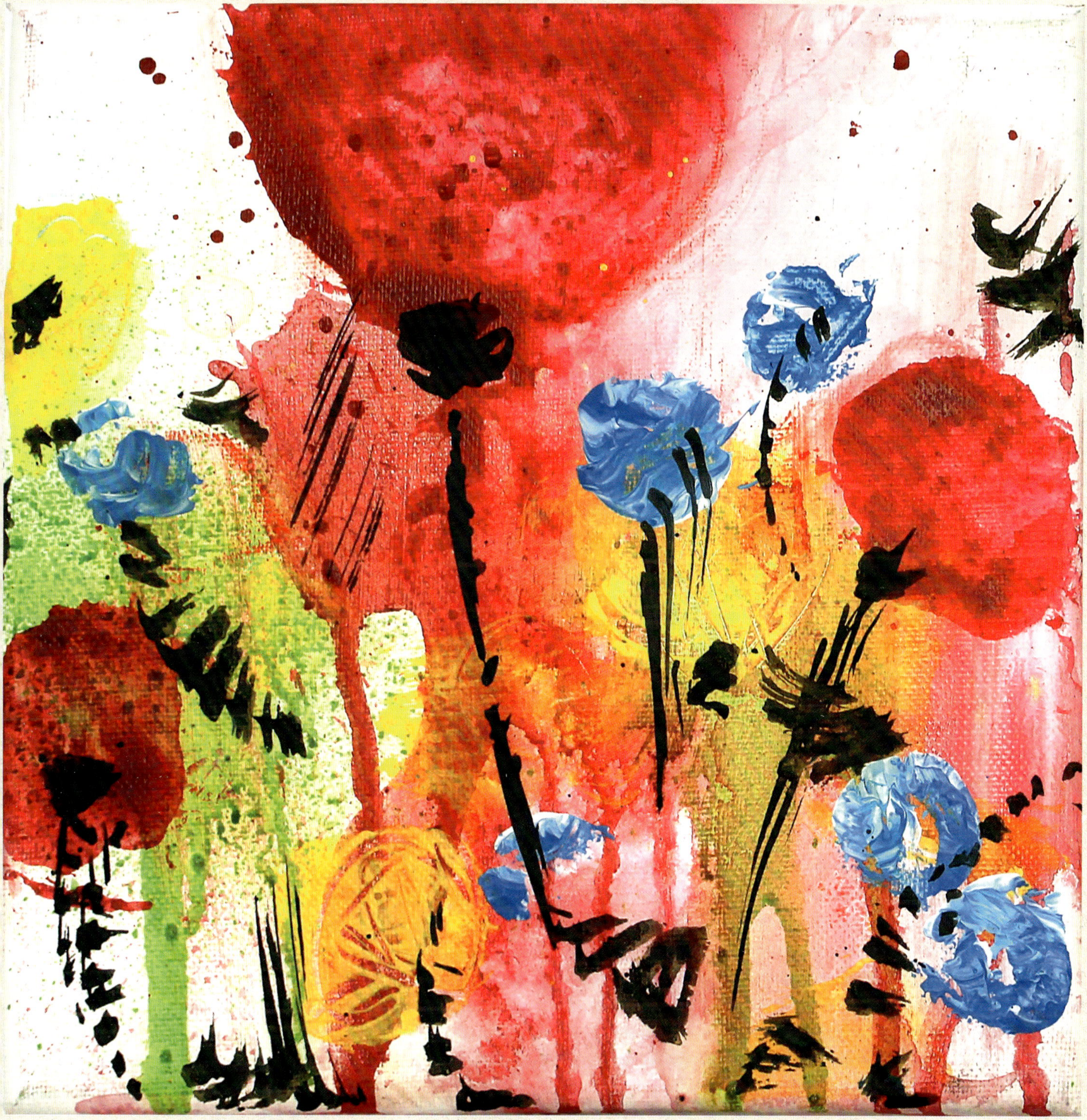

1

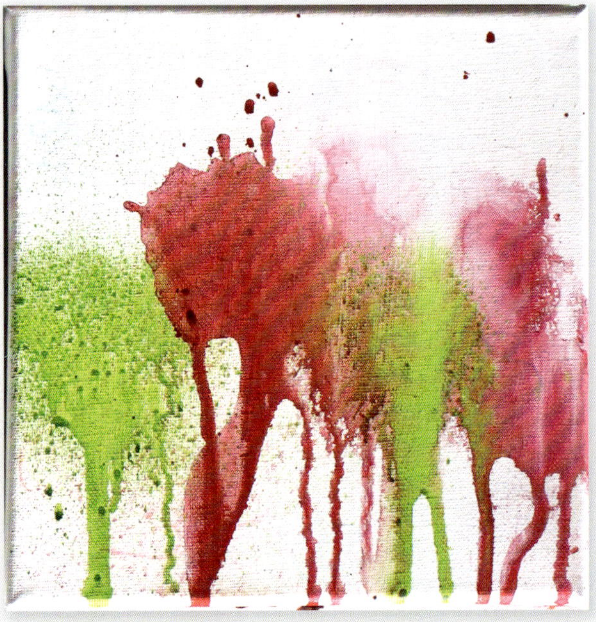

2

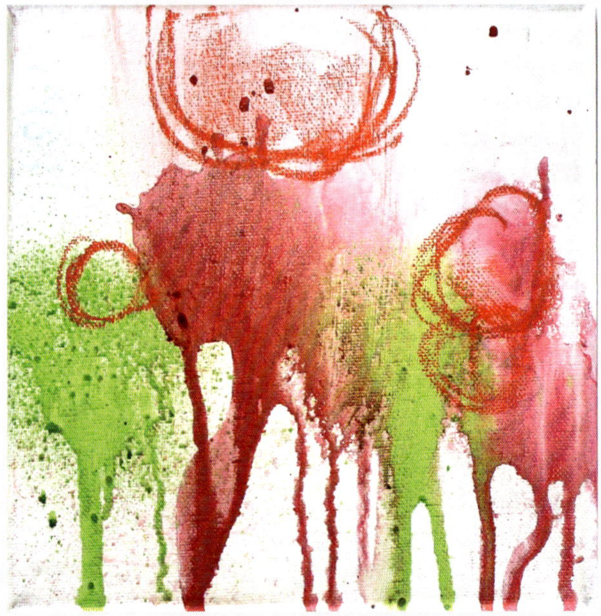

1 Benetze deine beiden Leinwände mit Wasser. Nimm den großen Rundpinsel und tropfe dicke Kleckse in Rot auf die Leinwände. Stelle sie schräg und lasse die Farbe fließen. Verfahre auf dieselbe Weise mit deinem Grün und lasse dein Werk trocknen.

2 Zeichne mit roter Ölpastellkreide die roten Blumen ein. Du kannst so viele einzeichnen, wie du möchtest. Richte währenddessen die bunten Farben und Pinsel der Materialliste her.

3 Fülle die vorgezeichneten Blumen nun mit der Magenta-Farbe. Benutze diese unverdünnt, damit sich die Blumen vom Hintergrund abheben.

3

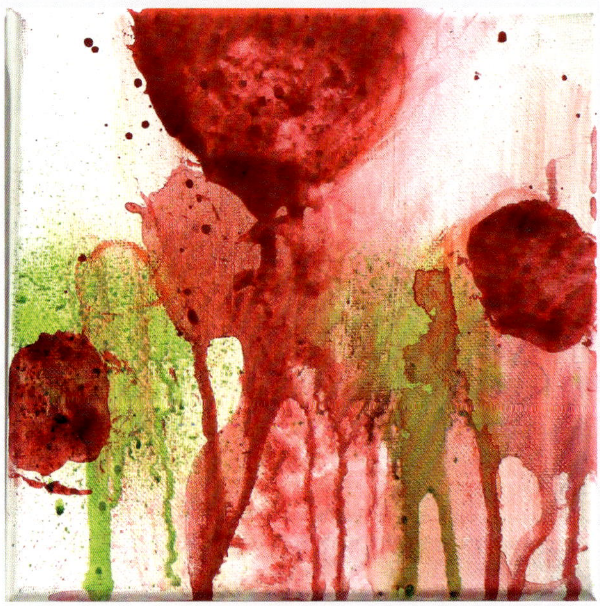

4

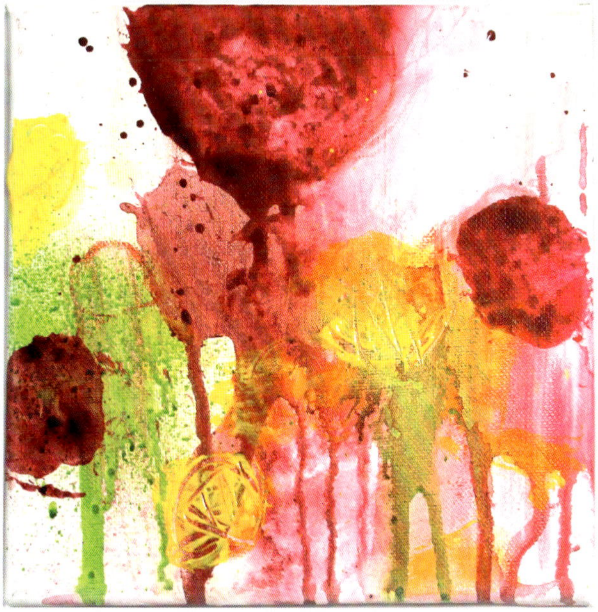

5

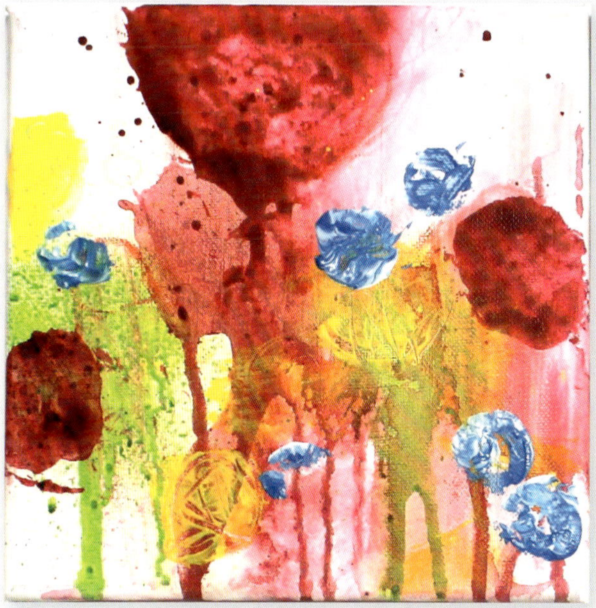

6

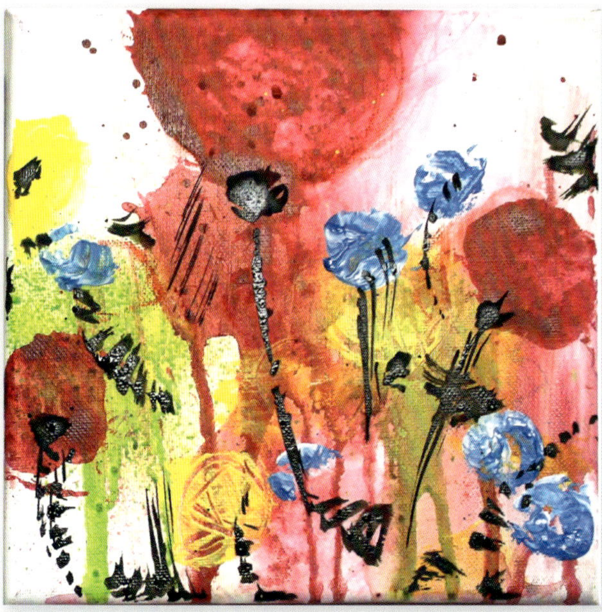

4 Nun kannst du die gelben Blumen malen: Platziere sie zwischen den roten Blumen. Wenn die Farbe noch nicht angetrocknet ist, kannst du mit dem Pinselrücken Muster in die Farbe kratzen.

5 Füge jetzt die hellblauen Blüten hinzu. Gib beide Farbtöne, das Weiß und das Hellblau, auf eine Palette oder einen alten Teller. Dann nimmst du einen Korken und tauchst diesen abwechselnd in jede Farbe. Mit dem Korken stempelst du nun zweifarbig deine Blüten auf.

6 Nun kommt der Fächerpinsel an die Reihe: Damit gestalten wir die Blumenstiele. Nimm etwas dunkelgrüne Acrylic Ink-Farbe auf und drehe den Fächerpinsel seitlich. So kannst du die Stiele hinzufügen, zusätzliche Struktur erzeugen und das Motiv interessanter gestalten. Nach Belieben kannst du das Bild mit weiteren Blüten und Farben verzieren.

Buntes Tulpenfeld

***Bei** diesem Motiv arbeiten wir mit einer länglichen Leinwand, die wir im Querformat bemalen. Bunte Tulpen sind die ersten Frühlingsboten und leuchten fröhlich in allen Farben um die Wette. Dicht aneinandergereiht, kommt das besonders gut zur Geltung.*

MATERIAL

- Flachpinsel (ca. Größe 12)
- Kleiner Flachpinsel (ca. Größe 8)
- Ölpastellkreide in hellem Violett, Rot, Orange, Dunkelgrün, Schwarz, Hellblau
- Mischbecher
- Zeitungen zum Abdecken
- 1 längliche Leinwand (z. B. 40 x 100 cm)

FARBEN

Acrylic Ink:

- Zinnoberrot

Acryl:

- Titanweiß
- Indischgelb
- Permanentgrün hell
- Violett
- Kobaltblau (mit Weiß gemischt)

Technik

Ölpastellkreide flächig einsetzen

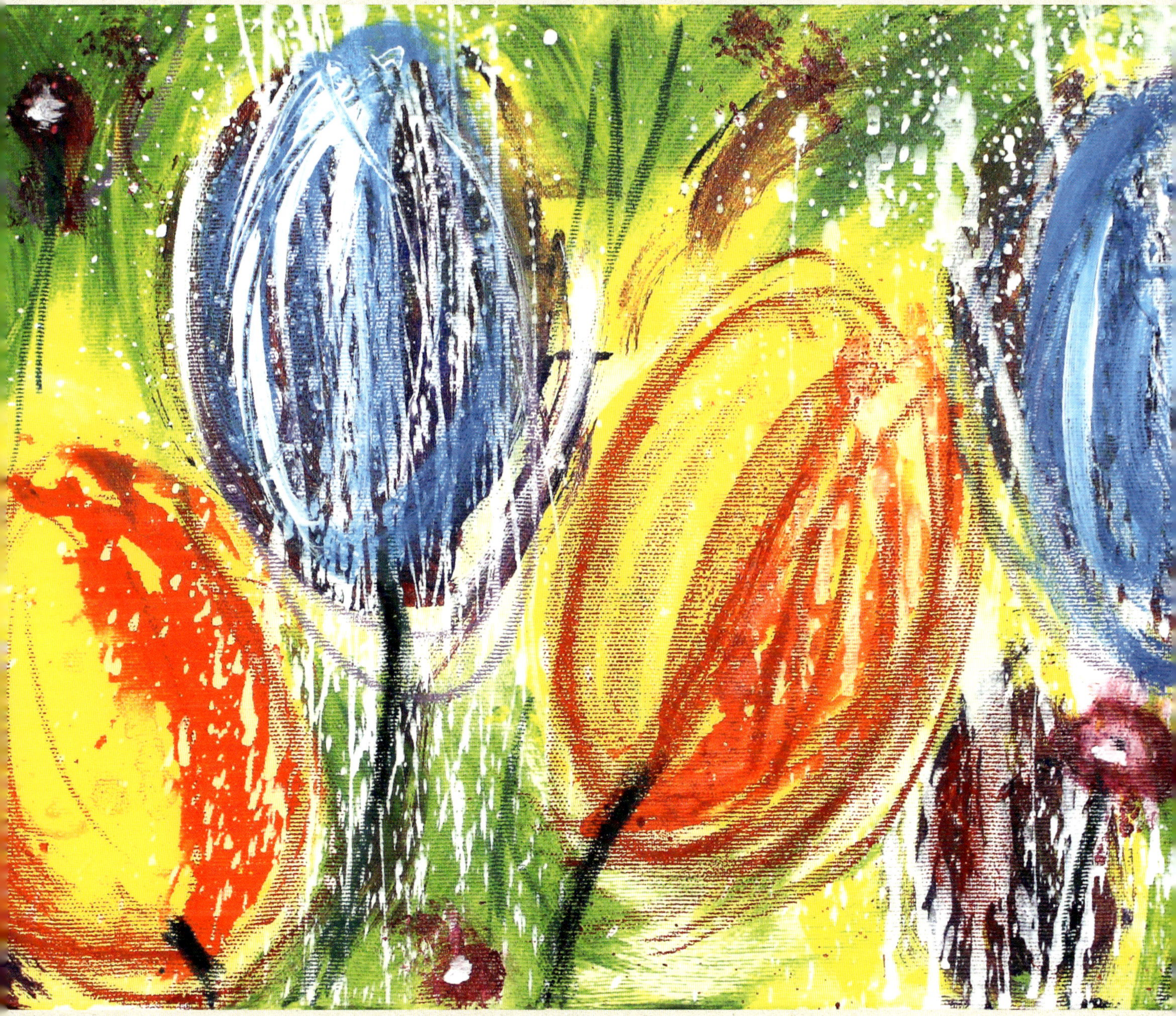

1 Zeichne die Anordnung deiner Tulpenköpfe mit Ölpastellkreide auf die Leinwand.

2 Im zweiten Schritt nimmst du deine gelbe Acrylfarbe und malst mit einem großen Flachpinsel schwungvolle, breite Striche auf die Leinwand. Fülle drei der Tulpen mit gelber Farbe aus.

1

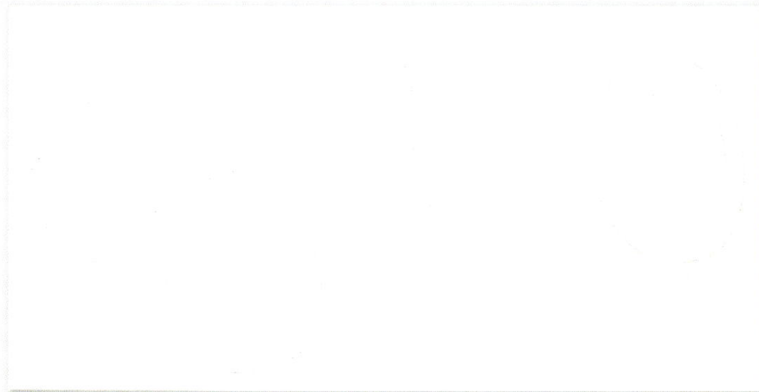

2

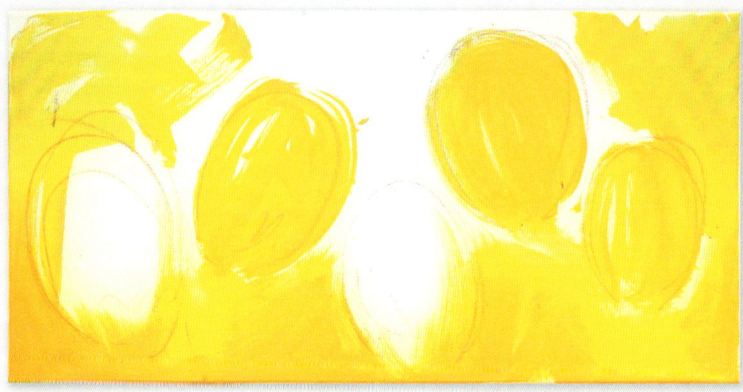

Tipp

Du kannst zunächst auch einen kleinen Flachpinsel, z. B. Größe 10, ausprobieren. Wenn du den richtigen Schwung raushast, kannst du zu einem größeren Flachpinsel wechseln.

3

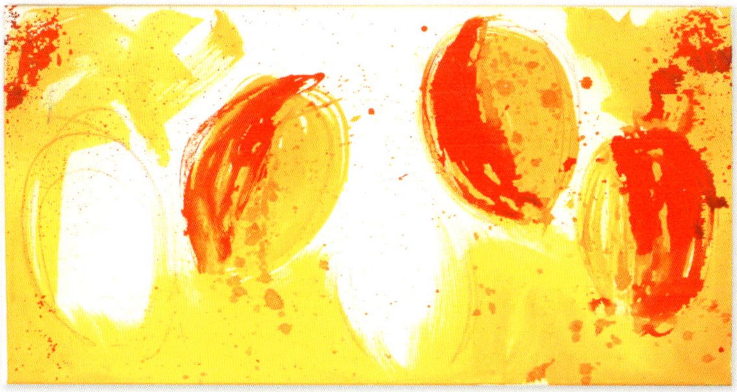

3 Nun kommt die Acrylic Ink-Farbe an die Reihe. Mit dem gleichen, ausgewaschenen Flachpinsel kannst du die rote Farbe auf dein Bild klecksen. Lass dein Werk trocknen.

4 Male mit dem kleinen Rundpinsel und der violetten Acrylfarbe die anderen beiden Tulpen aus. Arbeite dabei wieder schwungvoll und male mit derselben Farbe auch einige Flecken auf den Hintergrund. Alternativ kannst du für diesen Schritt auch Ölpastellkreide in Violett benutzen.

4

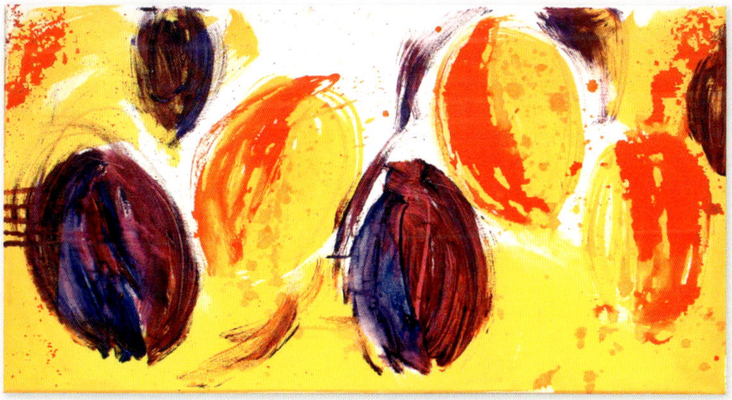

Tipp

Hier darfst du das erste Mal richtig auf deine Leinwand klecksen. Sei dabei mutig und denk nicht zu viel darüber nach – das macht dein Bild lebendiger.

5 Mische die grüne Acrylfarbe mit etwas Gelb. Male mit dem mittleren Flachpinsel den Hintergrund um die Blüten herum in dieser Farbe aus. Wenn diese Schicht getrocknet ist, kannst du mit einem dunkleren, ungemischten Grün Akzente setzen. Anschließend kannst du weiße Acrylfarbe im Verhältnis 60:40 mit Wasser mischen. Benutze hierfür einen Mischbecher. Nimm deinen Flachpinsel und kleckse mit der verdünnten weißen Farbe Streifen auf dein Bild. Die Leinwand stellst du am besten wieder aufrecht, damit deine Spritzer etwas fließen können. Lass alles trocknen.

5

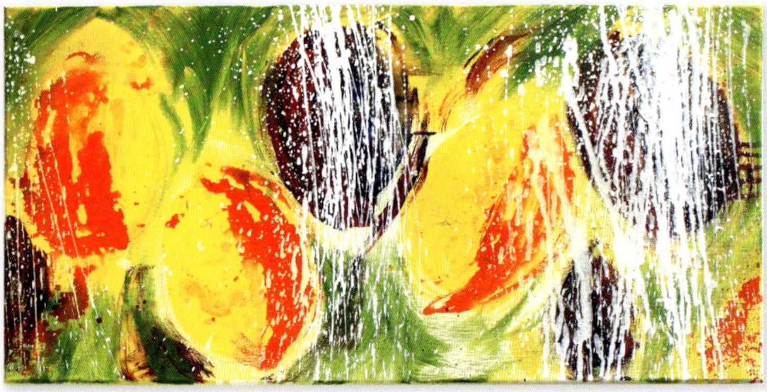

6 Nimm deine Ölpastellkreiden und setze damit Akzente auf deine Tulpen und den Hintergrund. Du kannst die Tulpen zum Beispiel mit farblich passenden Kreiden in Rot und Violett grob umrahmen oder die Kreide flächig einsetzen. Entferne hierzu das Papier und reibe mit der Querseite der Kreide auf der Leinwand. Das erzeugt eine interessante Struktur.

6

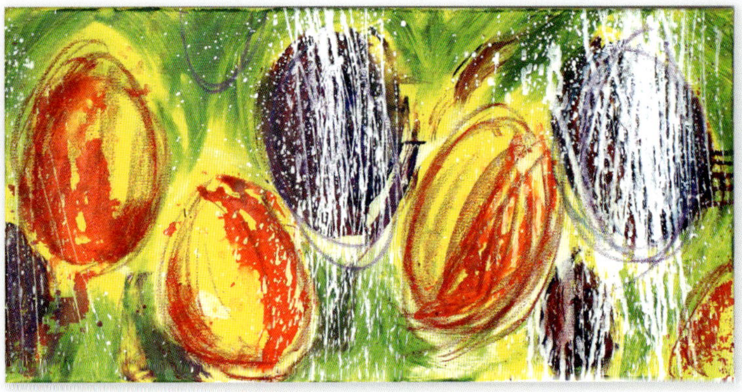

7

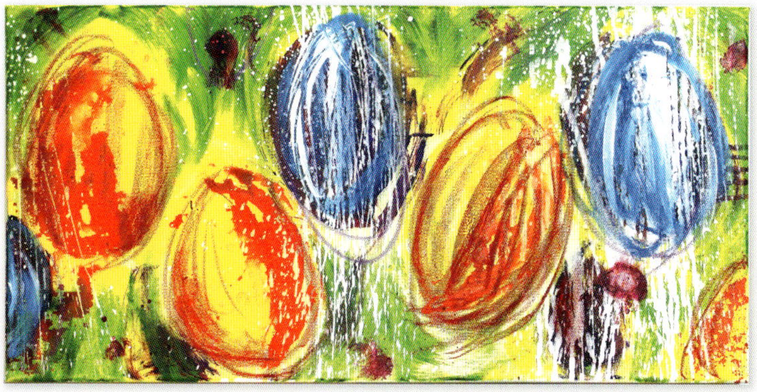

8

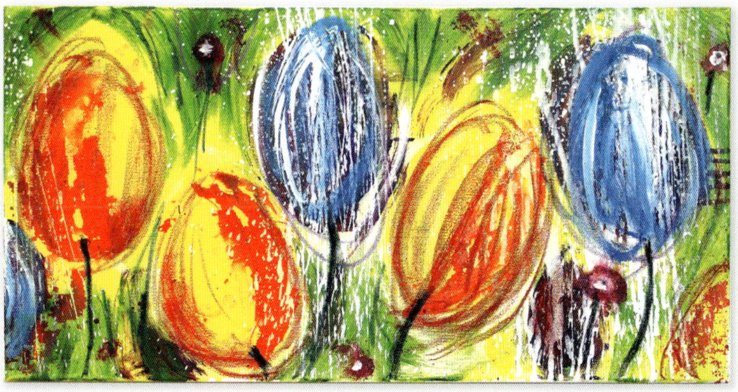

7 Mit einer Ölpastellkreide in Hellblau bearbeitest du deine violetten Tulpen weiter, indem du die Kreide flächig über die Tulpen setzt.

8 Nimm alle Ölpastellkreiden und gestalte dein Bild weiter. Füge Stiele in dunklem Grün oder weitere kleine Blumen hinzu. Die so entstandenen Strukturen können so lange mit den beschriebenen Techniken weiter- und übermalt werden, bis dir dein Bild gefällt.

Veilchen

Bei *diesem Motiv bleiben wir in einer Farbgruppe: dem Violett. Mische verschiedene Violetttöne aus Magenta und Blau an: einmal etwas rötlicher, einmal bläulicher und einmal mit Weiß gemischt. Auch hier klecksen wir wieder, aber diesmal, um den Hintergrund zu gestalten. Für das weitere Bearbeiten der Leinwand benutzen wir ein zusammengeknülltes Taschentuch.*

MATERIAL

- Flachpinsel (ca. Größe 12)
- Kleiner Rundpinsel (ca. Größe 8)
- Ölpastellkreide in hellem Violett, Orange, Weiß, Schwarz
- Mischbecher
- Zeitungen zum Abdecken
- Taschentuch oder Krepptuch
- 1 rechteckige Leinwand (z. B. 40 x 50 cm)

FARBEN

Acrylic Ink:

- Brillantviolett

Acryl:

- Titanweiß
- Kadmiumgelb mittel
- Magenta
- Ultramarinblau
- Schwarz

Technik

mit dem Taschentuch arbeiten

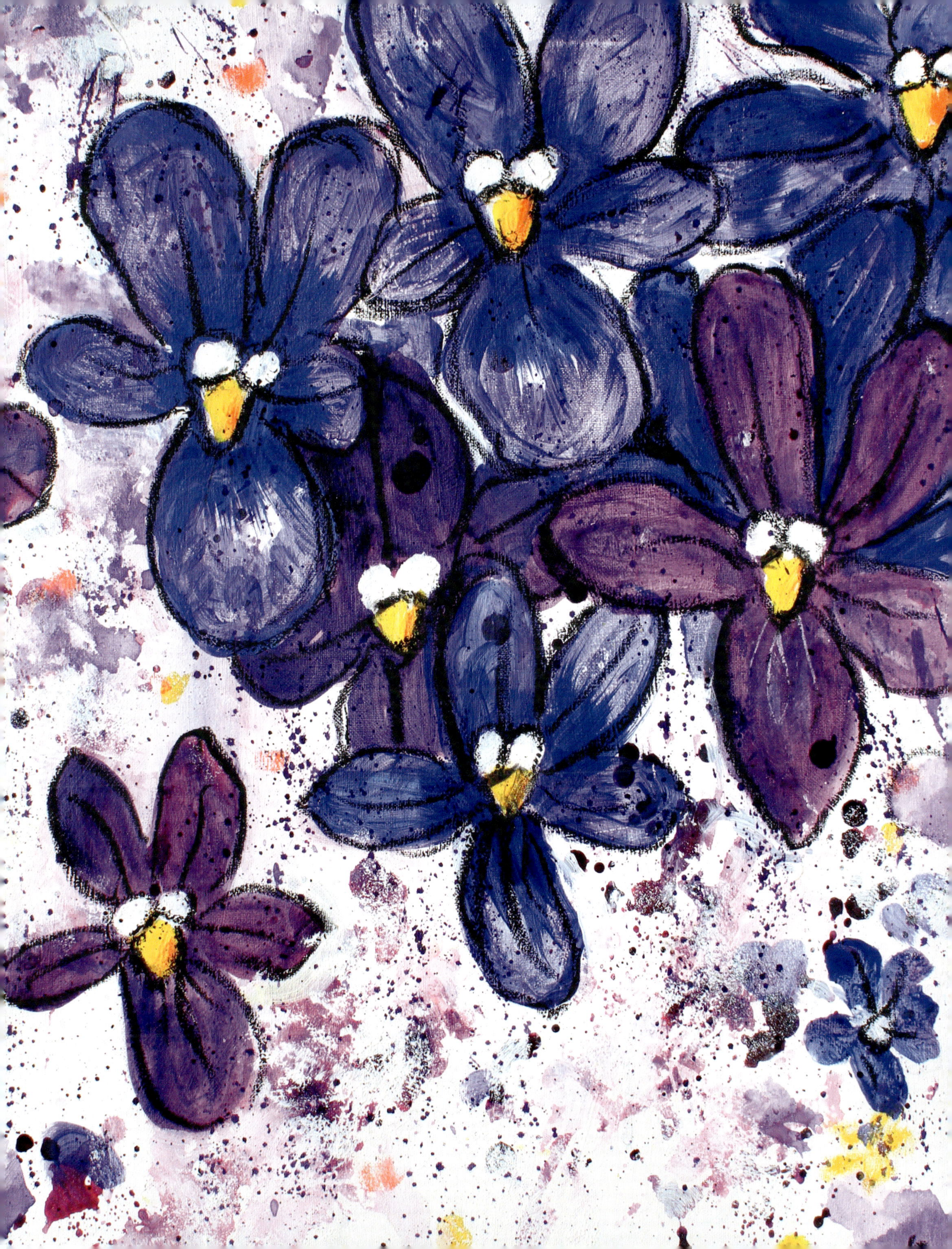

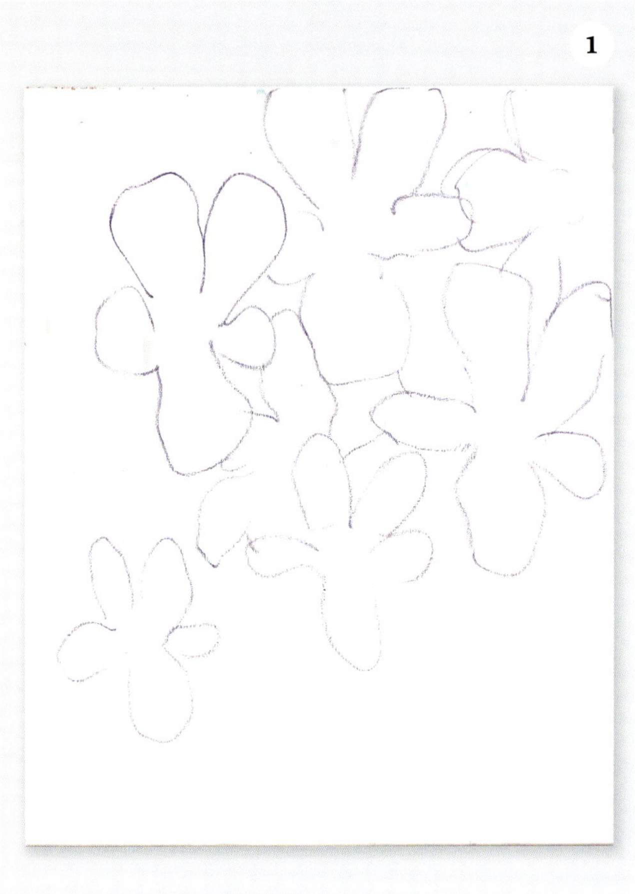

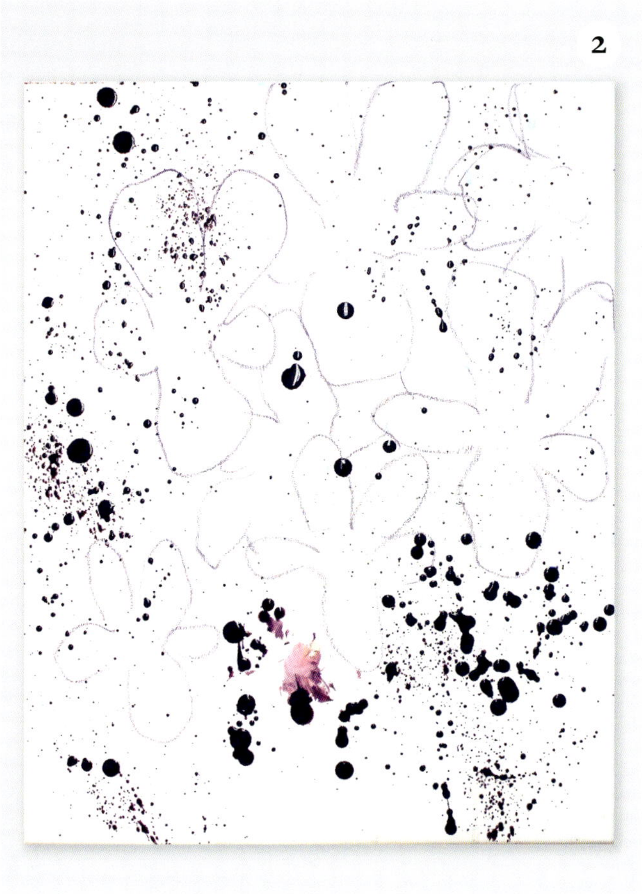

1 Zeichne die Anordnung deiner Veilchen mit einer Ölpastellkreide auf deine Leinwand.

2 Im zweiten Schritt nimmst du Acrylic Ink-Farbe in Violett und kleckst mit einem großen Flachpinsel so viele Punkte auf dein Bild, wie du möchtest.

Tipp

Verwende bewusst verschiedene Violetttöne für dein Bild. Je mehr unterschiedliche du benutzt, desto interessanter wird dein Motiv. Mische zunächst deine erste Farbe mit Ultramarinblau und Magenta an. Mische dann deine zweite Farbe, indem du anteilig mehr Magenta nimmst, und anschließend deine dritte Farbe, indem du anteilig mehr Blau benutzt. Indem du etwas weiße Acrylfarbe hinzugibst, kannst du weitere Farbvariationen kreieren.

3

4

3 Bevor deine violette Farbe antrocknet, schüttelst du mit dem gleichen Pinsel etwas Wasser auf dein Bild: Das Wasser vermischt sich mit der Farbe auf der Leinwand und verdünnt so dein Violett. Zusätzlich kannst du mit einem Taschentuch oder Lappen die Farbe auftupfen. Das ergibt eine interessante Hintergrundstruktur. Lass dein Werk trocknen.

4 Male mit dem kleinen Rundpinsel und deinem Kadmiumgelb den Stempel der Veilchen ein. Alternativ kannst du dafür auch Ölpastellkreide in Gelb verwenden. Wir nutzen hier den Kontrast zwischen den beiden Komplementärfarben Gelb und Violett aus, um das Bild farblich interessant zu gestalten.

5

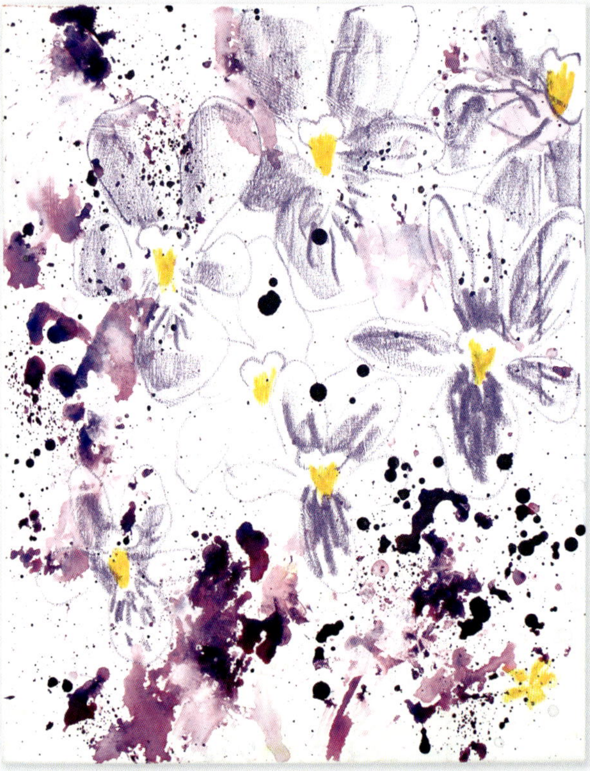

6

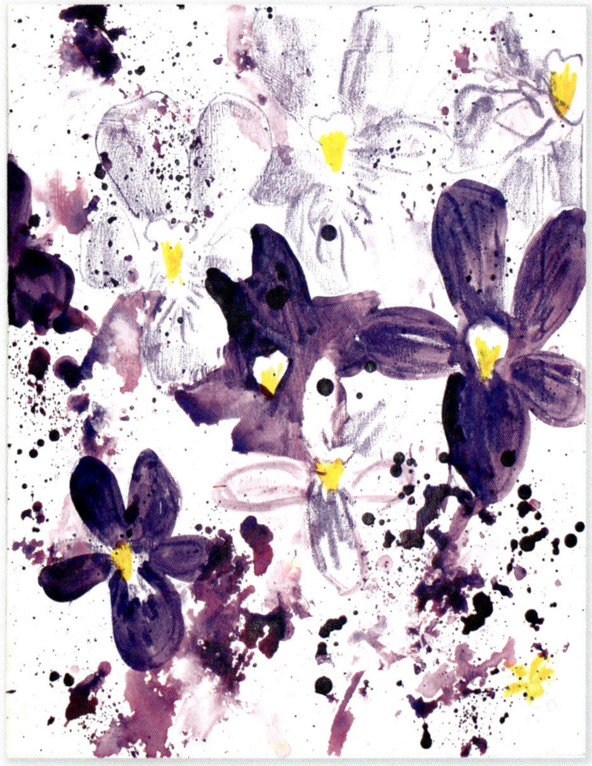

5 Verleihe deinen Veilchen mit einer Ölpastellkreide in Violett etwas Struktur. Halte die Kreide hierfür quer und reibe sie leicht über die Leinwand. Dadurch wirken die Blumen später sehr realistisch und zart.

6 Nun kannst du einige der Veilchen mit einem deiner gemischten Violetttöne füllen. Durch die zuvor aufgetragene Ölpastellkreide ergibt sich ein interessantes, streifiges Muster. Damit der Effekt noch besser zur Geltung kommt, kannst du deine violette Farbe mit etwas Wasser verdünnen.

Tipp

Probiere den Effekt mit der Ölpastellkreide und der verdünnten Acrylfarbe vorab auf einem Probepapier aus. So kannst du testen, wie stark du deine Farbe verdünnen möchtest, damit das darunterliegende Kreidemuster gut zur Geltung kommt.

7

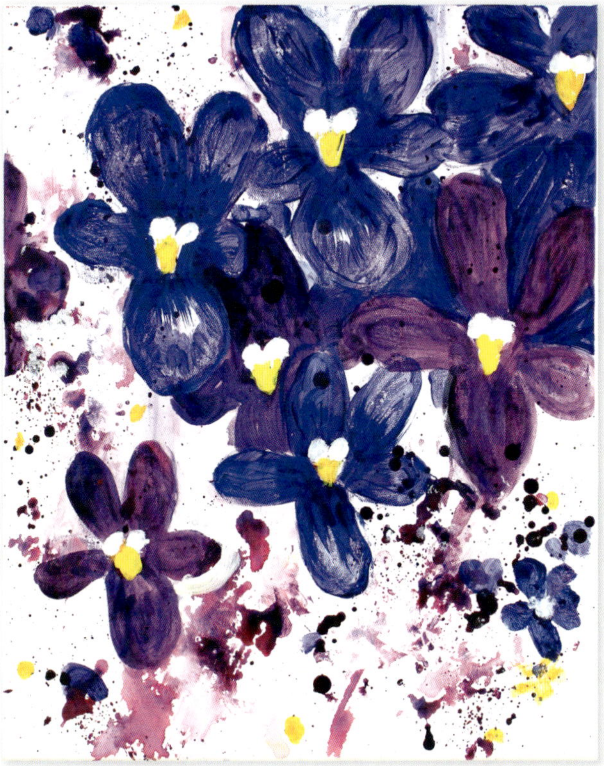

8

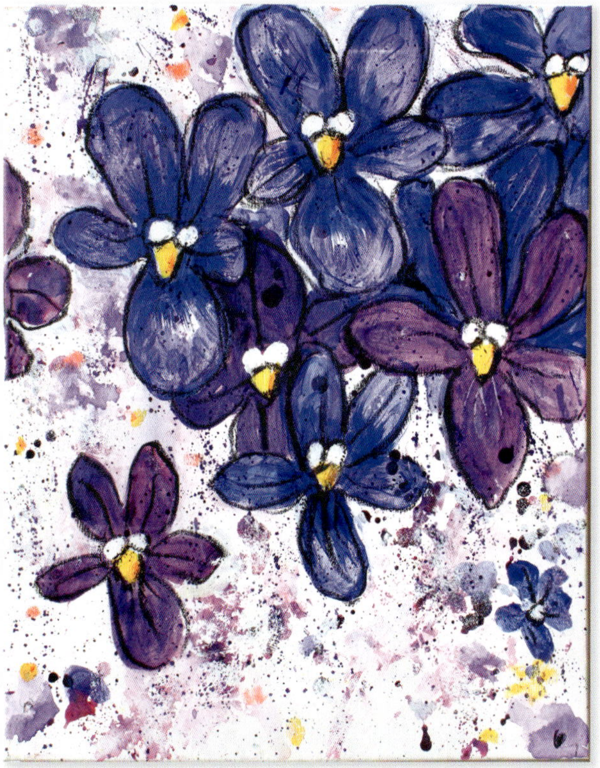

7 Male nun die restlichen Veilchen mit den anderen Violetttönen aus.

8 Weitere Möglichkeiten für dein Bild: Helle den Hintergrund mit weißer Acrylfarbe auf. Benutze hierzu einen kleinen Schwamm. Das Gelb der Veilchen bekommt mit einer orangen Kreide eine farbige Struktur, und die schwarzen Striche in der Mitte der Blüte kannst du mit Zeichenkohle ergänzen. Diese bringt zusätzlichen Kontrast in dein Bild. Schüttele und kleckse weitere Farben auf dein Bild, wie zum Beispiel einen weiteren Violettton. Mit Titanweiß und einem kleinen Pinsel kannst du bei Bedarf deine Blumenformen etwas korrigieren und beispielsweise abrunden. Die entstandenen Strukturen können so lange weiter- und übermalt werden, bis dir dein Bild gefällt.

Bunter Rosengarten

***In** diesem Projekt kommt das erste Mal Tusche ins Spiel, die zunächst auf den Hintergrund aufgetragen wird. Die Tuschestriche bringen Dynamik in das Bild. Eine interessante Gegenbewegung dazu setzt weiße Acrylfarbe, die auf das Bild „geschüttelt" wird. Einen schönen Kontrast hierzu bieten dann die gelben und roten Farbpunkte der Blumen.*

MATERIAL

- Breiter Flachpinsel (ca. Größe 18)
- Feiner, spitzer Pinsel (ca. Größe 8)
- Kleiner Rundpinsel (ca. Größe 4)
- Schwarze, wasserfeste Tusche
- Ölpastellkreide in Orange, Hellblau, Grün, Rot, und Schwarz
- Zeichenkohle
- Mischbecher
- Zeitungen zum Abdecken
- Fixativ (für die Kohle)
- 1 rechteckige Leinwand (z. B. 40 x 50 cm)

FARBEN

Acrylic Ink:

- Kadmiumgelbton
- Krappdunkel

Acryl:

- Titanweiß
- Indischgelb
- Türkisblau
- Grün (aus Gelb und Türkis gemischt)
- Schwarz

Technik

Tusche einsetzen

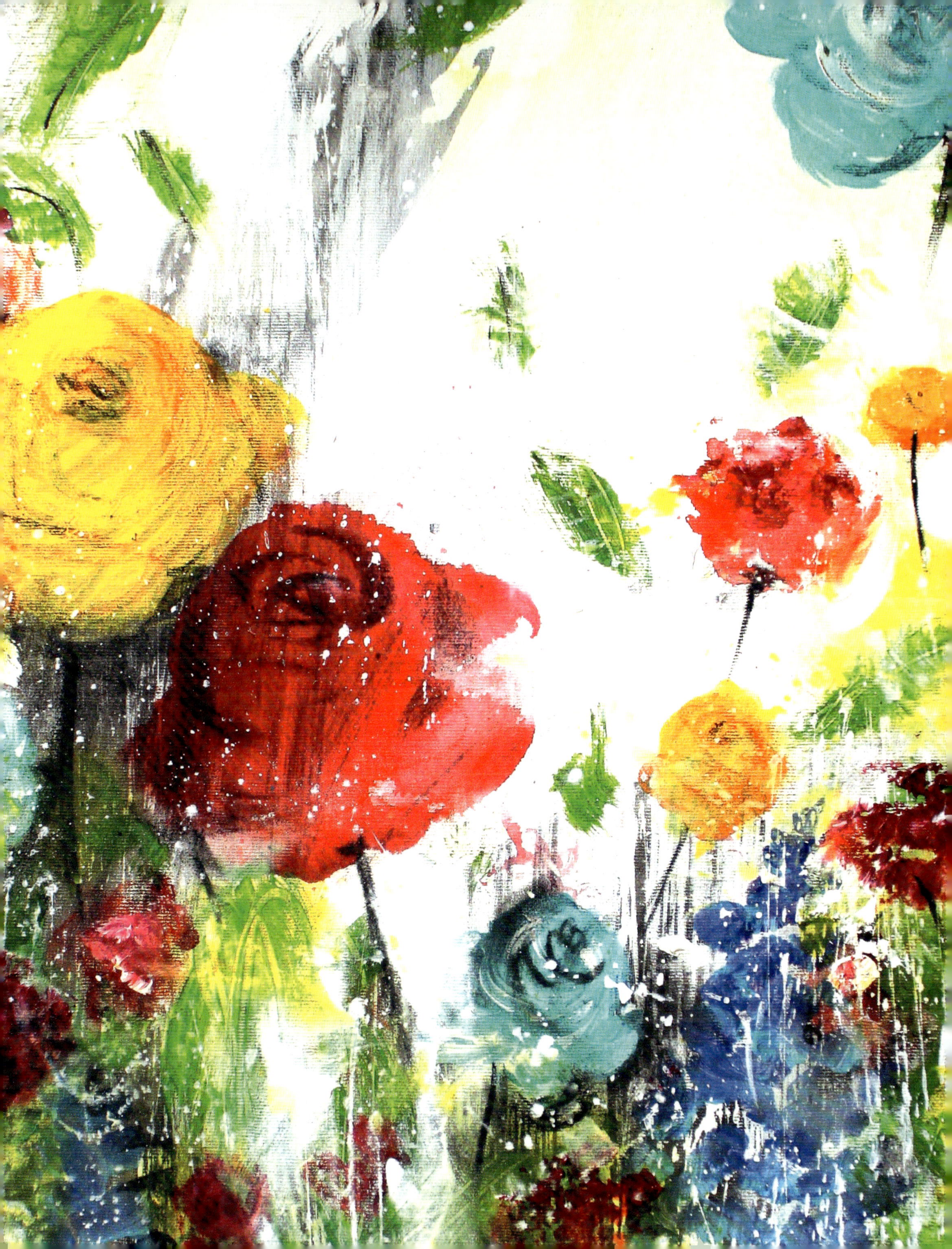

1

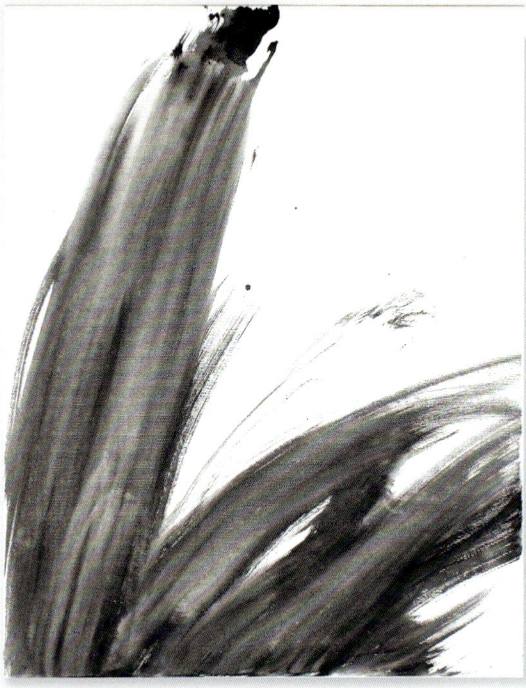

2

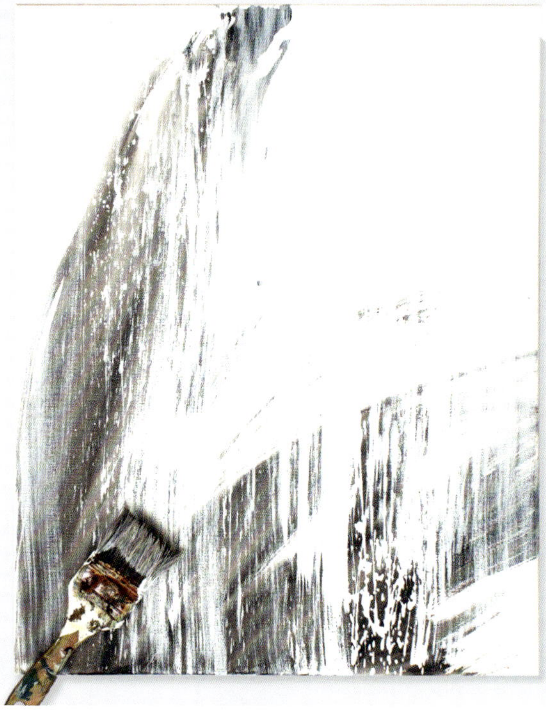

3

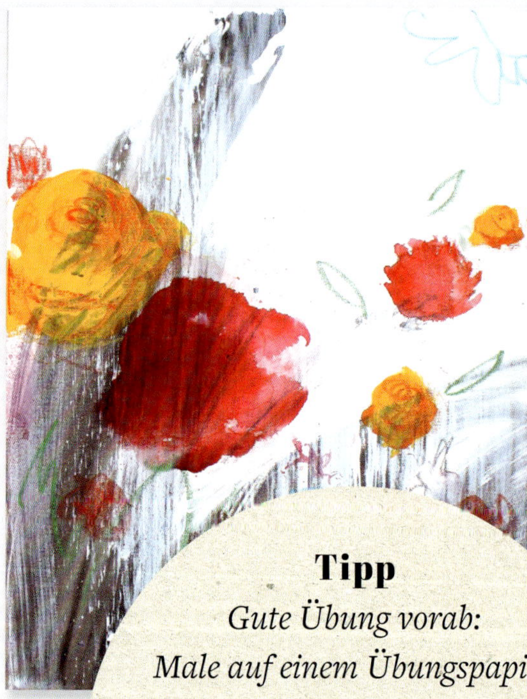

1 Nimm einen breiten Flachpinsel und trage mit Schwung einige breite Tuschelinien auf. Lass dein Bild danach trocknen.

2 Im zweiten Schritt nimmst du weiße Acrylfarbe und verdünnst sie im Verhältnis 1:1 mit Wasser in einem Mischbecher. Decke deinen Maltisch mit Zeitungen oder Ähnlichem ab. Streiche und schüttele mit dem ausgewaschenen Flachpinsel von zuvor die verdünnte weiße Farbe schwungvoll auf deine Leinwand. Dadurch wirken die Tuschestriche darunter meliert. Lass die Farbe trocknen und richte parallel die bunten Farben und Pinsel der Materialliste her.

3 Male nun bunte Rosen in Rot und Indischgelb auf und kratze eine Spirale in die feuchten Blütenköpfe. Zeichne mit grüner, hellblauer, roter und schwarzer Ölpastellkreide weitere Blätter und Blütenköpfe für die blauen Rosen und den Rittersporn vor.

Tipp

Gute Übung vorab: Male auf einem Übungspapier einige Rosenköpfe und zeichne mit dem Pinselrücken eine Spirale in die nasse Farbe. Siehe dazu auch: Grundlagenkapitel „Blumen zeichnen“ (ab Seite 134).

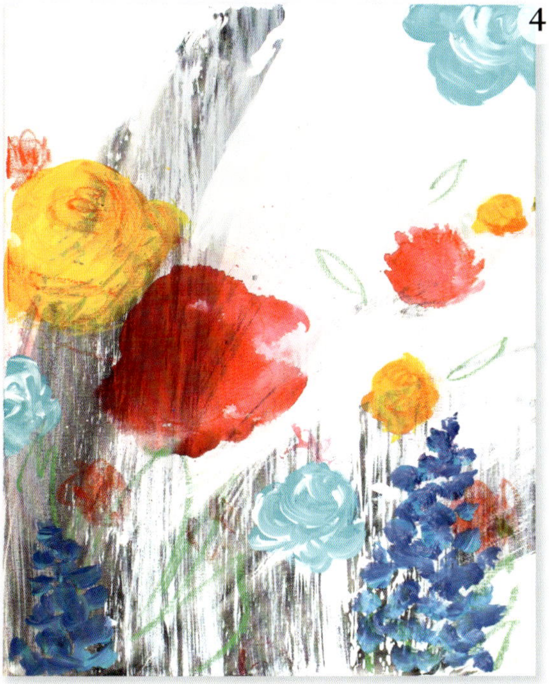

4

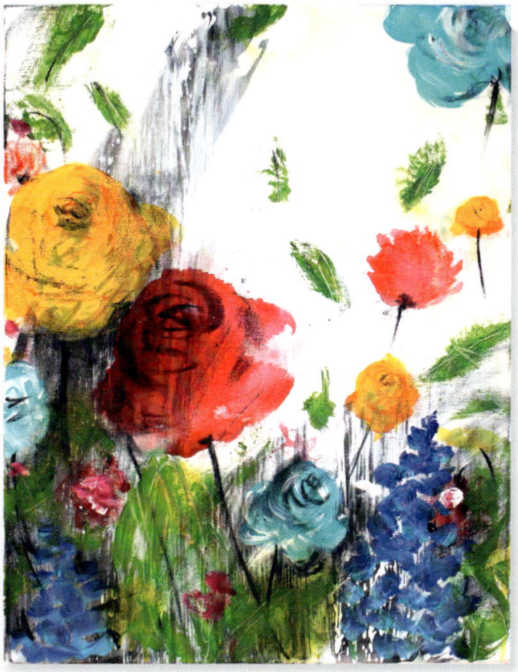

5

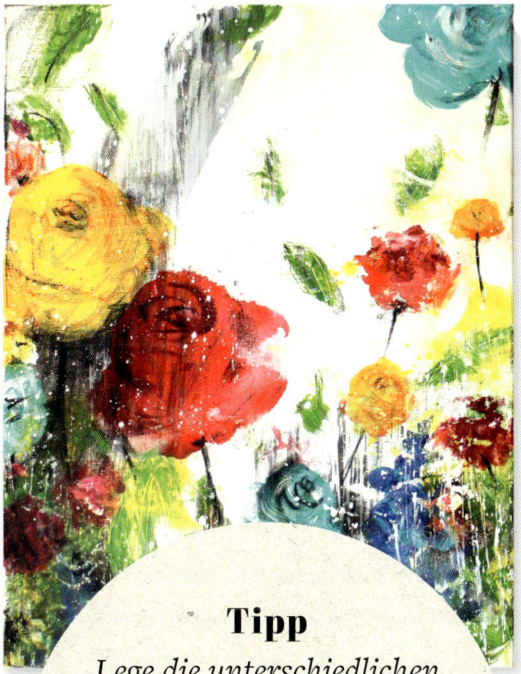

6

Tipp

Lege die unterschiedlichen Blütenköpfe am besten nicht übereinander und vermische die Farben nicht, dann wirkt der Rosengarten lebendiger.

4 Nun nimmst du deine Acrylfarbe in Türkis und Weiß gemeinsam auf den Pinsel und tupfst die türkisfarbenen Blumen auf. Pinsele in kleineren Tupfen die typische Form des Rittersporns mit dem Violettton und dem Türkis auf.

5 Mische etwas grüne Farbe aus dem Gelb und dem Türkisblau an. Male mit einem kleinen Rundpinsel einige grüne Blätter hinzu und deute zwischen den Blumen im Vordergrund Gräser an.

6a Mit dem Kohlestift setzt du Akzente, zum Beispiel in der Mitte der Rosenköpfe oder als Schatten um die Blumen herum. Achte darauf, dass deine Farben zuvor getrocknet sind. Die Stiele werden mit einem schwungvollen Kohlestrich dargestellt.

6b Optional: Stelle deine Leinwand schräg an eine Wand. Nimm die verdünnte weiße Acrylfarbe und den dicken Flachpinsel aus Step 2 und spritze mit diesem auf dein Bild. Spritze so lange über dein Bild, bis du mit dem Ergebnis zufrieden bist.

Stiefmütterchen

Stiefmütterchen *gehören mit ihren verschiedenen Farbvariationen zu meinen Lieblingsblumen. Vermische bei der hier gewählten Farbkombination die zwei Farben nicht direkt miteinander, da sonst ein schmutziges Braun entsteht. Wähle gerne deine eigene Farbkombination aus!*

Material

- Fächerpinsel (ca. Größe 12)
- Mittlerer Rundpinsel (ca. Größe 8)
- Kleiner Rundpinsel (ca. Größe 4)
- Zeichenkohle/Bleistift
- Mischbecher
- Zeitungen zum Abdecken
- 1 rechteckige Leinwand (z. B. 50 x 70 cm)

Farben

Acrylic Ink:

- Zinnoberrot
- Primär Magenta
- Brillantviolett

Acryl:

- Titanweiß
- Kadmiumgelb mittel
- Permanentgrün hell

Technik

den Fächerpinsel einsetzen

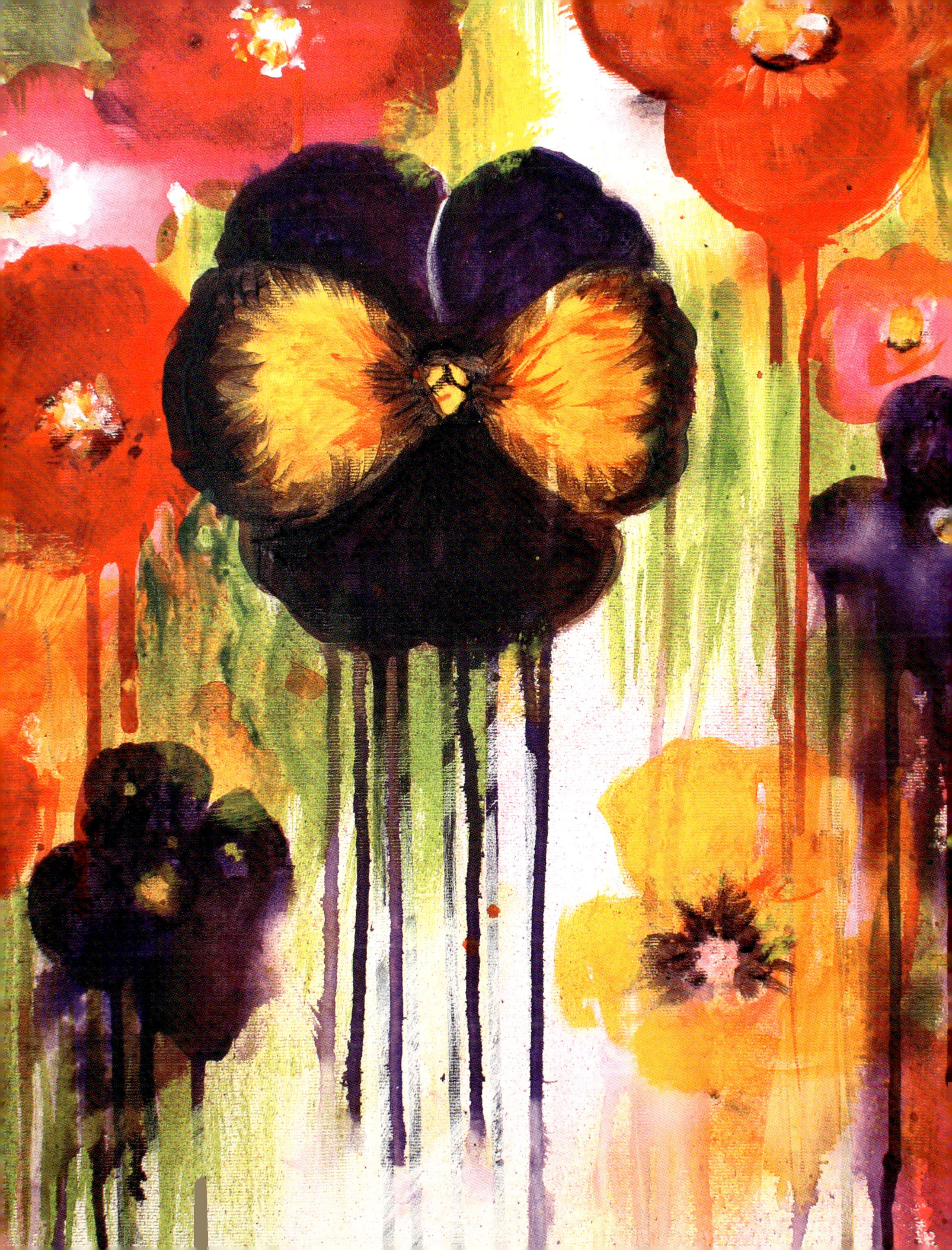

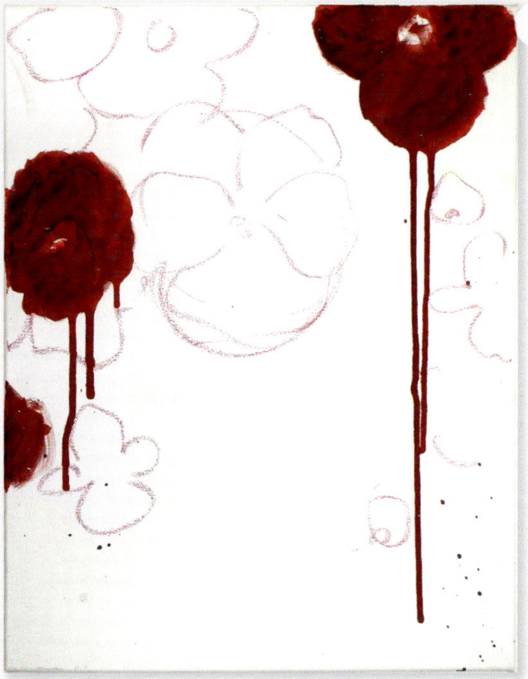
1

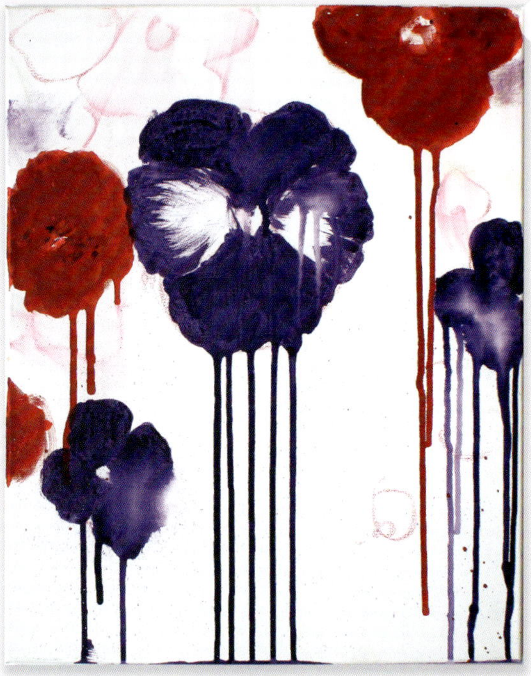
2

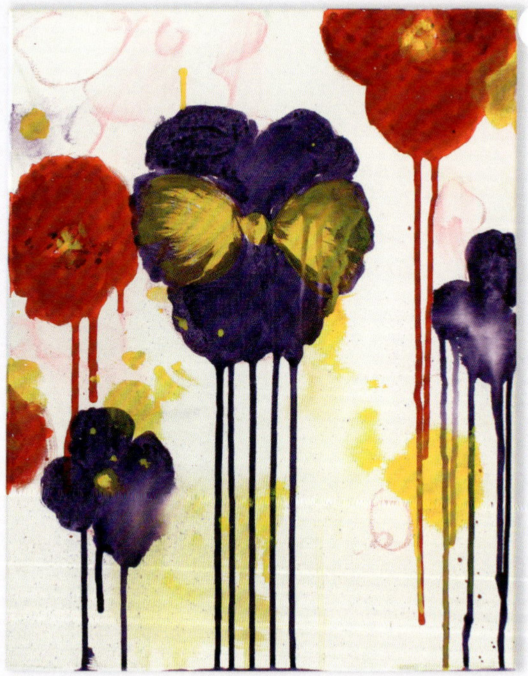
3

1 Zeichne deine Blumen mit Zeichenkohle oder Bleistift auf deine Leinwand auf. Platziere ein Stiefmütterchen in die Mitte und ordne die anderen Blumen darum an. Mit der Acrylic Ink-Farbe in Kadmiumrot malst du nun die erste rote Blume. Stelle dein Bild schräg, damit die rote Farbe laufen kann. Du kannst das Laufen stoppen, indem du dein Bild waagerecht legst. Lass die erste Schicht trocknen.

2 Mit Acrylic Ink-Farbe in Violett malst du dein Stiefmütterchen auf die gleiche Weise. Achte darauf, die Fläche für die gelbe Farbe freizulassen. Seitlich kannst du nach Belieben zwei weitere violette Blumen ergänzen. Lass alles trocknen und richte parallel die bunten Farben und Pinsel der Materialliste her.

3 Jetzt kannst du dein Kadmiumgelb einsetzen. Male mit dem kleinen Rundpinsel die gelbe Fläche und den Stempel in der Mitte des Stiefmütterchens aus. Füge weitere Blumen in Gelb hinzu und lasse die Leinwand dabei waagerecht. Die roten Blumen vom ersten Schritt bekommen nun einen gelben Stempel.

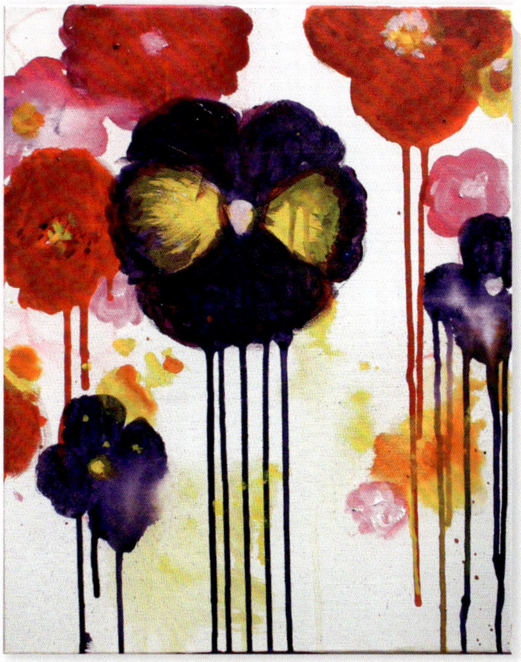

4

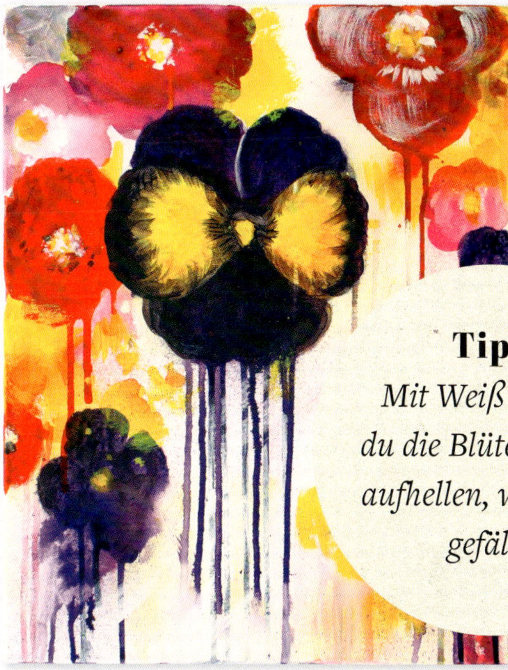

5

Tipp

Mit Weiß kannst du die Blütenblätter aufhellen, wie es dir gefällt.

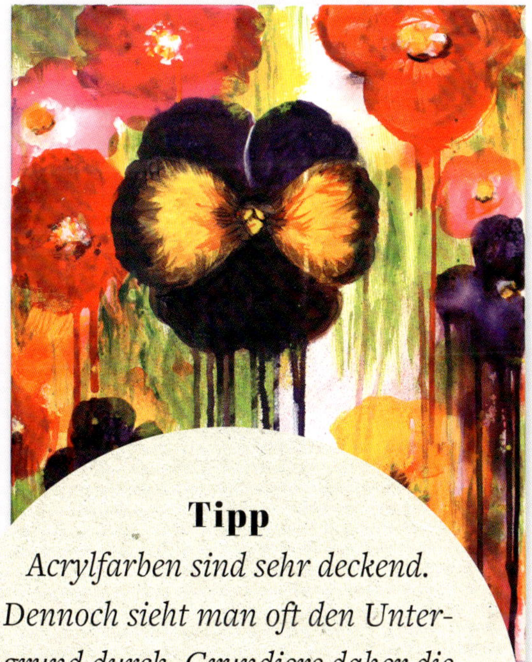

6

Tipp

Acrylfarben sind sehr deckend. Dennoch sieht man oft den Untergrund durch. Grundiere daher die Fläche der helleren Farbe zuerst mit Weiß. Anschließend malst du die helle Farbe auf. So leuchtet diese besser und ist deckender, auch über einer dunkleren Farbe.

4 Im Anschluss wäschst du deinen Rundpinsel gut aus. Nun nimmst du die Acrylic Ink-Farbe in Magenta und mischst sie mit etwas Wasser. So entsteht ein schöner Rosaton. Bringe damit einige wässrige Flecken auf dein Bild, das entspricht den hellen Blüten.

5 Nun geht es an das Ausbessern: Verstärke das Gelb mit weiterer Acrylfarbe, wenn es nicht leuchtend genug ist.

6 Zunächst wird mit dem kleinen Rundpinsel das Stiefmütterchen ausgemalt. Zeichne den Stempel sehr genau ein. Die seitlichen Blätter kannst du mit oranger Acrylfarbe etwas betonen. Nun kommt der Fächerpinsel an die Reihe: Damit gestalten wir den Hintergrund. Wähle deine Hintergrundfarbe. Ich habe hier ein helles Grün genommen, weil es mich an leuchtendes Gras erinnert. Die freien Stellen kannst du mit dem Fächerpinsel streifig ausfüllen. Das bringt zusätzliche Struktur und macht das Motiv interessanter.

mille fleurs

Bei *diesem Motiv benutzen wir das erste Mal einen Korken zum Stempeln der bunten Blumen. Hier kannst du wirklich nach Herzenslust experimentieren, ohne vorher zu planen oder vorzuzeichnen. Lies dir bitte vorab das ganze Projekt einmal durch. Richte vor Beginn alle Farben her, die du benötigst, und natürlich einige Korken sowie deine Leinwand.*

MATERIAL

- Mittlerer Rundpinsel (ca. Größe 10)
- Kleiner Rundpinsel (ca. Größe 4)
- Verschiedene Ölpastellkreiden deiner Wahl
- Mehrere Korken
- 1 kleine, längliche Leinwand (z. B. 30 x 90 cm)

FARBEN

Acryl:

- Titanweiß
- Kadmiumgelb mittel
- Zinnoberrot
- Magenta
- Kobaltblau
- Violett
- Türkisblau
- Permanentgrün hell
- Schwarz
- und alle Farben, auf die du Lust hast

Technik

mit Korken zweifarbig stempeln

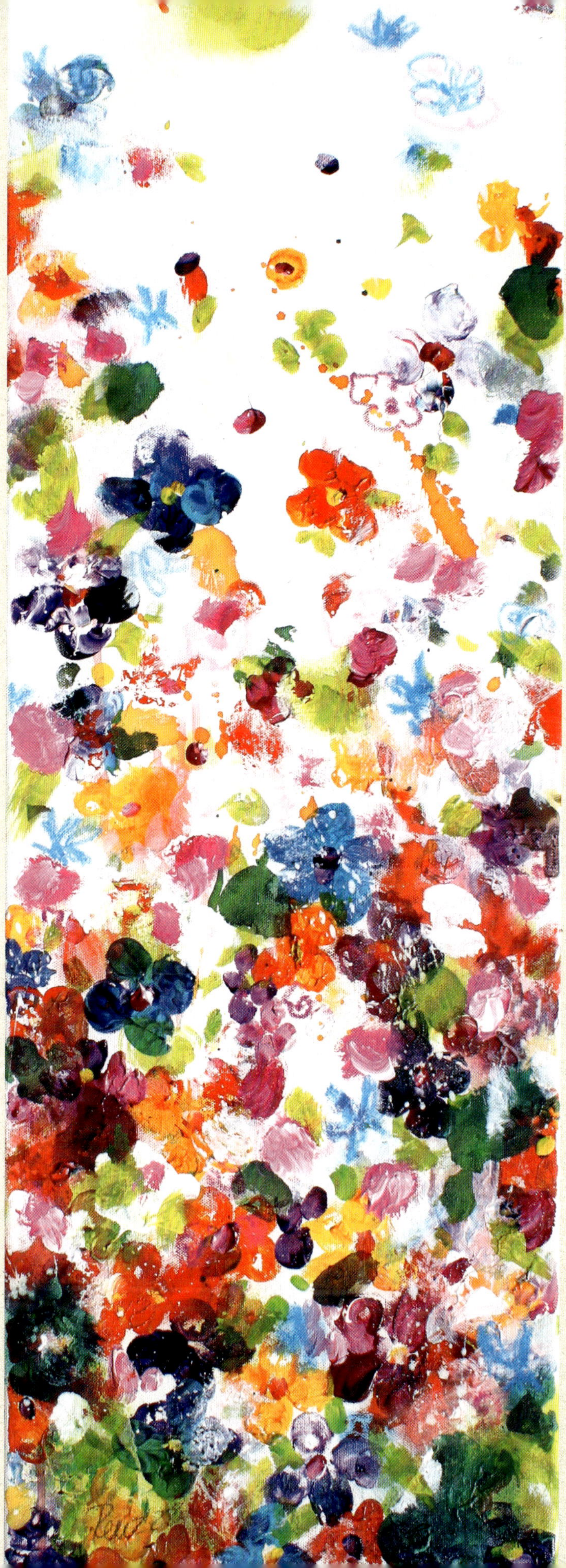

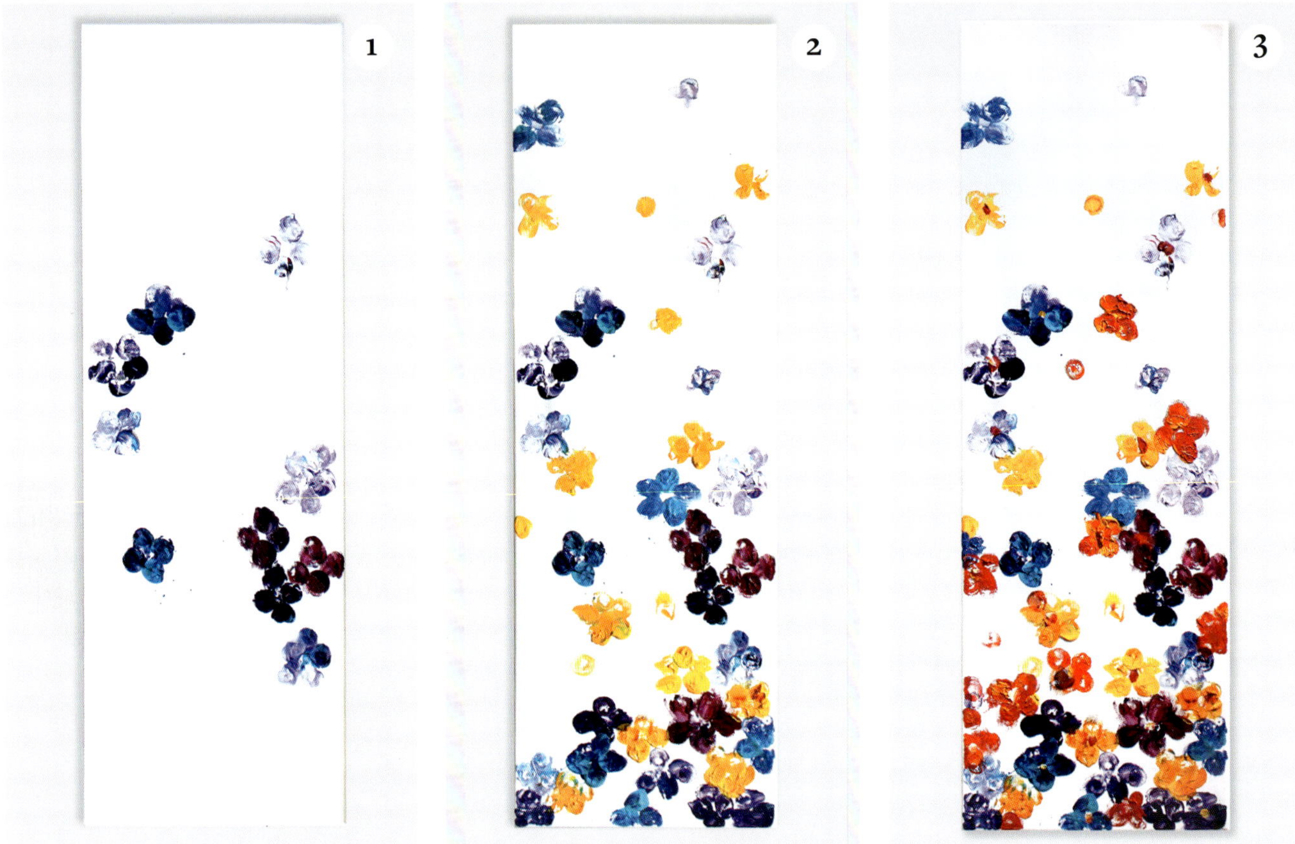

1 Nimm einen alten Deckel oder Teller, um darauf deine Farben anzumischen. Natürlich geht auch ganz professionell eine Palette. Gib verschiedene Farben deiner Wahl auf diesen Deckel. Nimm nun deinen Korken und tauche ihn nacheinander in jeweils zwei Farben, zum Beispiel zuerst in das Blau und danach in das Violett. Jetzt kannst du Blumen nach Herzenslust auf die Leinwand stempeln.

Tipp: Benutze hierzu kein Wasser: Das vermischt die Farben zu schnell, sodass sie zu gleichmäßig werden.

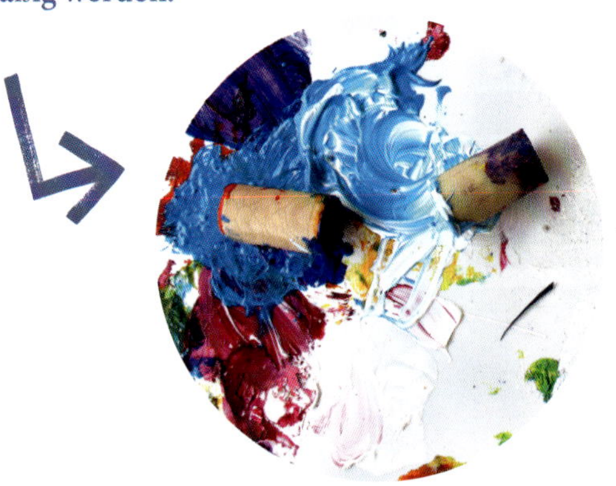

2 Nimm einen neuen Korken und tupfe nun eine neue Farbe dazwischen. Du kannst wahlweise Blumen oder auch nur Punkte stempeln. Bei mir ist die zweite Farbe das Gelb, gemischt mit etwas Zinnoberrot.

3 Stemple nun die Blumen in deiner dritten Farbe auf. Bei mir ist dies eine Mischung aus Orange und Rot. Mit deinem Korken oder auch mit einem feinen Rundpinsel kannst du Punkte in die Mitte der Blumen setzen. Lasse dein Bild wieder trocknen.

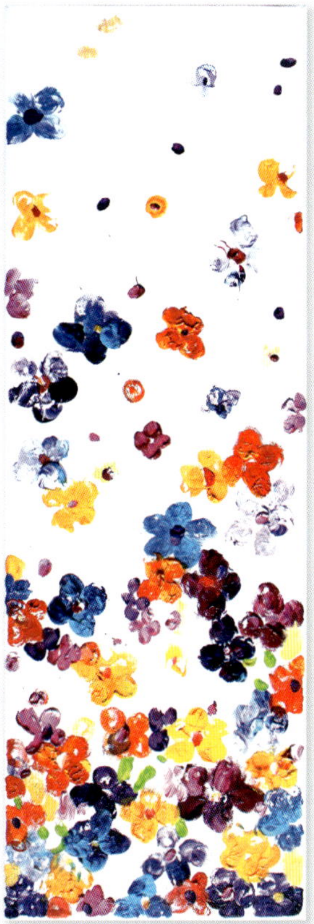

4

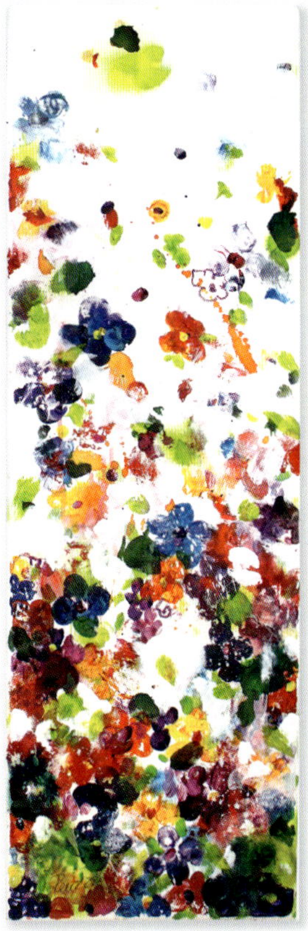

5

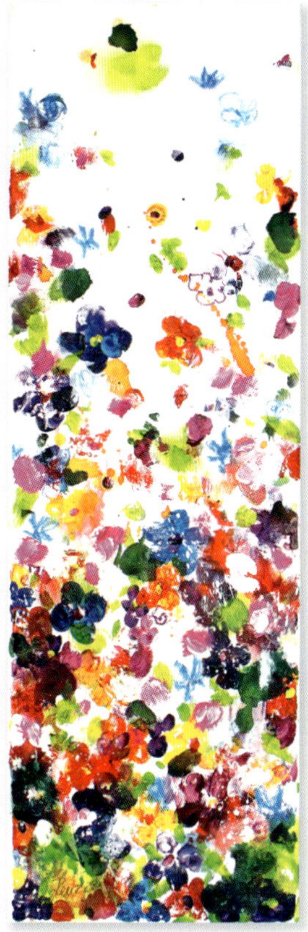

6

4 Im Anschluss kommt eine weitere Farbmischung hinzu: zwei verschiedene Rottöne. Stemple auch diese wieder als Blumen oder Punkte auf deine Leinwand.

5 Mit dem hellen Grün kannst du Akzente setzen. Nimm den kleinen Rundpinsel und male Blätter zwischen die Blumen. Verfahre danach genauso mit dem dunklen Grün. Male nach Herzenslust so viele weitere Blätter hinzu, wie du willst. Vervollständige dein Bild nach Belieben mit mehr Farben, Blumen und Blättern.

6 Nun fehlt noch das Feintuning. Mit dem Weiß kannst du Stellen, die dir zu voll erscheinen, wieder übermalen. Mit den Ölpastellkreiden kannst du in verschiedenen Farben Akzente setzen und beispielsweise kleine Blüten an beliebigen Stellen einzeichnen.

Amaryllis

***Amaryllen** sind wunderschöne, farbenkräftige Blumen, die es in allen Schattierungen gibt. Besonders leuchtend sind die roten Varianten. Bei diesem Motiv habe ich sie mit Gelb und Violett kombiniert. Kleine, schwungvolle Blätter in Grün ergänzen das Bild.*

MATERIAL

- Mittlerer Rundpinsel (ca. Größe 8)
- Kleiner Rundpinsel (ca. Größe 4)
- Großer Flachpinsel (ca. Größe 20)
- Ölpastellkreide in Rot
- Mischbecher
- Zeitungen zum Abdecken
- 1 rechteckige Leinwand (z. B. 50 x 70 cm)

FARBEN

Acrylic Ink:

- Zinnoberrot
- Laubgrün

Acryl:

- Titanweiß
- Kadmiumgelb mittel
- Krappdunkel
- Violett

Technik

Farben übereinander fließen lassen

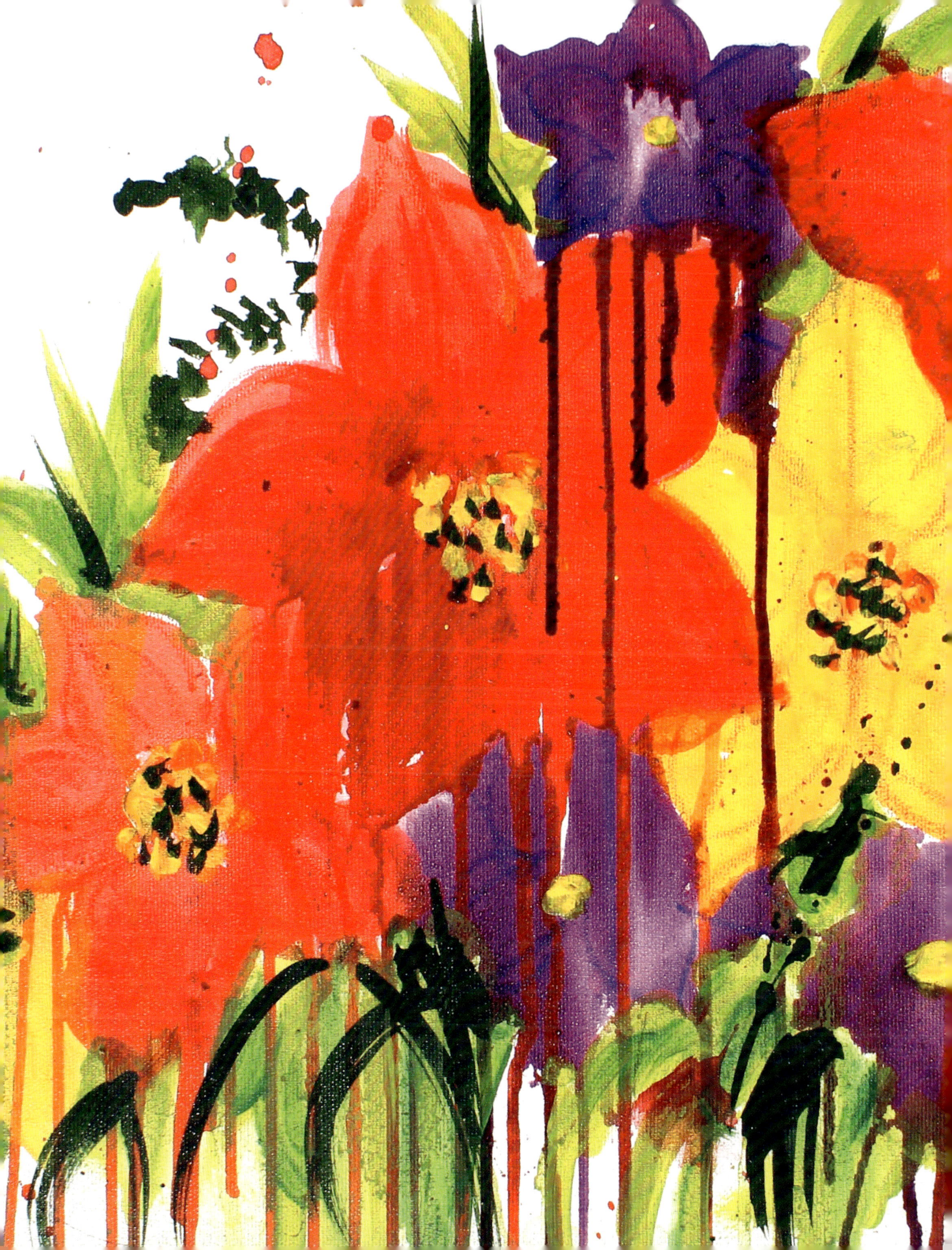

1 Zeichne deine Amaryllis-Blüten mit der roten Ölpastellkreide auf deiner Leinwand vor. Beachte bitte, dass du auch noch weiße Stellen frei lässt und nicht alles mit Blumen füllst. Richte anschließend die bunten Farben und Pinsel der Materialliste her.

2 Im zweiten Schritt nimmst du Acrylic Ink-Farbe in Rot. Ich habe hier Zinnoberrot gewählt, du kannst aber natürlich das Rot wählen, das dir gefällt. Decke deinen Tisch mit Zeitungen ab und stelle dein Bild schräg an die Wand. Mit dem Rundpinsel trägst du die rote Farbe auf: Male zuerst nur eine Amaryllis und lasse die Farbe laufen.

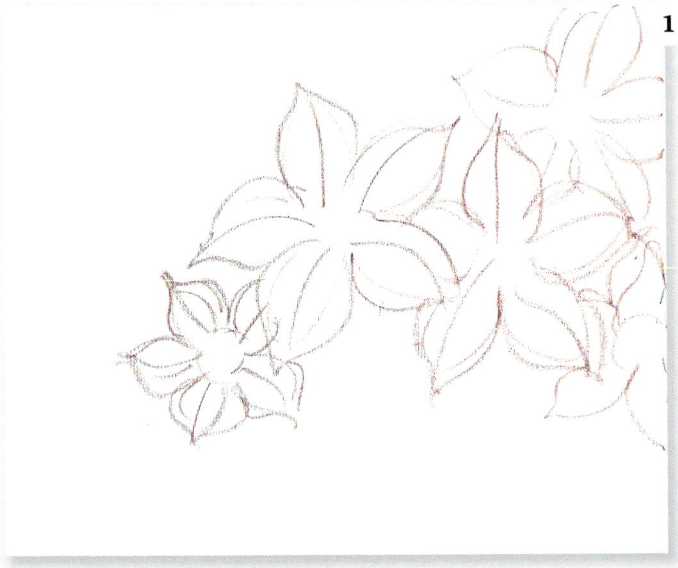
1

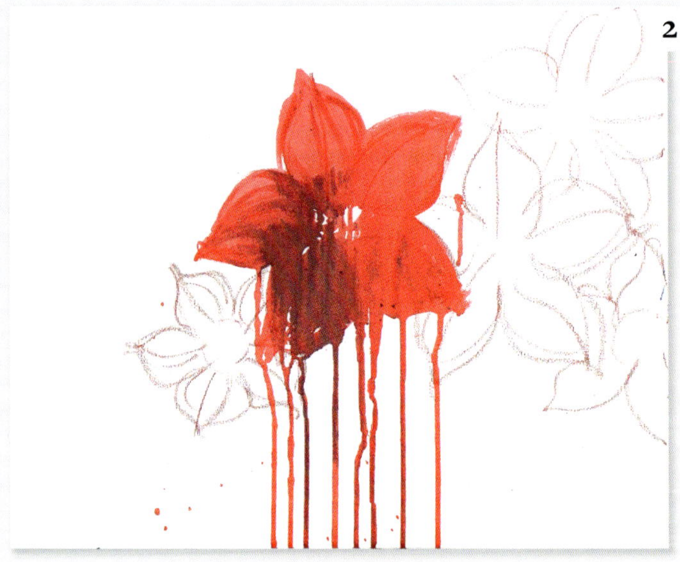
2

Tipp

Wenn die Farbe nicht richtig laufen will, verdünne sie noch mehr und stelle dein Bild fast senkrecht auf. So kann die Farbe noch besser laufen.

3

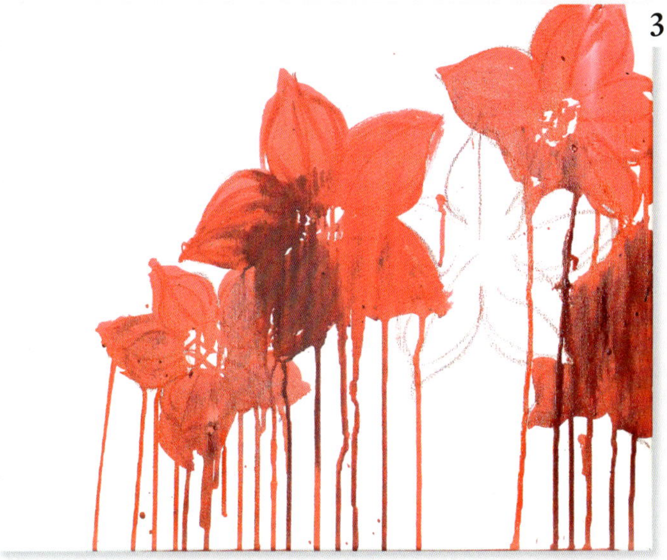

4

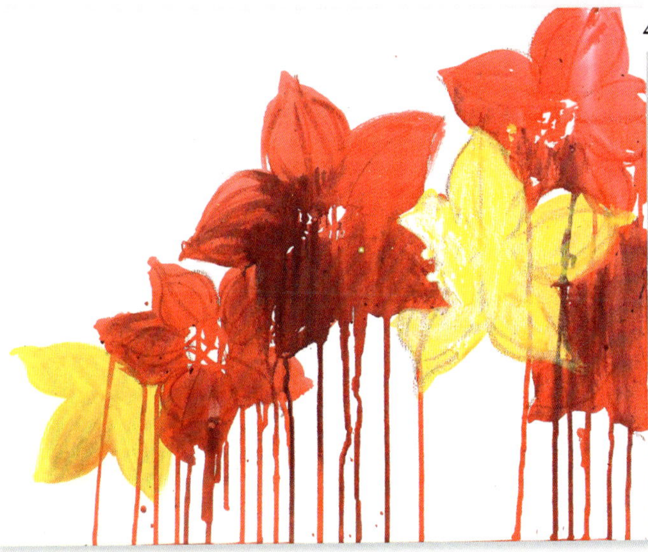

3 Nun folgen die anderen roten Amaryllis-Blüten. Male nun auch diese Blüten an, während deine Leinwand noch immer schräg an der Wand steht. Mische dabei die Acrylic Ink-Farbe in einem helleren Rot mit der dunkleren roten Acrylfarbe, so wirkt die Blume besonders lebendig.

4 Im Anschluss kommt die gelbe Farbe. Verdünne deine gelbe Acrylfarbe mit etwas Wasser, damit sie besser läuft. Male auf der immer noch schräg gestellten Leinwand so viele gelbe Blüten dazu, wie du möchtest.

Tipp

Achte darauf, dass die rote Farbe vollständig getrocknet ist, bevor du mit Gelb weitermachst, um ungewollte Vermischungen zu vermeiden.

5 Das Violett wird auf dieselbe Art aufgetragen. Während die Leinwand schräg an der Wand lehnt, malst du kleinere Blüten in Violett auf. Benutze hierfür den kleinen Rundpinsel. Die Farbe läuft nun auch über die anderen Blüten.

Hinweis: Auch das „Laufenlassen" kannst du vorab auf einer Probeleinwand üben. Probiere dabei aus, welches Mischungsverhältnis an Farbe und Wasser für dich am besten funktioniert. Stelle hierzu deine Leinwand immer schräg.

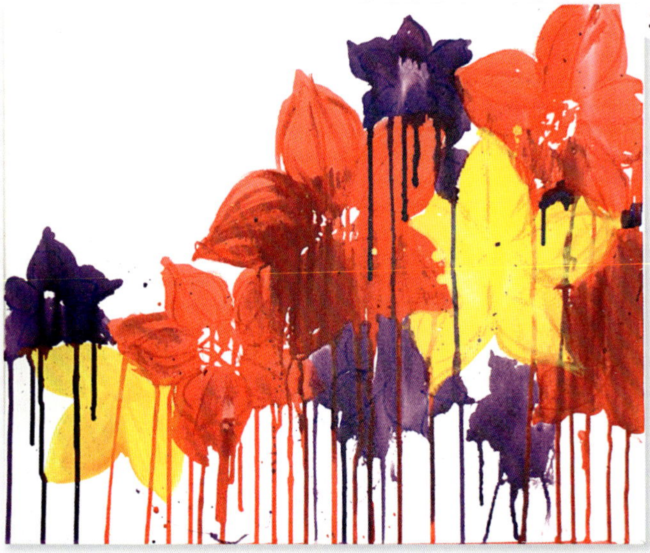

5

6 Nun ist das Grün an der Reihe. Mit dem kleinen Rundpinsel kannst du grüne Blätter hinzufügen. Für diese Farbe verwendest du Gelb und Laubgrün gemischt und malst damit über und unter den Blüten.

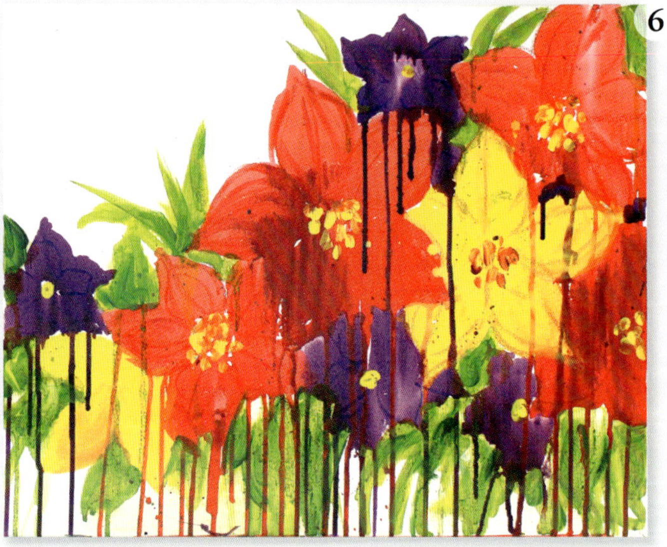

6

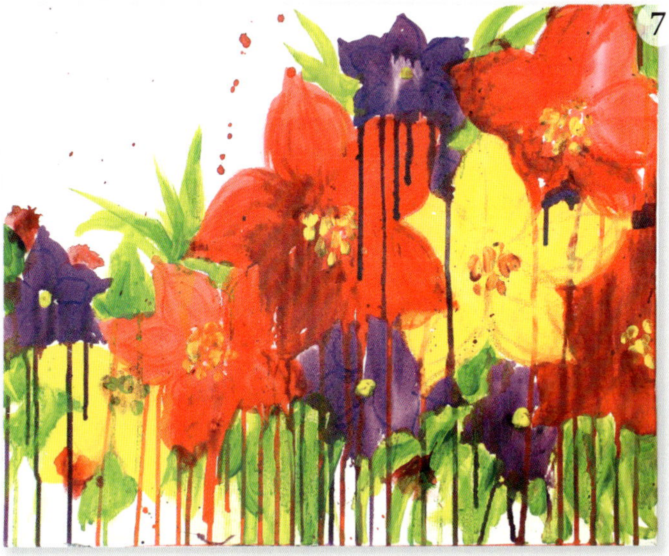

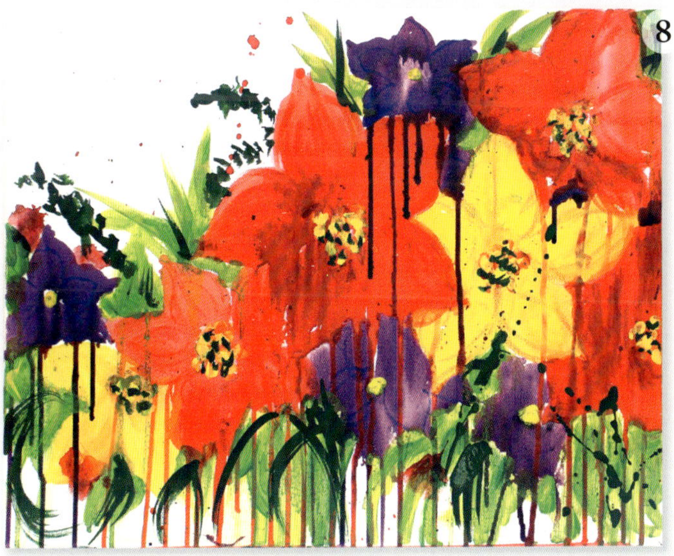

7 Die Stempel der Blüten bekommen einen zweiten Anstrich: Tupfe mit dem kleinen Rundpinsel nochmal das Gelb nach, damit es besser hervortritt. In diesem Schritt kannst du die Stellen ausbessern, die dir noch nicht gefallen, zum Beispiel die Flecken auf den roten Blüten. Nimm hierfür das dunklere Rot (Krappdunkel) und trage es deckend auf.

8 Nach Belieben kannst du jetzt weitere Farben hinzufügen. Hab keine Scheu und fühle dich in der Gestaltung frei! Trage mit deiner Zeichenkohle Schatten an der unteren Seite der Blumen auf. Mit dem unverdünnten Grün kannst du in Form von Klecksen noch mehr Blätter malen.

Tipp

Übung: *Amaryllis zeichnen*

(siehe Seite 136)

Bunte Sommerwiese

mit Kornblumen und Ähren

EINES *meiner schönsten Erlebnisse im Sommer ist es, durch eine blühende Wiese zu gehen. Wie das Gelb der Ähren, das Blau der Kornblumen und die roten Blüten mit grünem Gras um die Wette leuchten, ist für mich immer eine reizvolle Farbkombination. Probiere es im Sommer mal aus: Gehe über eine Wiese und lasse dich inspirieren.*

MATERIAL

- Stempelpinsel (ca. Größe 12)
- Mittlerer Rundpinsel (ca. Größe 8)
- Kleiner Rundpinsel (ca. Größe 4)
- Großer Flachpinsel (ca. Größe 20)
- Ölpastellkreide in Dunkelgrün, Orange, Hellgrau, Blau, Rot
- Mischbecher
- Zeitungen zum Abdecken
- 1 rechteckige Leinwand (z. B. 40 x 50 cm)

FARBEN

Acrylic Ink:

- Laubgrün

Acryl:

- Kadmiumgelb mittel
- Zinnoberrot
- Permanentgrün hell
- Ultramarinblau

Technik

mit Pinselrücken Farbe herauskratzen

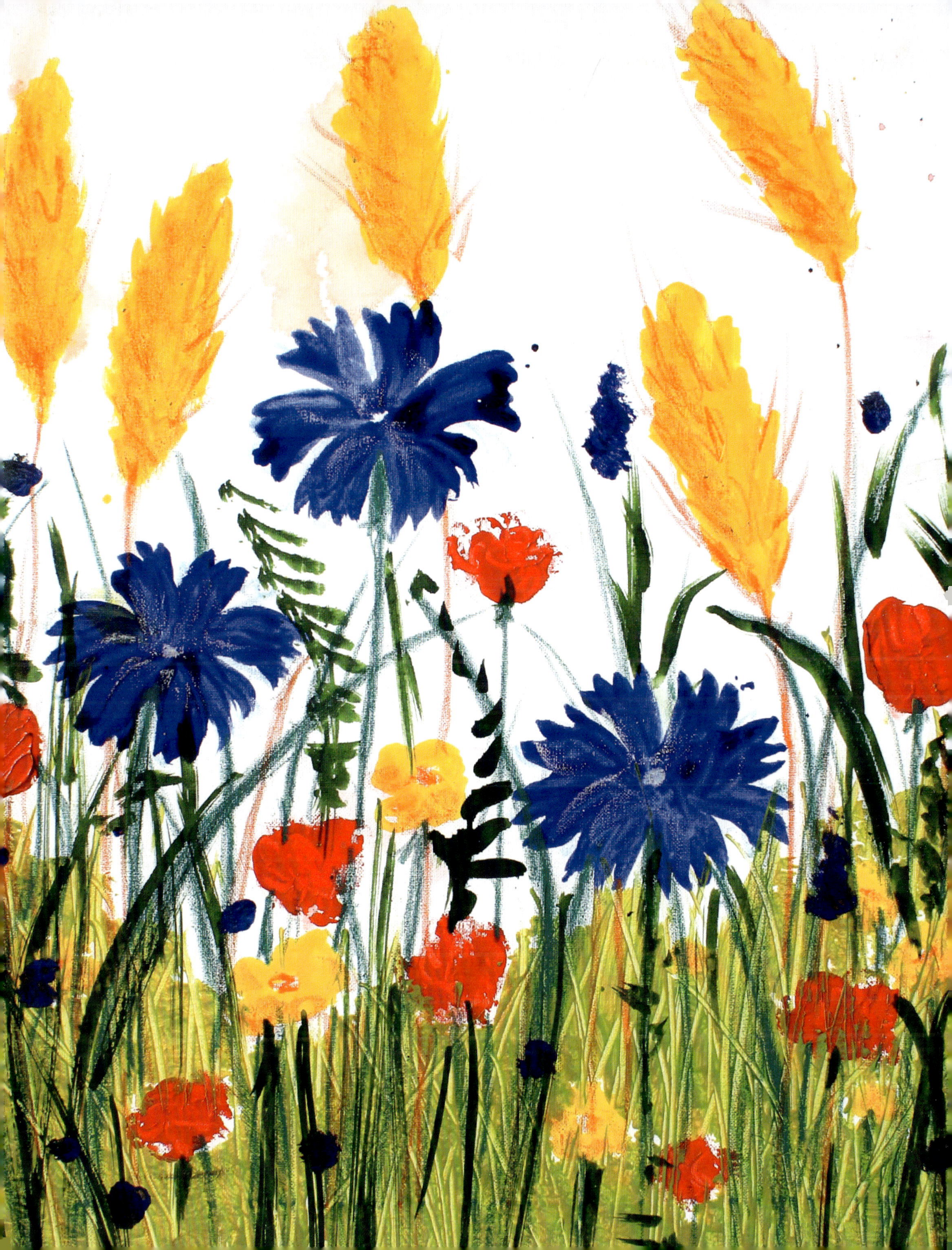

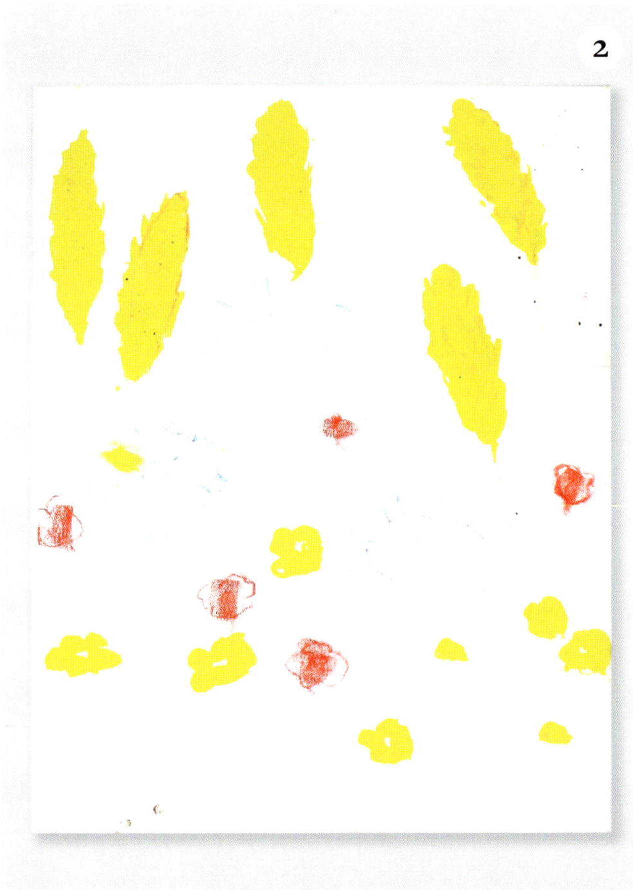

1 Zeichne dein Bild mit den verschiedenen Ölpastellkreiden vor: die Ähren in Gelb, die Kornblumen in Blau und die roten Blumen in Rot.

2 Im zweiten Schritt nimmst du gelbe Acrylfarbe. Male mit dem Rundpinsel deine gelben Ähren aus. Füge nun nach Belieben gelbe Punkte hinzu, um gelbe Blumen darzustellen. Richte parallel die bunten Farben und Pinsel der Materialliste her.

Tipp

In die noch nasse gelbe Farbe der Ähren kannst du mit deinem Pinselstiel schräge Linien einritzen, um dem Getreide mehr Struktur zu verleihen.

3

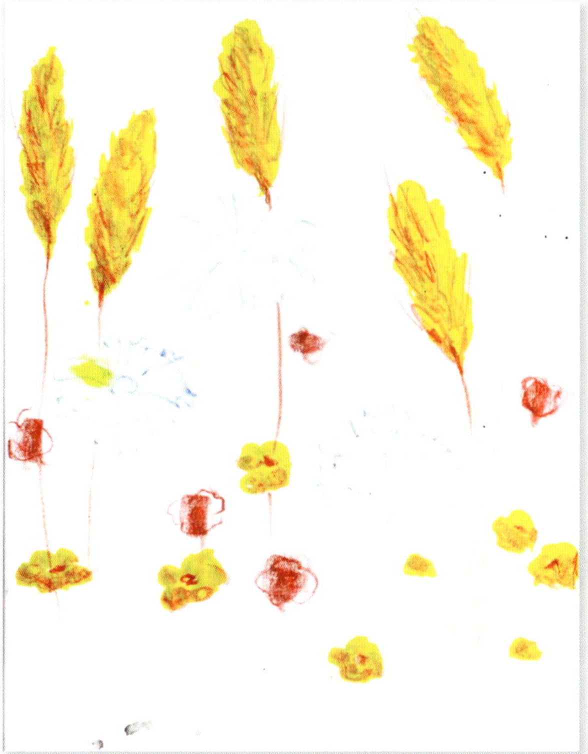

4

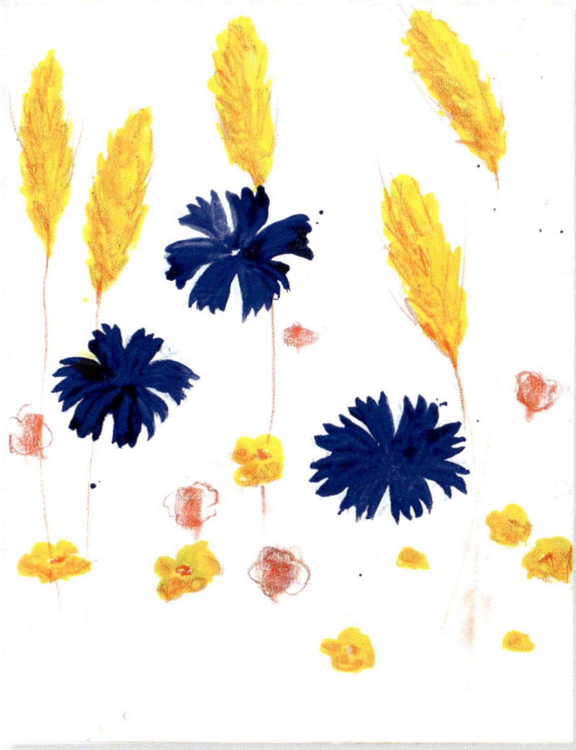

3 Male nun mit deiner orangefarbenen Ölpastellkreide dunklere Akzente in deine Ähren. Sie stellen die Schatten dar, welche dein Korn plastischer und lebendiger wirken lassen.

4 Jetzt kommen die Kornblumen dran. Mit der ultramarinblauen Acrylfarbe und einem feinen Rundpinsel kannst du die Kornblumen gestalten. Achte besonders darauf, dass die Blütenblätter gezackte Enden haben.

5

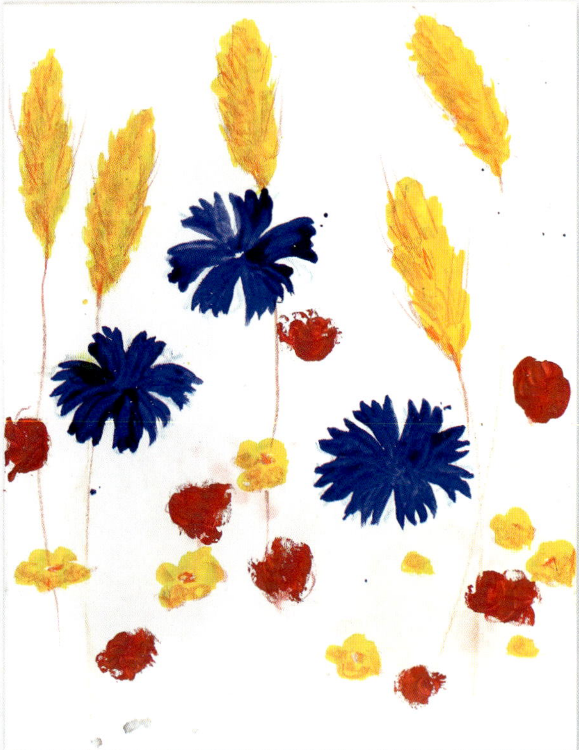

6

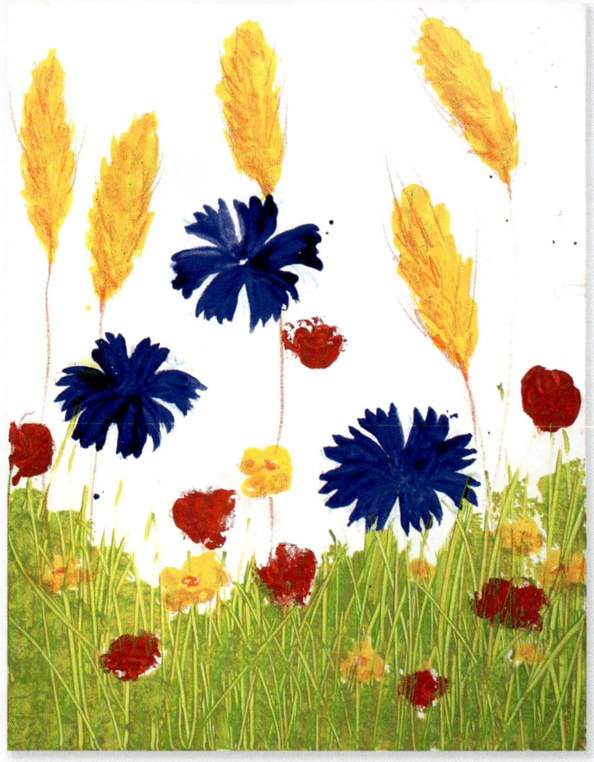

5 Weiter geht`s mit den roten Blüten. Nimm einen Korken und drücke ihn in die rote Acrylfarbe. Damit kannst du verschiedene Blüten stempeln. Besonders lebendig wird dein Bild, wenn du zwei verschiedene Rottöne nimmst, die sich durch das Stempeln auf der Leinwand mischen.

6 Male den unteren Bildrand zu einem Drittel mit hellgrüner Farbe an: Das ist deine Wiese. Diesen Grünton kannst du aus der Acrylic Ink-Farbe in Laubgrün und der gelben Acrylfarbe mischen. Dadurch entsteht eine Farbe, die etwas flüssiger ist als normale Acrylfarbe. Diese Farbkonsistenz ist ideal für die Kratz-Technik. Drehe dafür deinen Pinsel um und kratze mit dem Pinselstiel Gräser in das noch nasse Grün. Ziehe die Striche nicht zu gerade – Gräser bewegen sich gerne.

7

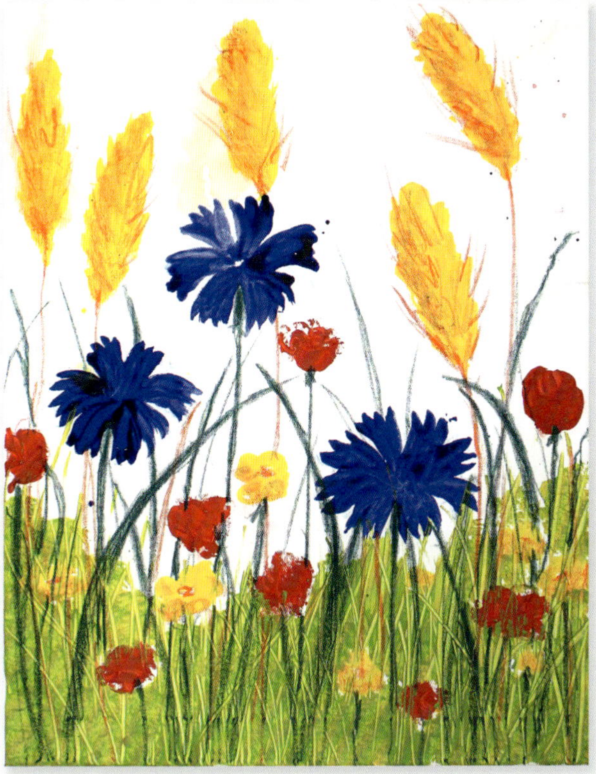

8

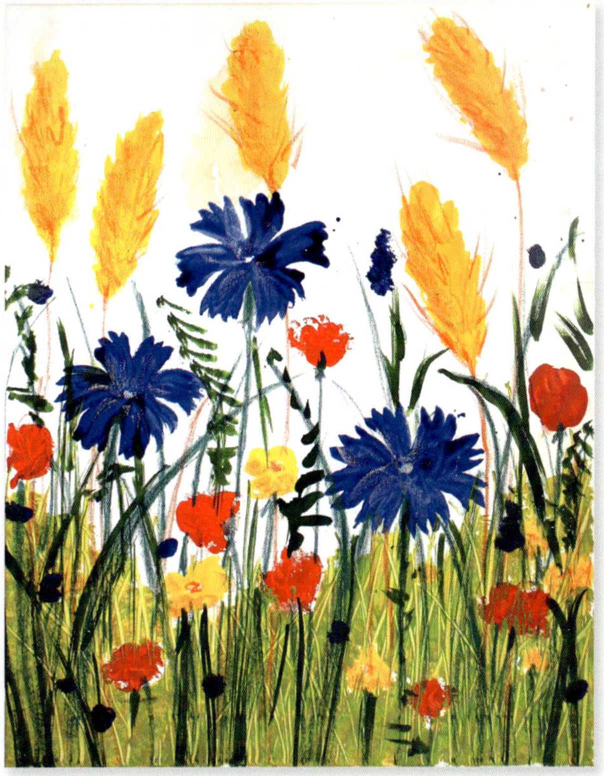

7 Zeichne mit deiner Ölpastellkreide in Dunkelgrün einige lebendige Gräser in dein Bild. Das ergibt einen schönen Kontrast zu den herausgekratzten Linien. Wähle den Farbton, der dir gefällt. Achte darauf, die Gräser abgerundet, das heißt, nach rechts oder links geneigt, zu malen – das macht sie lebendiger.

8 Nun kommt das Feintuning. Nimm deinen Fächerpinsel seitlich, tauche ihn in die Acrylic Ink-Farbe in Grün und zeichne verschiedene Gräserformen hinein. Male die Gräser wie in Step 7 mit Schwung nach rechts oder links geneigt. Füge kleine Blätter hinzu. Fühle dich ganz frei, welche Formen du noch verwenden möchtest. Auch weitere Blüten in anderen Farben sind denkbar. Gestalte dein Bild, wie du es möchtest.

Bunte Tulpenvielfalt

Tulpen *sind einfach wunderschön. Im Frühjahr leuchten ihre bunten Farben um die Wette. Hier kombinieren wir sie mit dem Grün der Wiese – diese Kombination finde ich besonders spannend.*

MATERIAL

- Mittlerer Rundpinsel (ca. Größe 8)
- Kleiner Rundpinsel (ca. Größe 4)
- Großer Flachpinsel (ca. Größe 20)
- Ölpastellkreide in Gelb, Orange, Rot, Blau, Dunkelgrün
- Mischbecher
- Zeitungen zum Abdecken
- 1 rechteckige Leinwand (z. B. 40 x 50 cm)

FARBEN

Acrylic Ink:

- Primär Magenta
- Laubgrün

Acryl:

- Titanweiß
- Kadmiumgelb mittel
- Violett
- helles Grün nach Wahl

Technik

mit Acrylweiß „spritzen“ und mit dem Fächerpinsel längs arbeiten

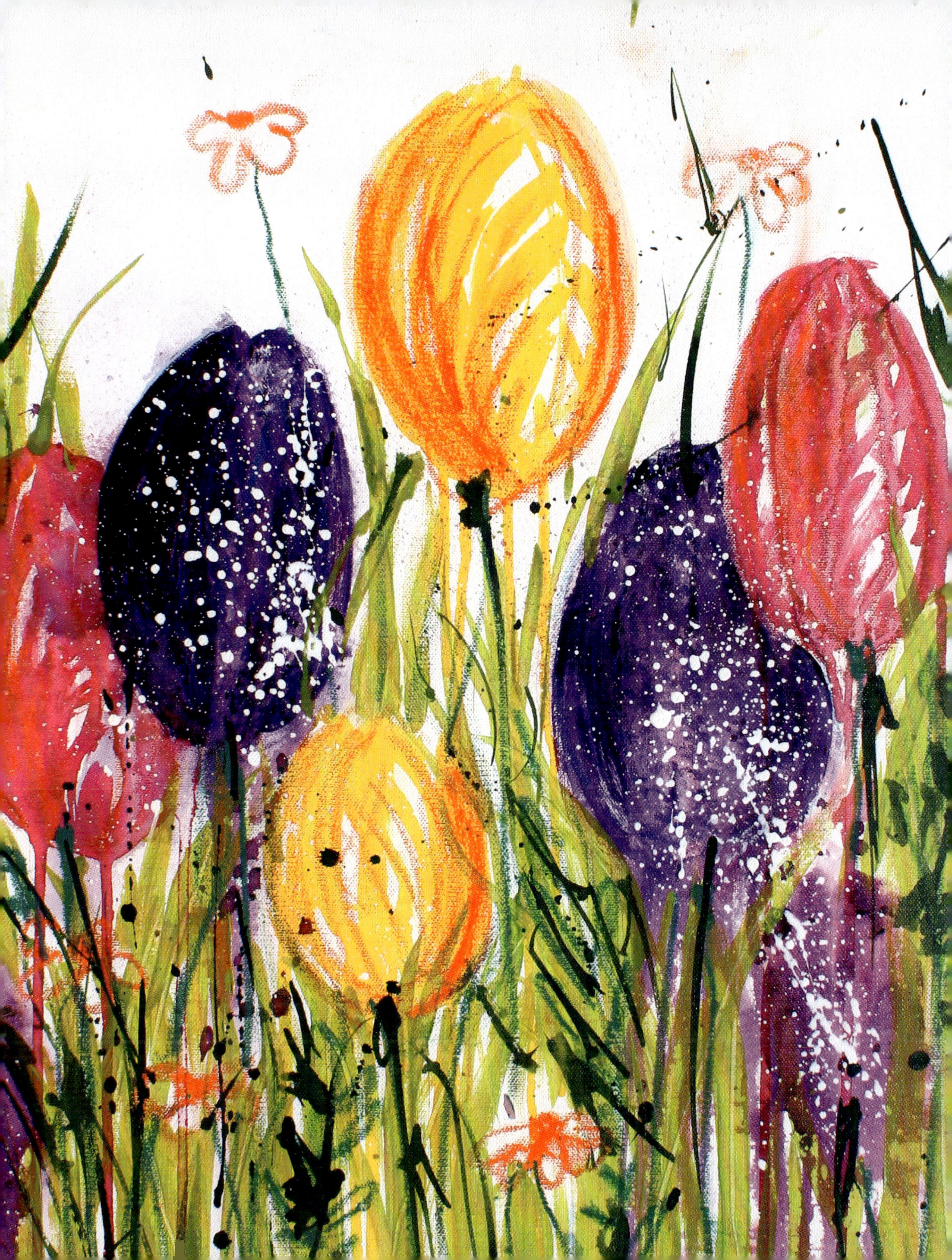

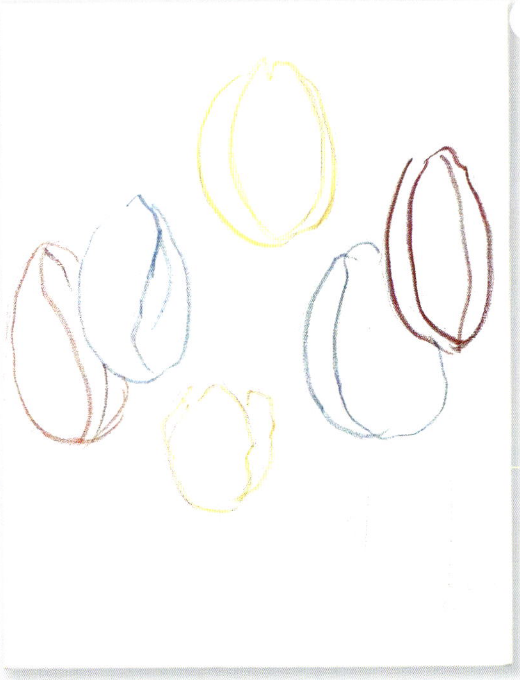

1

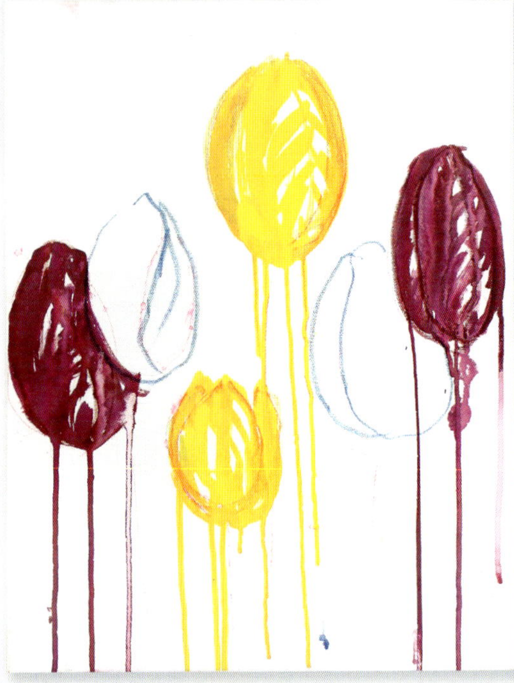

2

1 Zeichne dein Bild mit den verschiedenen Ölpastellkreiden vor: die gelbe Tulpe in Gelb, die rote Tulpe in Rot und die violette Tulpe in Blau.

2 Im zweiten Schritt nimmst du gelbe Acrylfarbe. Mit dem Rundpinsel malst du gelbe Linien auf deine Tulpe. Verdünne deine Farbe mit ausreichend Wasser, damit sie besser fließt. Anschließend stellst du deine Leinwand wieder schräg an eine Wand und lässt die Farbe laufen. Genauso verfährst du anschließend mit der Acrylic Ink-Farbe in Magenta. Diese musst du jedoch nicht verdünnen, da sie schon flüssig genug ist. Lasse beide Farben trocknen, bevor du weitermachst. Vergewissere dich, dass der Tisch mit Zeitungen oder Ähnlichem abgedeckt ist, da bei dieser Technik schnell etwas Farbe danebengehen kann.

3 Male nun die violette Tulpe mit etwas verdünntem Violett aus. Lasse deine Farbe wieder laufen, indem du die Leinwand schräg stellst. Lasse die Farbe nach diesem Schritt trocknen.

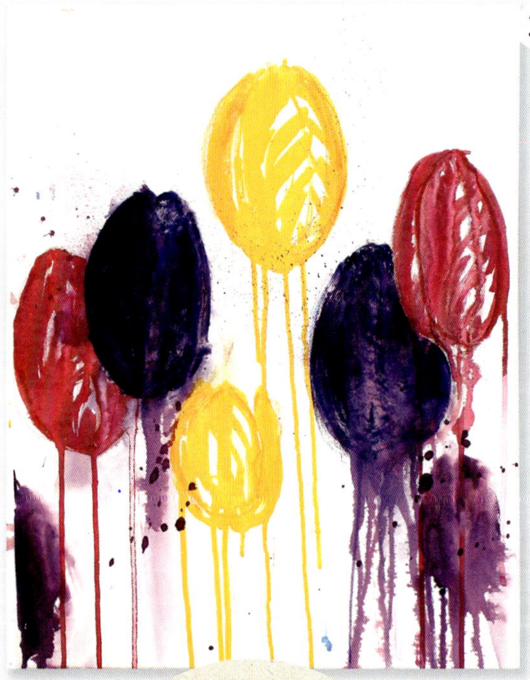

3

Tipp

Zeichne die Tulpe zuerst nach den Tipps auf Seite 139.

4

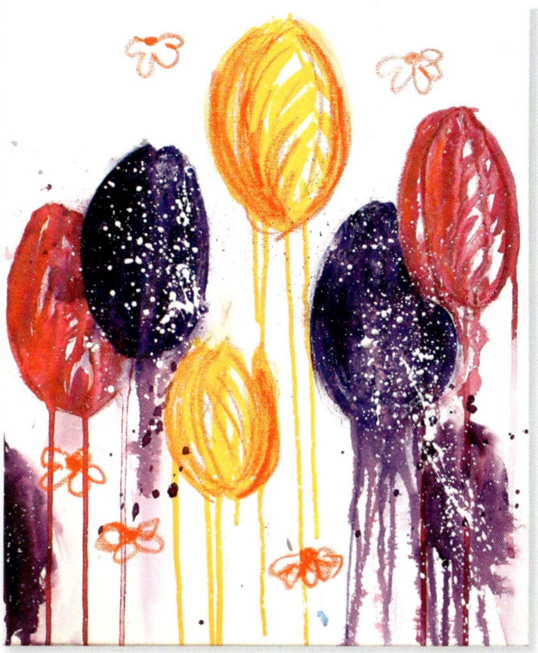

5

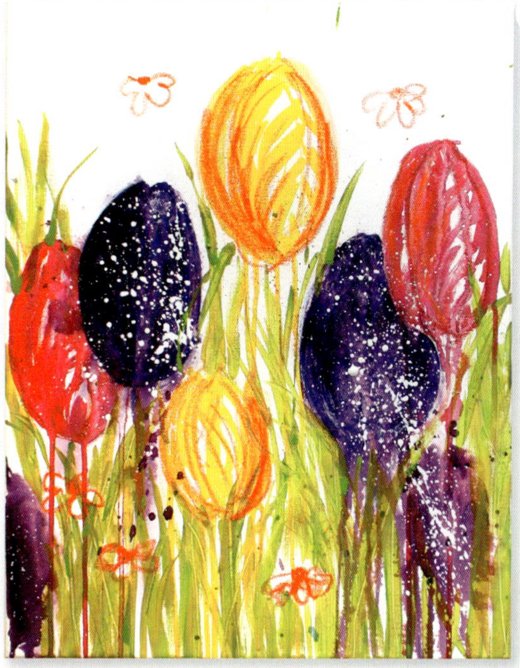

6

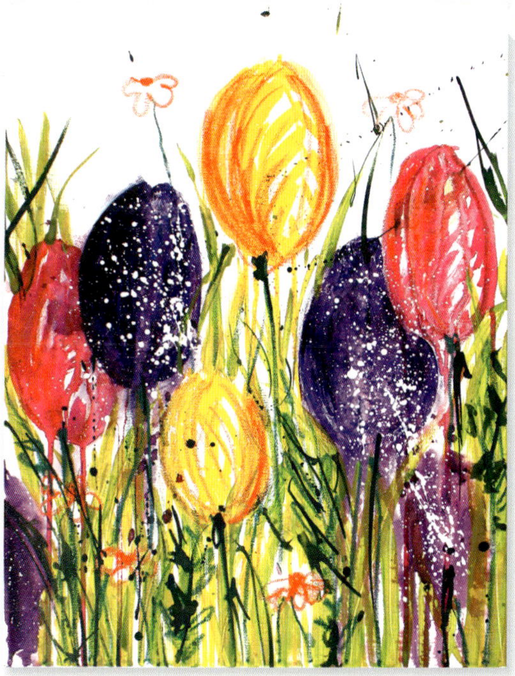

4 Jetzt kannst du deine weiße Acrylfarbe mit Wasser verdünnen. Nutze hierfür einen Mischbecher oder ein ähnliches Gefäß. Nimm den großen Flachpinsel und spritze weiße Flecken auf deine Leinwand. Mit der orangefarbenen Ölpastellkreide kannst du nach Belieben kleine Blümchen einzeichnen.

5 Weiter geht`s mit dem Gras. Mische hierzu ein helles Grün, indem du ein beliebiges Grün mit Gelb vermischst. Auch hier kannst du wieder etwas Wasser hinzufügen, damit die Farbe flüssiger ist. Nun malst du mit dem kleinen Rundpinsel hellgrüne Stiele in das untere Drittel deines Bildes.

Hinweis: Damit dein Gras lebendig wirkt, ist es wichtig, auch weiße Stellen frei zu lassen.

6 Nun kommt ein zweiter Grünton hinzu. Mit der Acrylic Ink-Farbe zeichnest du dunkelgrüne Gräser zwischen deine hellen Gräser. Zeichne die Striche nicht zu gerade – Gräser bewegen sich gerne. Füge all deinen Blumen einen Stiel mit einer Ölpastellkreide in Dunkelgrün hinzu. Nach Herzenslust kannst du dein Bild nun weiterbearbeiten.

Bunter Blumenteppich

***Bei** diesem Motiv experimentieren wir mit den Möglichkeiten, die uns ein normaler Haushaltsschwamm bietet. Lies dir bitte vorab das ganze Projekt einmal durch. Richte vor Beginn alle Farben und Pinsel her, die du benötigst, und natürlich auch deine Leinwand.*

MATERIAL

- Mittlerer Rundpinsel (ca. Größe 10)
- Kleiner Rundpinsel (ca. Größe 4)
- Breiter Flachpinsel (ca. Größe 18)
- Ölpastellkreide in Grün
- Schere
- Mehrere Haushaltsschwämme
- Palette oder alter Teller
- Zeitungen zum Abdecken
- 1 kleine, rechteckige Leinwand (40 x 40 cm)

FARBEN

Acrylic Ink:

- Primär Magenta
- Primär Cyan

Acryl:

- Titanweiß
- Kadmiumgelb mittel
- Kadmiumrot

Technik

Motive in Schwammtechnik gestalten

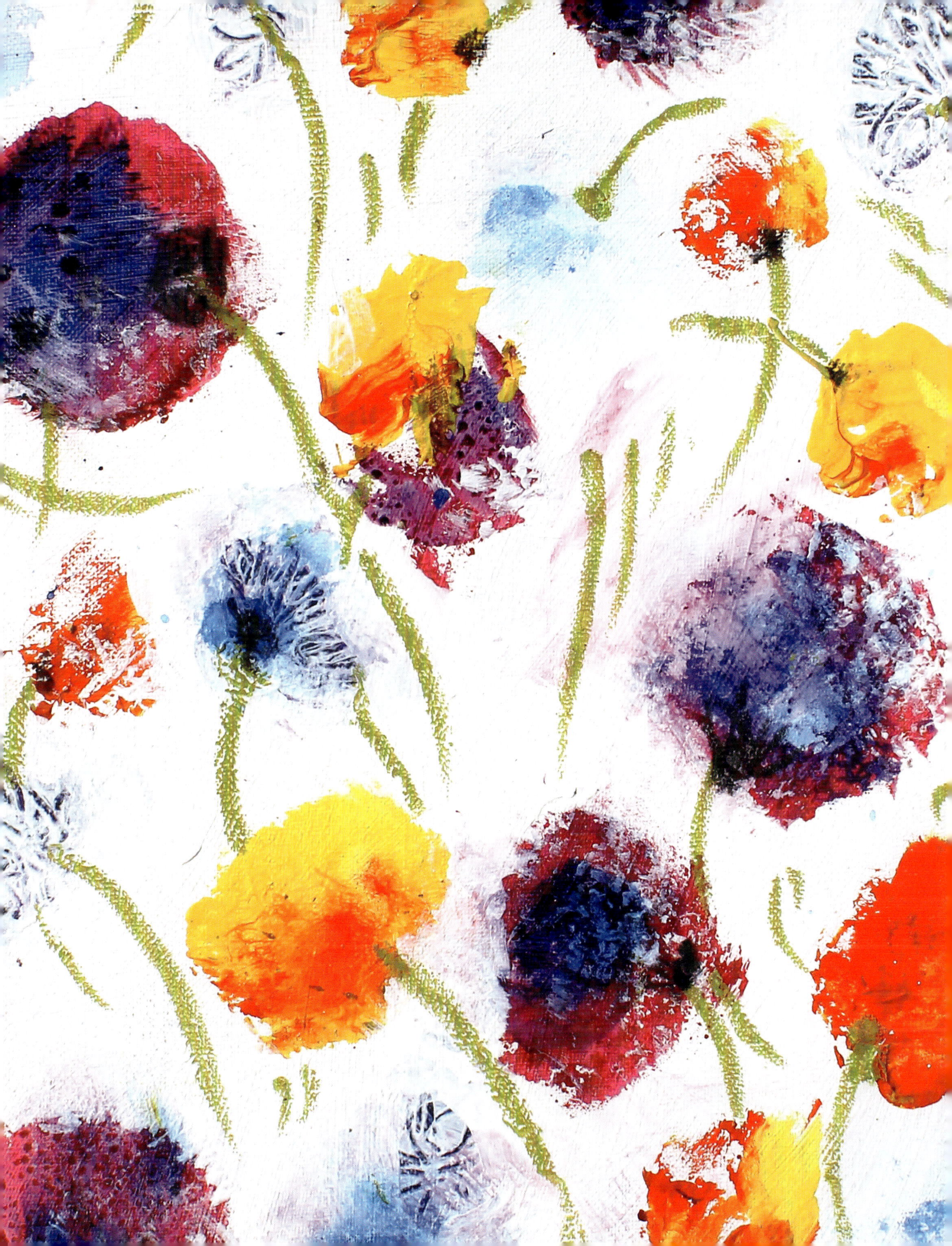

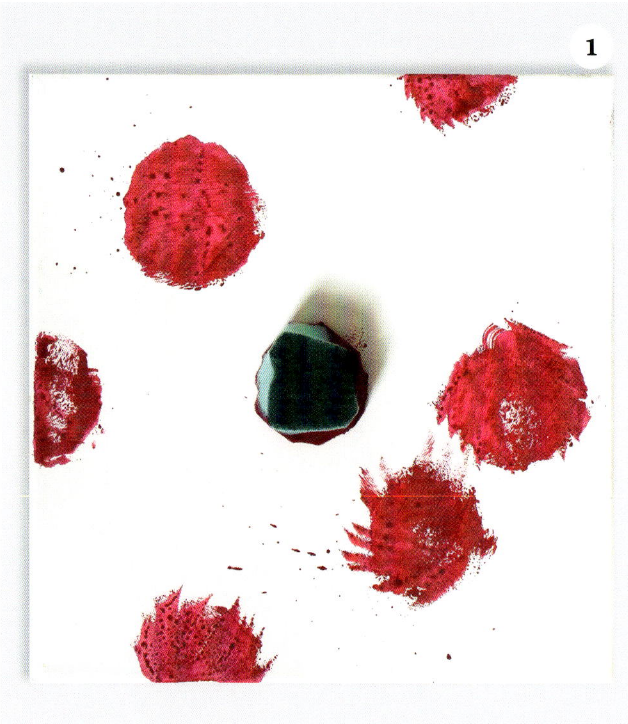

1

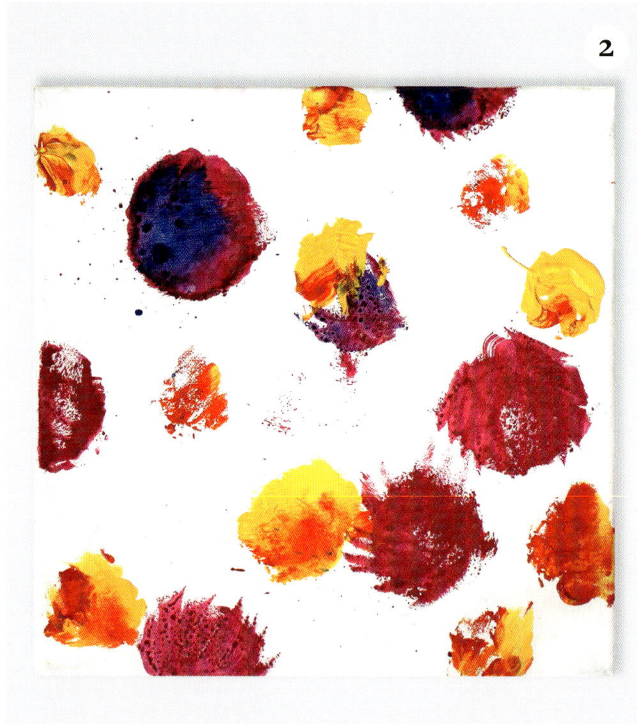

2

1 Schneide zuerst mit einer gewöhnlichen Haushaltsschere eine runde Form aus deinem Schwamm. Gib etwas deiner Acrylic Ink-Farbe in Magenta auf einen Teller und tauche den Schwamm darin ein. Nun kannst du den Schwamm in Form von Blumen auf deine Leinwand abdrücken. Verteile Farbflecken durch kleine Wischbewegungen, bis es dir gefällt.

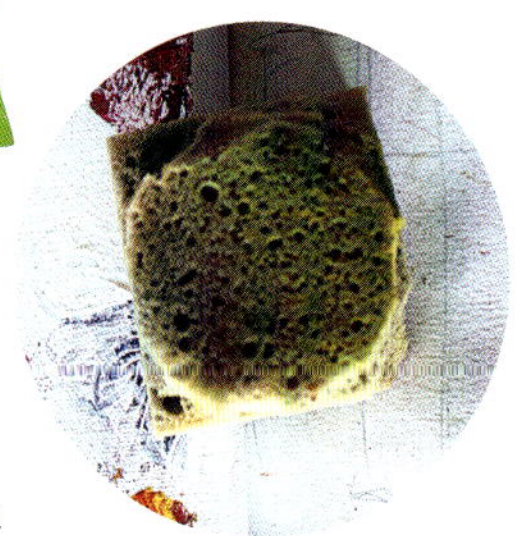

2 Nachdem die rote Farbe trocken ist, kannst du dieselbe Technik mit deiner Acrylic Ink-Farbe in Cyan anwenden. Tupfe den Blauton auch ruhig auf die roten Flächen. Nimm einen zweiten Schwamm, den du zuvor rund zugeschnitten hast, und tauche diesen mit einer Seite in dein Gelb und mit der anderen Seite in das Rot. Nun kannst du zweifarbige Flächen abdrücken. Drehe den Schwamm in einer kleinen Wischbewegung, damit sich die beiden Farben etwas vermischen.

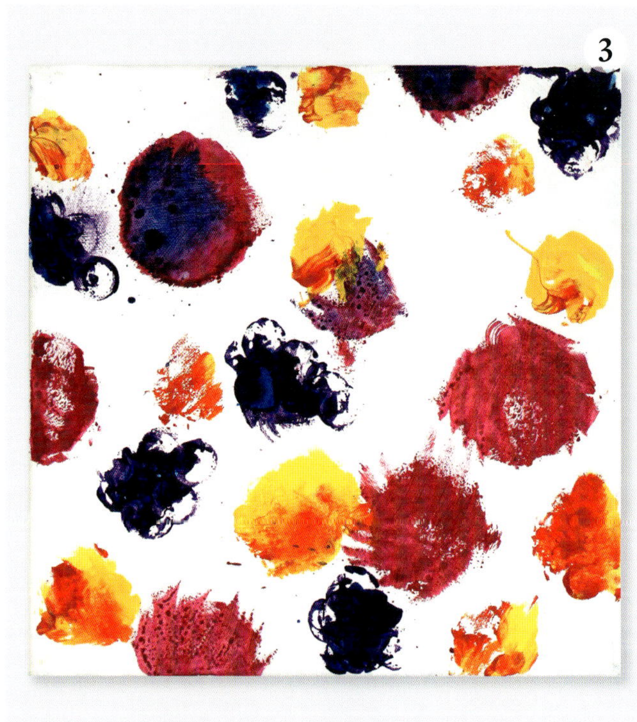

3

4

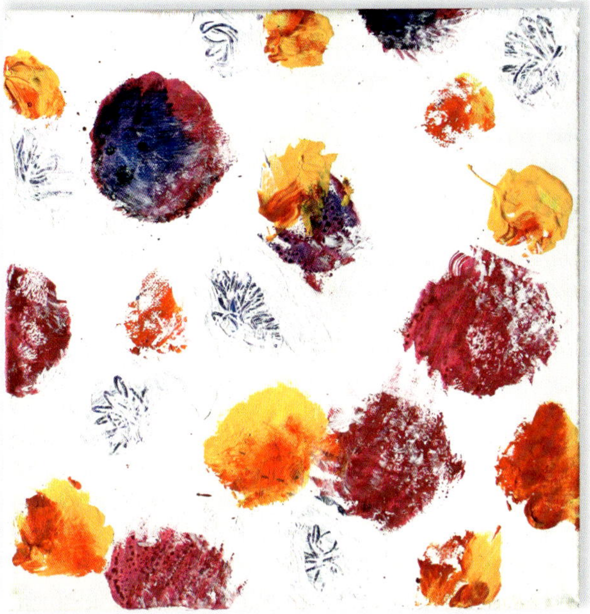

5

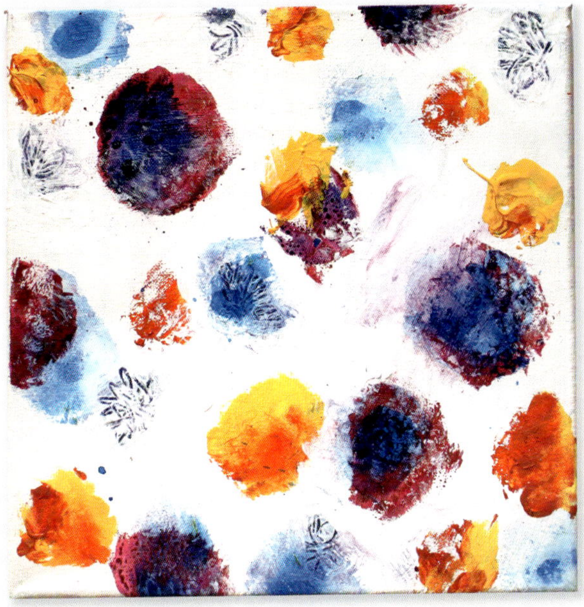

6

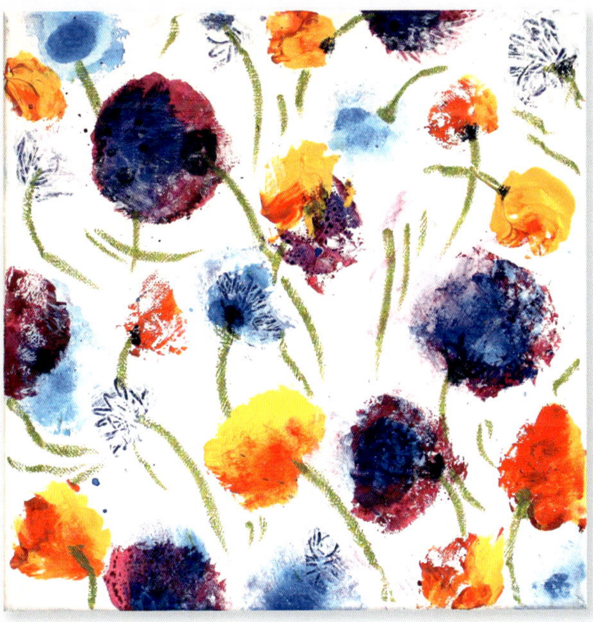

3 Verwende dein Violett auf die gleiche Weise mit einem neu zugeschnittenen Schwamm.

4 Im Anschluss kommt das Weiß. Male mit dem breiten Flachpinsel über die getrockneten, violetten Blumen. Nimm deinen Pinselrücken und kratze in die noch nasse Farbe Muster hinein. Tauche eine Seite eines neuen Schwamms in die weiße Farbe und tupfe das Weiß über deine Blumen. Dadurch wird dein Bild lebendiger.

5 Mit einem hellen Blau kannst du Akzente setzen. Nimm hierfür den weißen Schwamm und tauche ihn in deine blaue Farbe. Mit dem so gewonnenen Hellblau kannst du kleine blaue Blumen zwischen deine anderen Blumen setzen.

6 Nun kommt das Feintuning. Nimm deine grüne Ölpastellkreide und zeichne grüne Stiele zwischen deine Blumen. Nach Belieben kannst du dein Bild nun weitermalen.

Rittersporn

Der Rittersporn ist der Hauptdarsteller dieses Bildes. Durch sein intensives Violett leuchtet er besonders schön und ist eines meiner bevorzugten Motive. Die Kombination mit dem knalligen Rot bringt Kontraste in dein Bild, und besonders die Gestaltung des Hintergrundes spielt hier eine wichtige Rolle.

MATERIAL

- Stempelpinsel (ca. Größe 12)
- Mittlerer Rundpinsel (ca. Größe 8)
- Kleiner Rundpinsel (ca. Größe 4)
- Großer Flachpinsel (ca. Größe 20)
- Ölpastellkreide in Rot, Dunkelgrün
- Mischbecher
- Zeitungen zum Abdecken
- 1 rechteckige Leinwand (z. B. 50 x 60 cm)

FARBEN

Acrylic Ink:

- Zinnoberrot
- Primär Magenta
- Maigrün

Acryl:

- Titanweiß
- Indischgelb
- Coelinblau
- Violett
- Schwarz

Technik

den Stempelpinsel einsetzen

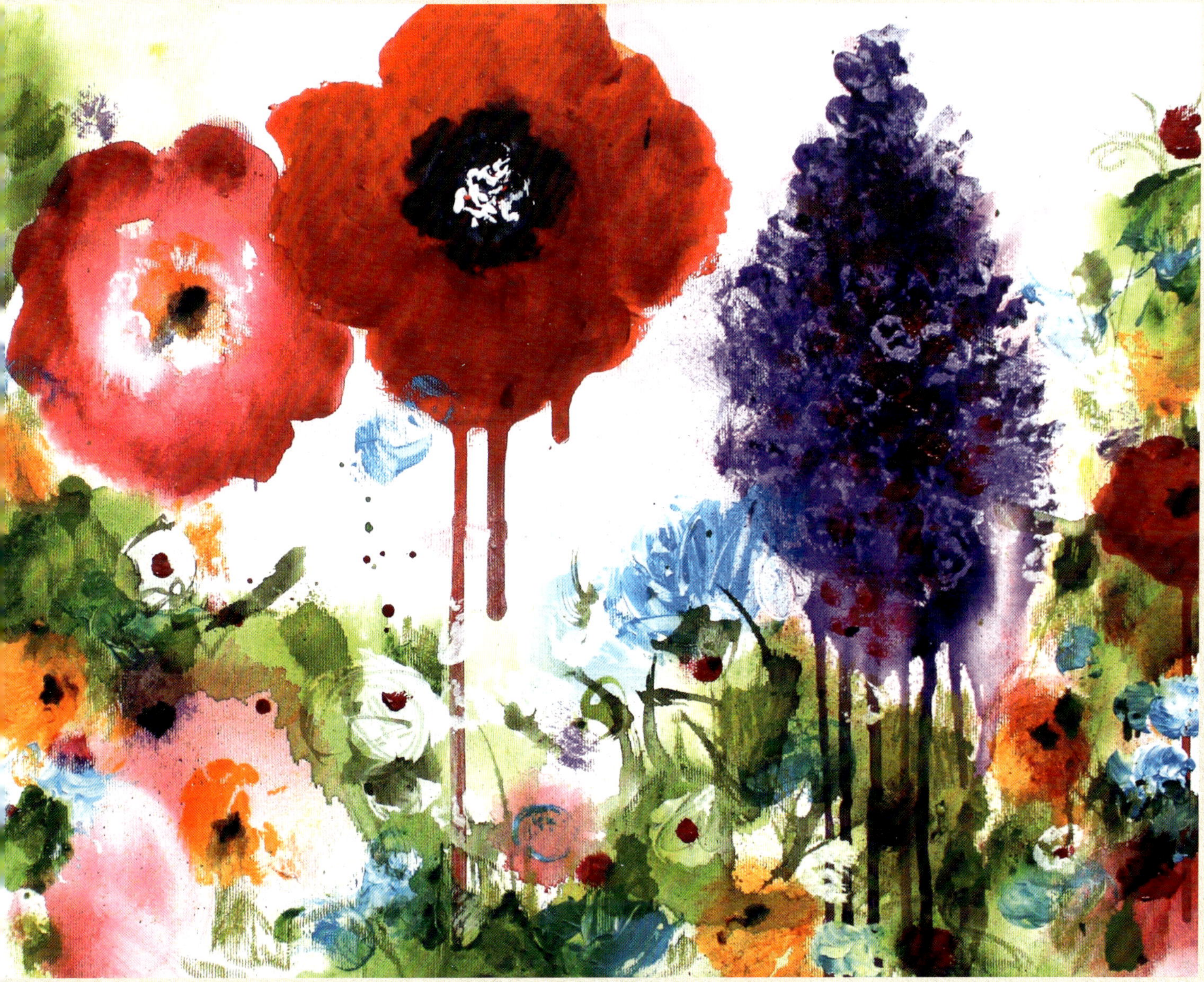

1 Zeichne dein Bild mit der Ölpastellkreide grob auf, um später zu erkennen, wo welche Blume platziert wird. Mit der Acrylic Ink-Farbe in Zinnoberrot malst du nun die erste rote Blume auf. Lasse dabei die Mitte weiß, das ist der Stempel der Blume. Stelle dein Bild schräg, damit die rote Farbe laufen kann.

2 Nun kommt der Rittersporn, unser Hingucker in diesem Motiv. Mit Violett tupfst du kleine lila Kreise, die sich nach oben hin verjüngen. Kleckse etwas Wasser darauf, zum Beispiel mit dem großen Flachpinsel, und lasse die Farbe wieder laufen. Warte ab, bis die Farbe trocken ist, und richte parallel die bunten Farben und Pinsel der Materialliste her.

3 Jetzt kannst du deine Acrylfarbe in Indischgelb einsetzen. Mit dem Stempelpinsel stempelst du so viele gelbe Punkte in das Bild, wie du willst.

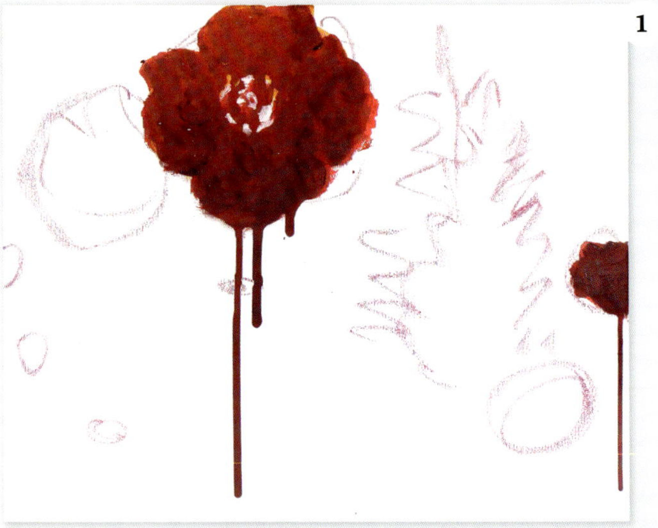

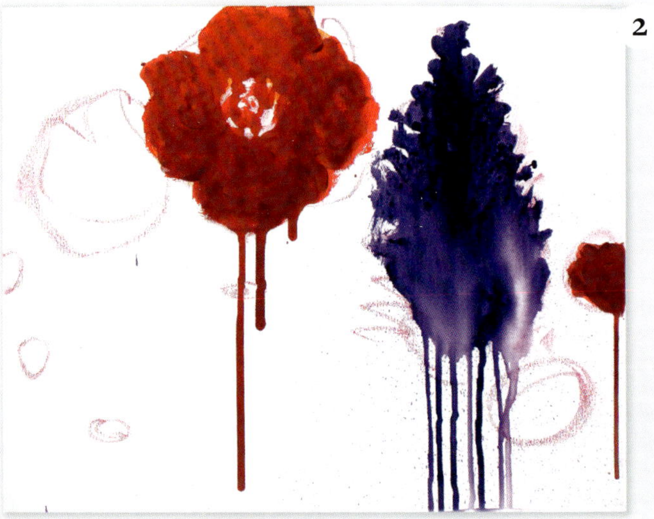

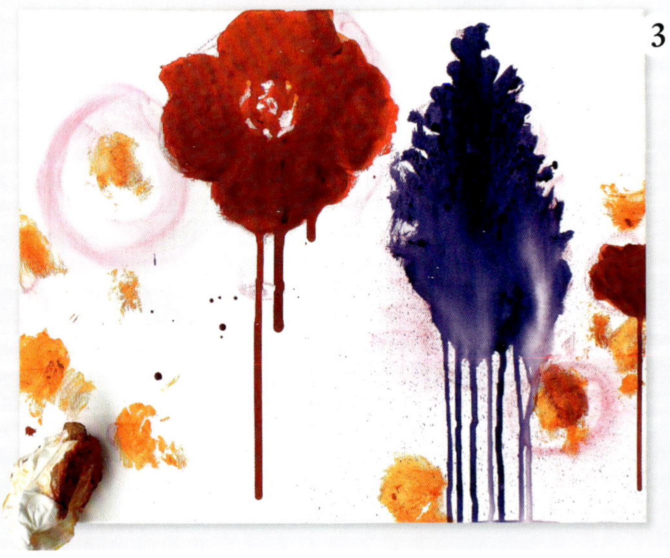

4

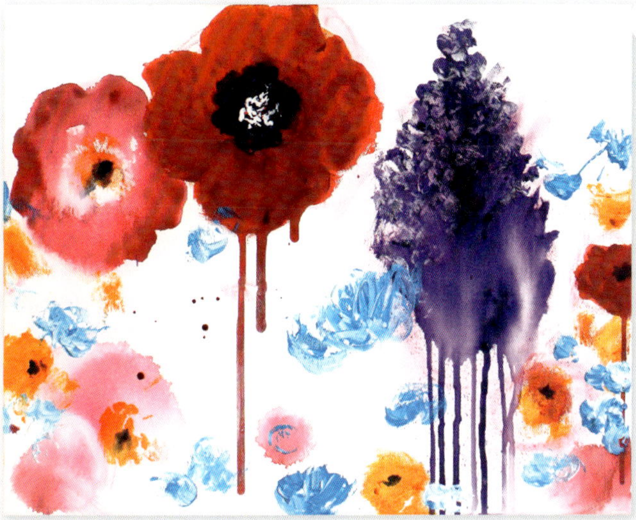

5

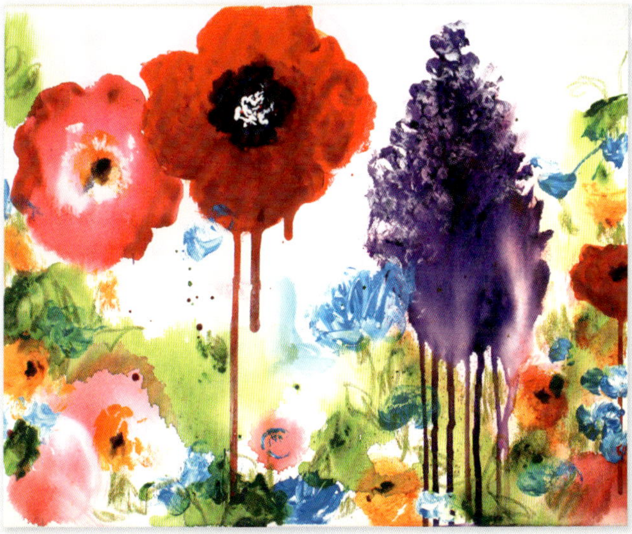

6

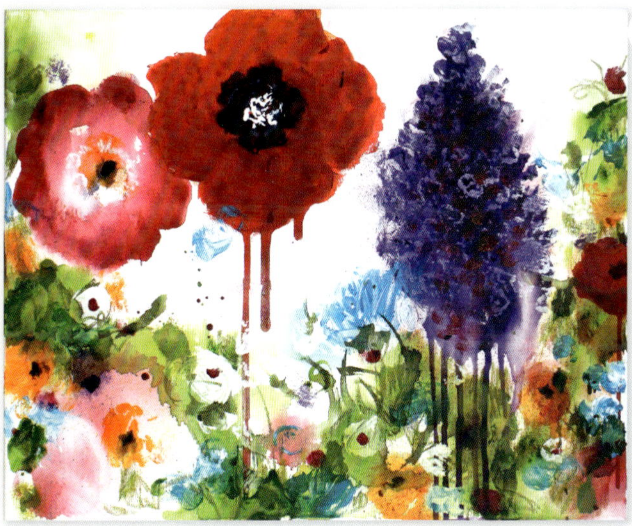

4 Im Anschluss wäschst du deinen Stempelpinsel gut aus. Nun nimmst du die Acrylfarbe in Hellblau und Weiß gemeinsam auf einen Pinsel, ohne die Farben dabei zu vermischen, und tupfst in größeren Schwüngen die türkisfarbenen Blumen auf. Dann nimmst du die Acrylic Ink-Farbe in Magenta und mischst sie mit etwas Wasser. So entsteht ein schöner Rosaton. Bringe damit einige wässrige Flecken auf dein Bild, das entspricht den hellen Blüten. Abschließend kannst du mit schwarzer Acrylfarbe und einem kleinen Rundpinsel die Blütenstempel andeuten und der roten Blume einen inneren Kranz geben. Wenn dieser trocken ist, nimmst du Weiß auf deinen Stempelpinsel. Das Weiß kommt in die Mitte deiner roten Blume und in den Rittersporn. Wende nun einige der Techniken an, die du in diesem Buch schon kennengelernt hast. Kratze zum Beispiel mit dem Pinselrücken in die noch nasse Farbe und gib deiner Blüte so Struktur.

5 Male nach Herzenslust so viele grüne Blätter hinzu, wie du willst. Benutze hierfür einen kleinen Rundpinsel und viel Wasser mit deiner grünen Acrylic Ink-Farbe. So entstehen grüne Flecken, die Blätter andeuten sollen. Das Bild muss bei diesem Schritt waagerecht liegen, damit nicht alles verläuft. Nach Belieben kannst du weiße Blüten über das Grün stempeln.

6 Nun fehlt noch das Feintuning. Du kannst dein Bild weitermalen, wie du möchtest. Mit deinem Stempelpinsel kannst du jede beliebige Farbe stempeln. Noch mehr grüne Gräser einfügen, mehr rote Tupfen – es bleibt ganz dir überlassen, wie du dein Bild ausschmückst. Am schönsten wirkt es, wenn du zweifarbig arbeitest.

Leuchtende Sonnenblumen

IM Spätsommer leuchtet sie überall auf den Feldern: die gelbbraune Sonnenblume. Bei diesem Motiv kommt eine weitere Technik hinzu: die Folientechnik. Dazu benötigst du eine Haushaltsfolie in Größe deiner Leinwand. Du kannst auch die Verpackungsfolie deiner Leinwände benutzen.

MATERIAL

- Stempelpinsel (ca. Größe 12)
- Großer Flachpinsel (ca. Größe 20)
- Kleiner Rundpinsel (ca. Größe 6)
- Ölpastellkreide in Orange
- Haushaltsfolie
- Wattepads
- Zeitungen zum Abdecken
- 1 quadratische Leinwand (z. B. 50 x 50 cm)

FARBEN

Acrylic Ink:

- Primär Magenta
- Maigrün
- Laubgrün

Acryl:

- Titanweiß
- Kadmiumgelb mittel
- Kadmiumorange
- Vandyckbraun (oder ein anderes Braun)

Technik

Folientechnik und mit Wattepads malen

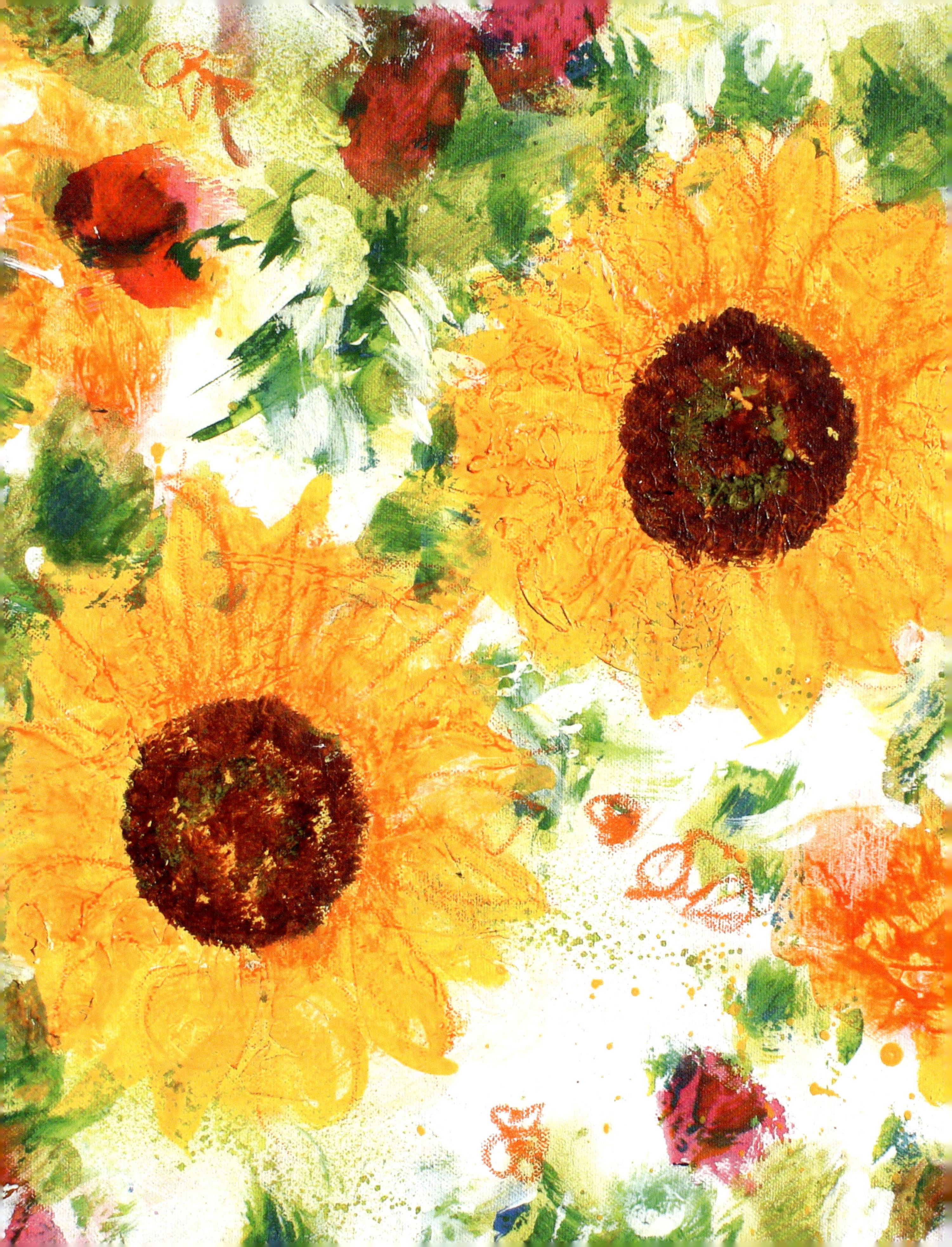

1

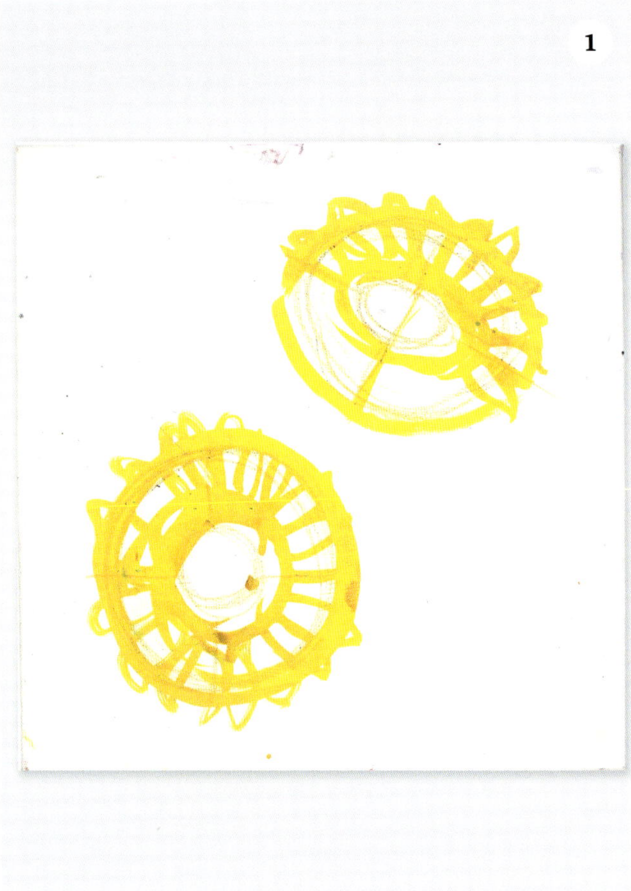

2

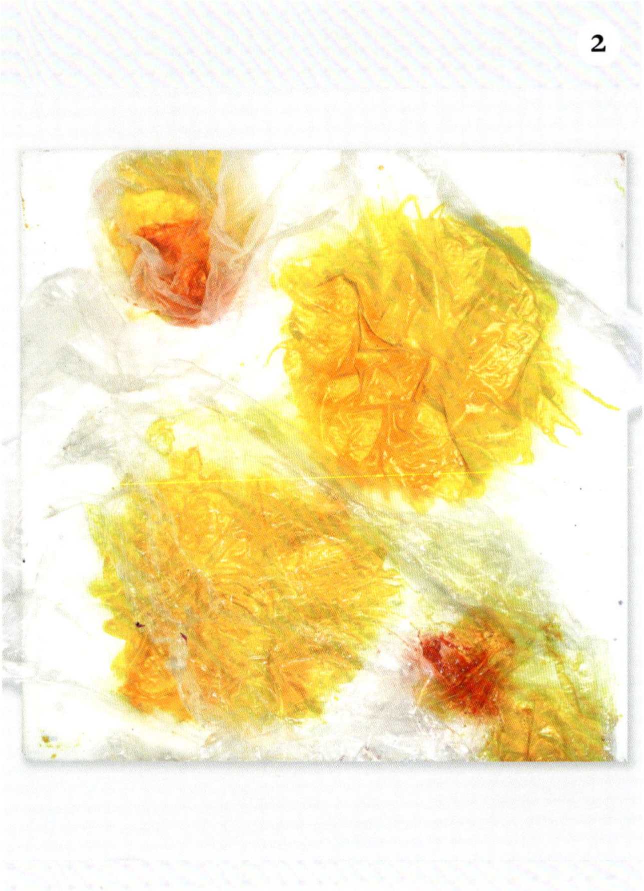

1 Zeichne deine Sonnenblumen mit der orangefarbenen Ölpastellkreide vor. Jetzt kannst du mit deinem Rundpinsel und gelber Acrylfarbe den Umriss deiner Blumen aufmalen und gerne noch weitere, kleinere Blumen hinzufügen. Im nächsten Schritt füllst du diese Blumen mit gelber und oranger Farbe aus. Schneide nun deine Folie auf Leinwandgröße zu.

2 Lege nun deine zugeschnittene Folie auf die Leinwand. Ziehe deine Folie mit den Fingern auf dem Bild etwas zusammen und bewege sie leicht hin und her. Auf diese Weise entstehen die Falten in deiner Farbe, die für diese Technik typisch sind. Lass dein Bild trocknen.

3

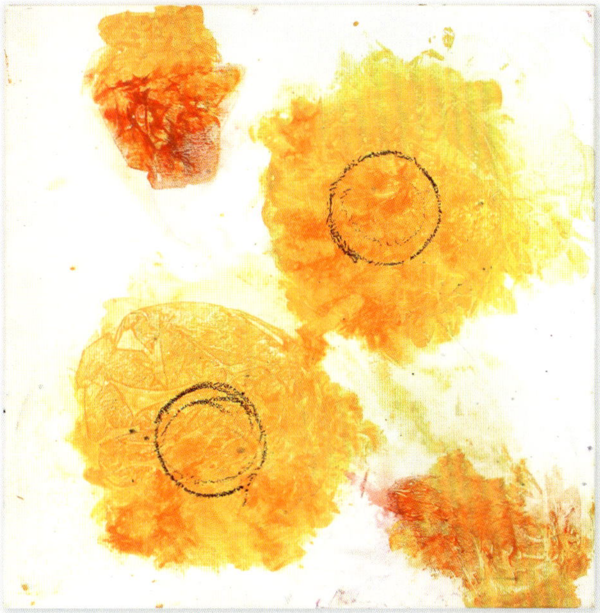

4

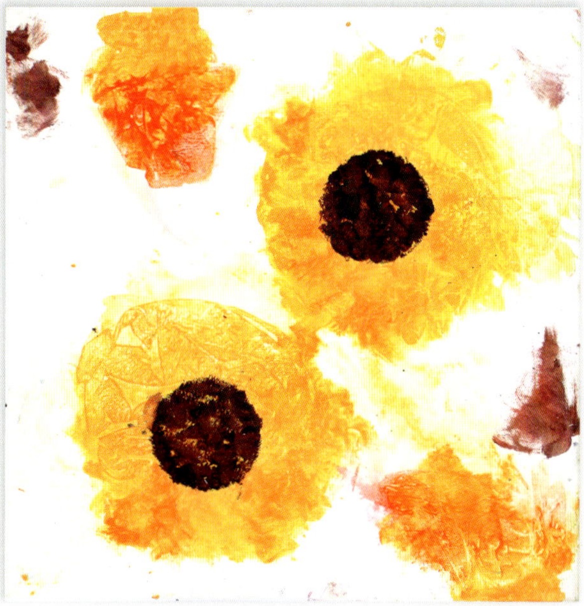

3 Nun kannst du deine Folie abziehen und das Ergebnis betrachten. Gefällt dir dein Werk? Du kannst jetzt bereits die Formen mit Gelb oder den Hintergrund mit Weiß etwas ausbessern. Wenn alles trocken ist, nimm eine runde Schablone, zum Beispiel einen Unterteller, und zeichne damit einen Kreis für das Blüteninnere auf.

4 Weiter geht`s mit dem großen braunen Kreis in der Mitte. Nimm deinen Stempelpinsel und stemple damit so lange braune Punkte auf, bis der Kreis völlig mit Farbe gefüllt ist. Nach Belieben kannst du zusätzlich braune Blüten auf dein Bild stempeln. Achte aber darauf, dass es nicht zu viele werden, damit die grünen Blätter von Step 6 noch genügend Platz haben.

5

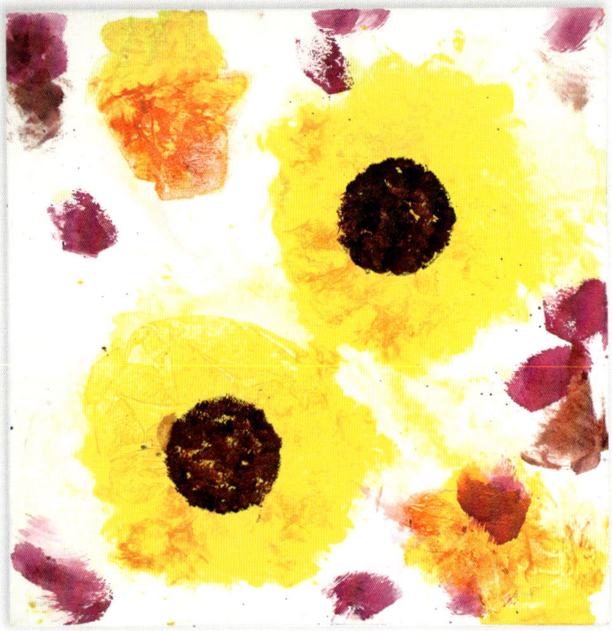

6

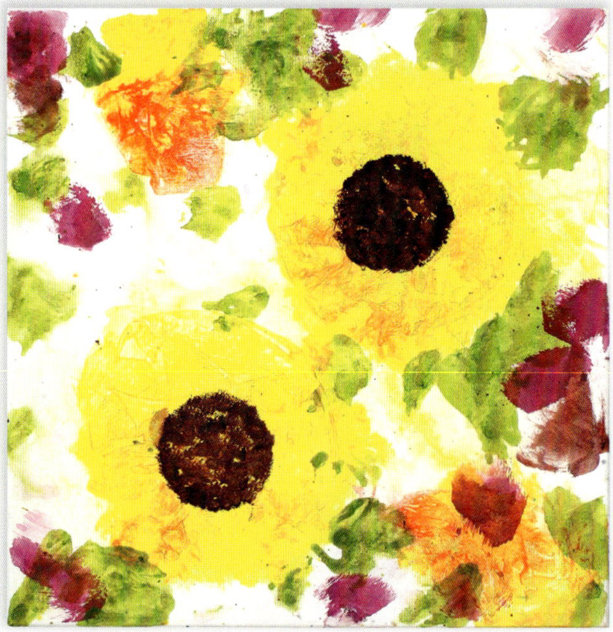

5 Jetzt sind die Wattepads an der Reihe. Tauche diese in die Magentafarbe ein und tupfe einige rote Blütenblätter zwischen deine Sonnenblumen.

6 Nimm ein neues Wattepad und male damit die grünen Blätter, die sich außen an der Sonnenblume befinden. Male so viele Blätter, wie du möchtest.

7

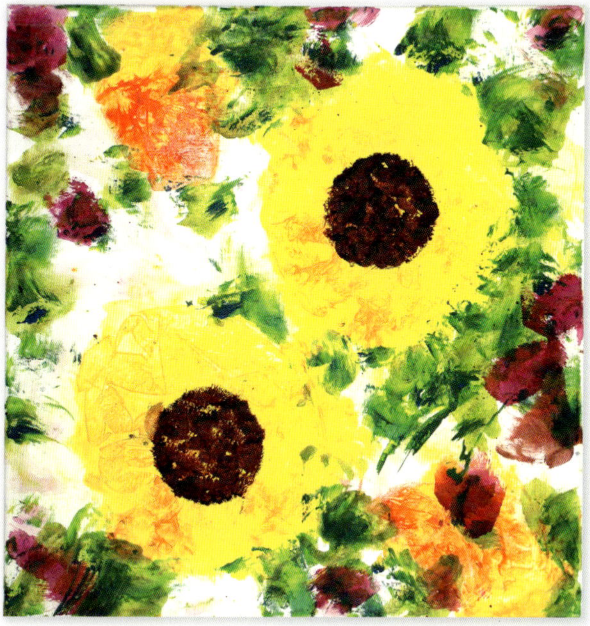

8

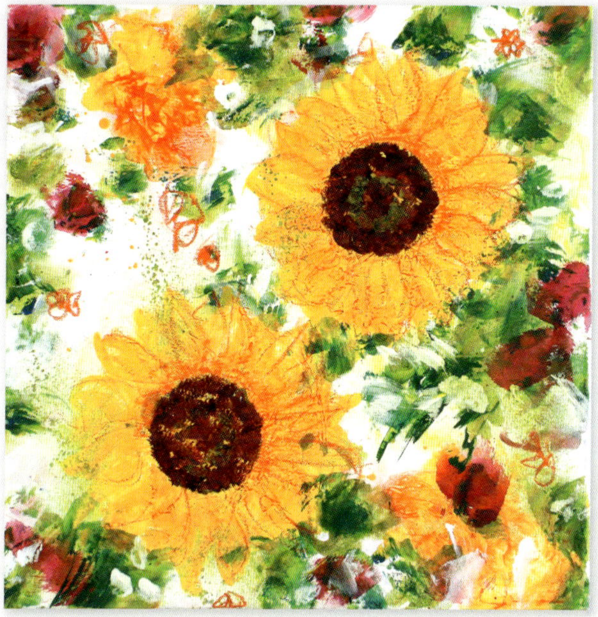

7 Wiederhole Step 6 mit der dunkelgrünen Farbe.

Tipp
Du kannst die Wattepads auch knüllen oder falten, um verschiedene Formen zu kreieren.

8 Nun fehlt nur noch das Feintuning. Mit der orangefarbenen Ölpastellkreide kannst du die Form der Blütenblätter umranden und deinem Bild noch mehr Pfiff geben oder weitere kleine Blüten in dein Bild setzen. Auch mit deiner weißen Acrylfarbe kannst du Stellen ausbessern, die dir noch nicht gefallen.

Rittersporn
in bunter Wiese

Bei *diesem Motiv wird es richtig kunterbunt! Wir stempeln erst wild mit dem Schwamm und dem Korken und arbeiten dann unsere Motive mit Weiß nochmal richtig heraus. Lies dir bitte vorab das ganze Projekt einmal durch. Richte vor Beginn alle Farben und Pinsel her, die du benötigst, und natürlich auch deine Leinwand.*

MATERIAL

- Mittlerer Rundpinsel (ca. Größe 10)
- Kleiner Rundpinsel (ca. Größe 4)
- Breiter Flachpinsel (ca. Größe 18)
- Ölpastellkreide in Dunkel- und Hellgrün
- Haushaltsschwamm
- Korken
- Mischbecher
- Zeitungen zum Abdecken
- 1 kleine, rechteckige Leinwand (40 x 50 cm)

FARBEN

Acrylic Ink:

- Maigrün
- Laubgrün

Acryl:

- Titanweiß
- Kadmiumgelb mittel
- Zinnoberrot
- Violett
- Kobaltblau

Technik

Hintergrund klecksen mit Acrylic Ink-Farbe, Schwammtechnik und Korkentechnik

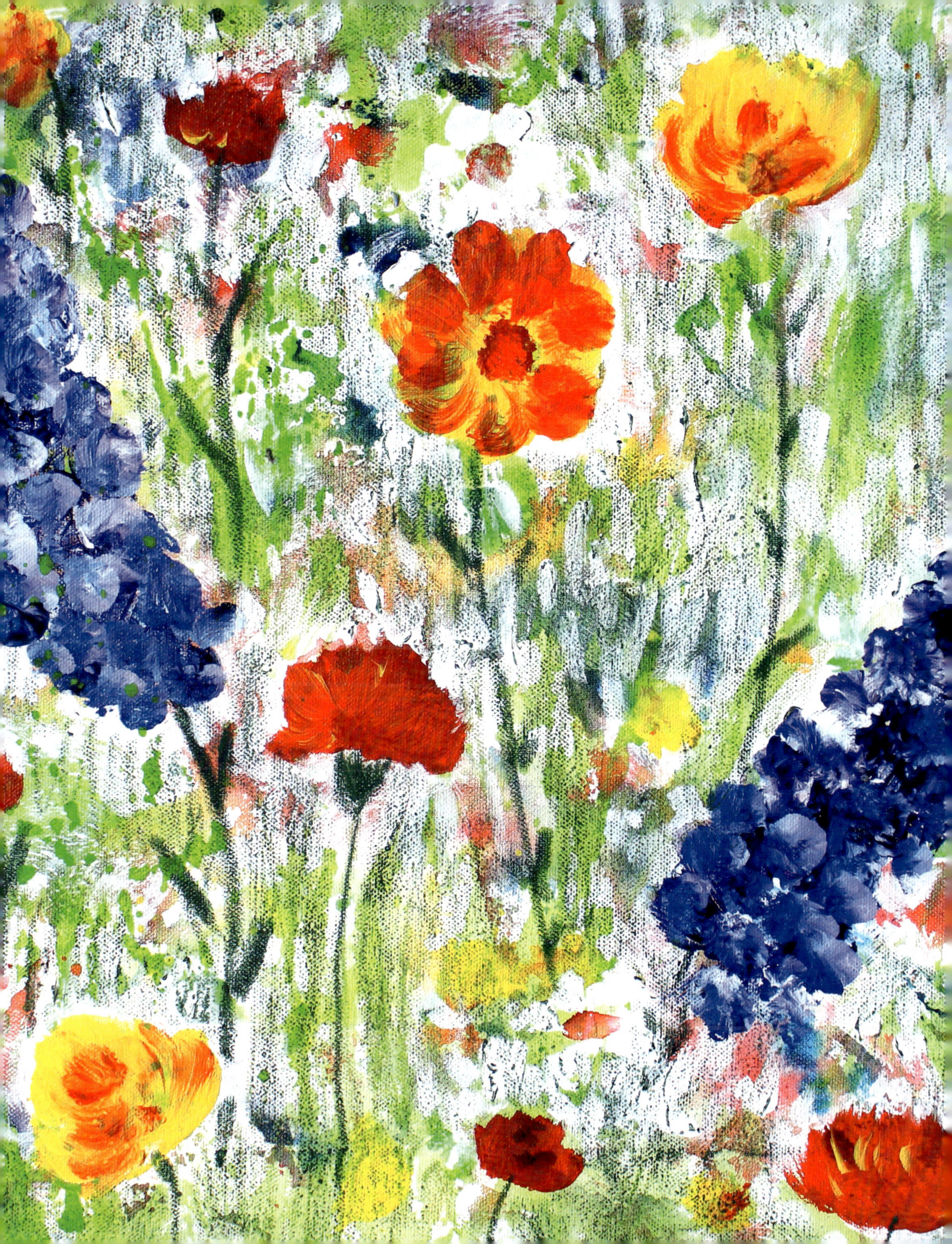

1 Nimm einen breiten Flachpinsel und schüttele mit Schwung Wasserkleckse auf deine Leinwand. Nun kannst du mit den Pipetten deiner verschiedenen Acrylic Ink-Farben Tropfen auf die Wasserkleckse geben. Die Farbe vermischt sich sofort mit dem Wasser.

2 Nimm jetzt den Schwamm und verteile Farbflecken sanft durch kleine Wischbewegungen, bis dir dein Hintergrund gefällt. Lass dein Werk trocknen.

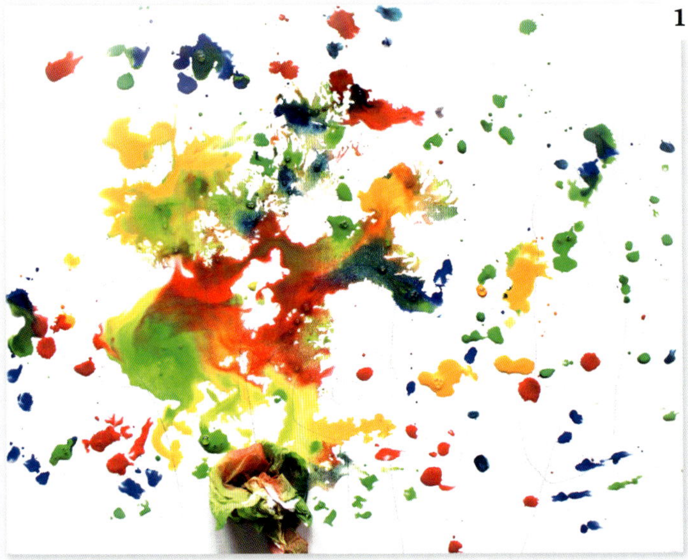
1

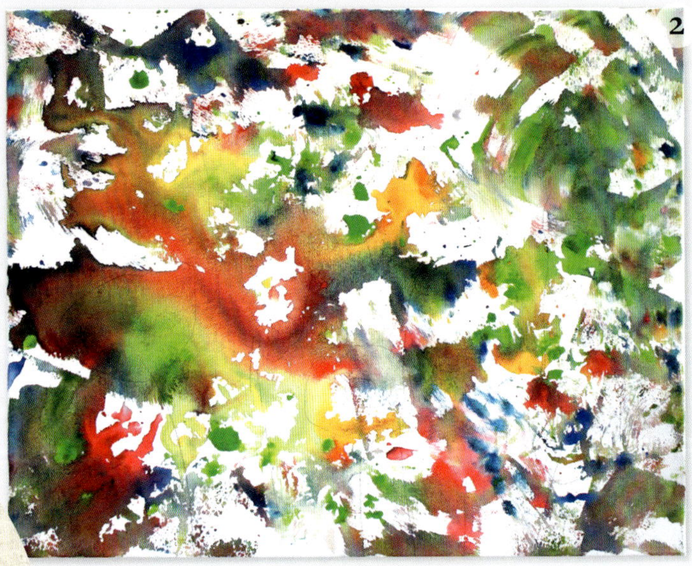
2

Tipp

Wenn dir der Hintergrund noch zu leer erscheint, wiederhole Schritt 1 und 2 beliebig oft, um weitere Farbkleckse hinzuzufügen.

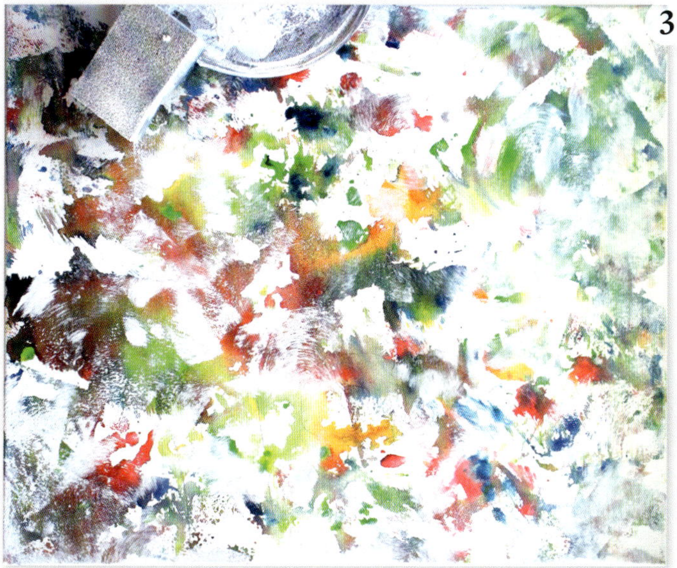

3

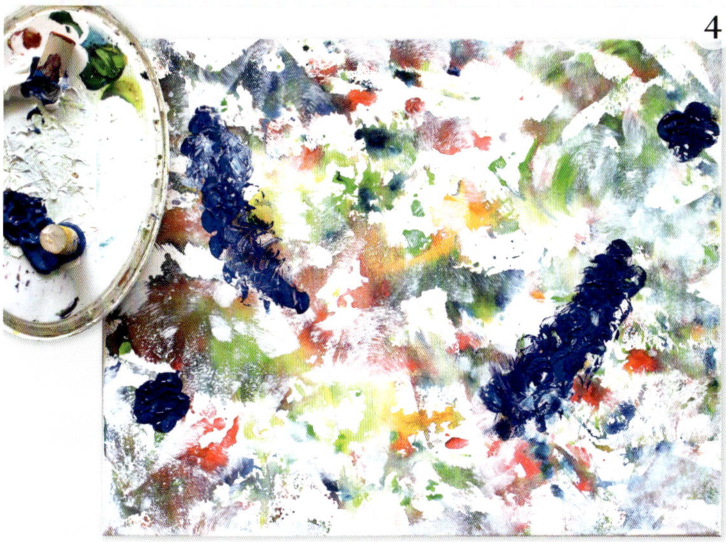

4

3 Nimm deinen Schwamm und tauche ihn in das unverdünnte Weiß. Mit den gleichen Wischbewegungen wie zuvor kannst du deinen Hintergrund wieder etwas ruhiger gestalten, indem du farbige Stellen abdeckst.

4 Nachdem die beiden Farben getrocknet sind, kannst du deinen Rittersporn aufzeichnen und sogleich mit Farbe füllen. Nimm hierzu wieder einen Korken – diese Technik kennst du ja schon – und stemple beide Blumen in Blau, Weiß und Violett. Ebenso kannst du noch andere Blumen in Blau und Weiß stempeln, wenn du möchtest.

5 Mit einem weiteren Korken und Kadmiumgelb kannst du nun einige gelbe Blumen malen. Mit dem kleinen Rundpinsel setzt du schwungvoll rote Halbkreise in die Blumen.

Hinweis: Wenn die Farbe noch feucht ist, ergeben sich interessante Mischtöne.

6 Verfahre nun genauso mit den roten Blüten und dem Zinnoberrot.

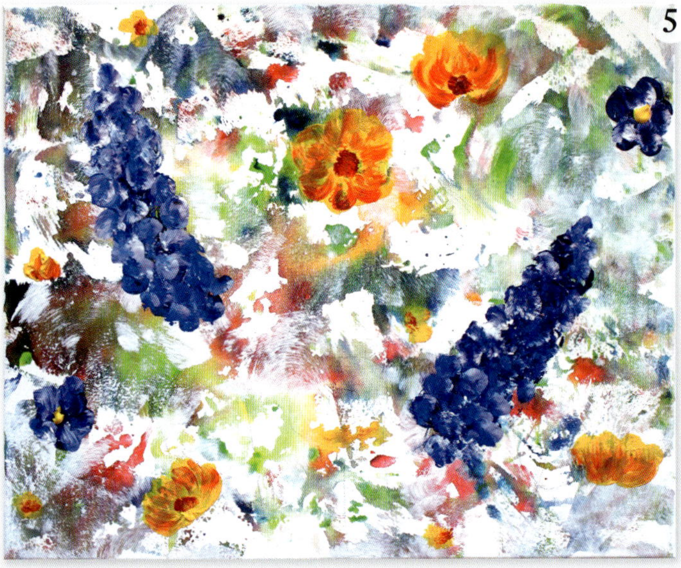

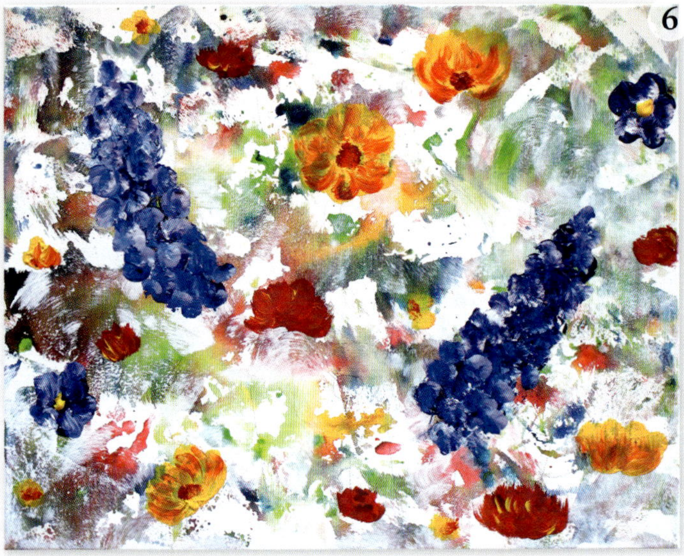

Tipp

Nutze gerne auch weitere Farben deiner Wahl – eine Blumenwiese kann nie bunt genug sein!

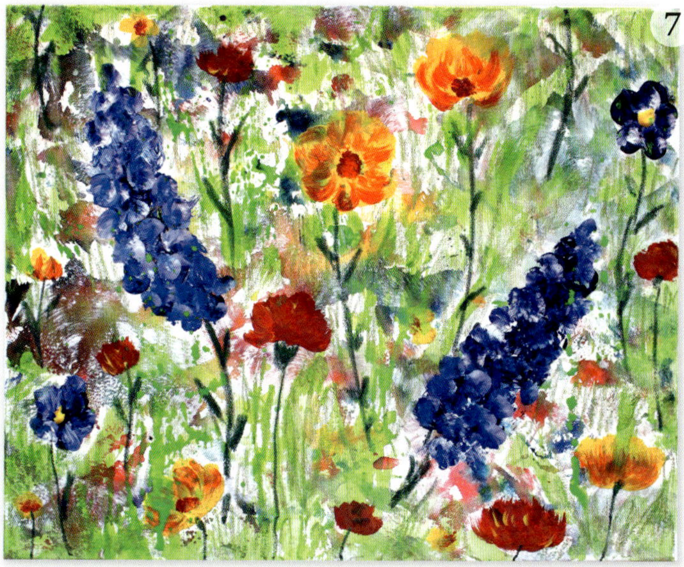

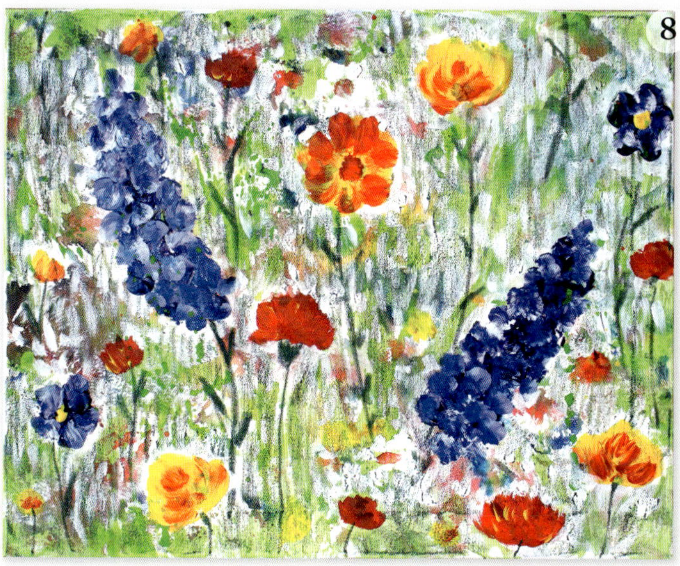

7 Jetzt kommen die Ölpastellkreiden an die Reihe. Zeichne mit den Kreiden grüne Gräser in hellem und dunklem Grün in den Hintergrund. Gehe ruhig schwungvoll und dynamisch vor. Anschließend nimmst du dein Maigrün und verdünnst es in einem Mischbecher zur Hälfte mit Wasser. Setze nun so viele grüne Flächen in den Hintergrund, wie du möchtest. Diese stellen deine Wiese dar.

8 Jetzt kommt wie immer das finale Feintuning. Ich retuschiere nun einige grüne Stellen wieder mit einem Rundpinsel in Weiß. Dadurch wird mein Bild ruhiger, und die Blumen werden mehr betont. Die gelben Blumen übermale ich noch einmal mit Gelb und Rot, um sie zu verstärken. Gelb als helle Farbe ist nicht so deckend wie die anderen Farben, deshalb scheinen diese darunter oft durch. Mit einer zweiten Schicht Gelb verstärkst du dessen Leuchtkraft. Außerdem kannst du noch weiße Blumen auf deine Wiese tupfen und anschließend eine Schicht verdünnter Acrylic Ink-Farbe deiner Wahl darüber setzen. Bearbeite dein Bild nach Herzenslust weiter. Alternativ kannst du auch noch mehr Blumen dazumalen.

Runde Chrysanthemen

Hier *arbeiten wir wieder mit Wasser und der Pipette der Acrylic Ink-Farben. Mit einem dünnen Pinsel und Wasser malst du auf die Leinwand und tropfst dann mit der Pipette deiner Acrylic Ink-Farbe in die gemalten Linien. Ein wundervoller Effekt entsteht! Versuche es zunächst einmal auf einem Probepapier.*

MATERIAL

- Mittlerer Rundpinsel (ca. Größe 8)
- Kleiner Rundpinsel (ca. Größe 4)
- Mischbecher oder Palette
- Bleistift
- Zeitungen zum Abdecken
- 1 längliche Leinwand (z. B. 40 x 100 cm)

FARBEN

Acrylic Ink:

- Kadmiumgelbton
- Zinnoberrot
- Krappdunkel
- Maigrün
- Kobaltblau dunkel
- Flieder

Acryl:

- Titanweiß

Technik

Linien fließen lassen und Hintergrund gestalten mit Acrylic Ink-Farbe und Wasser

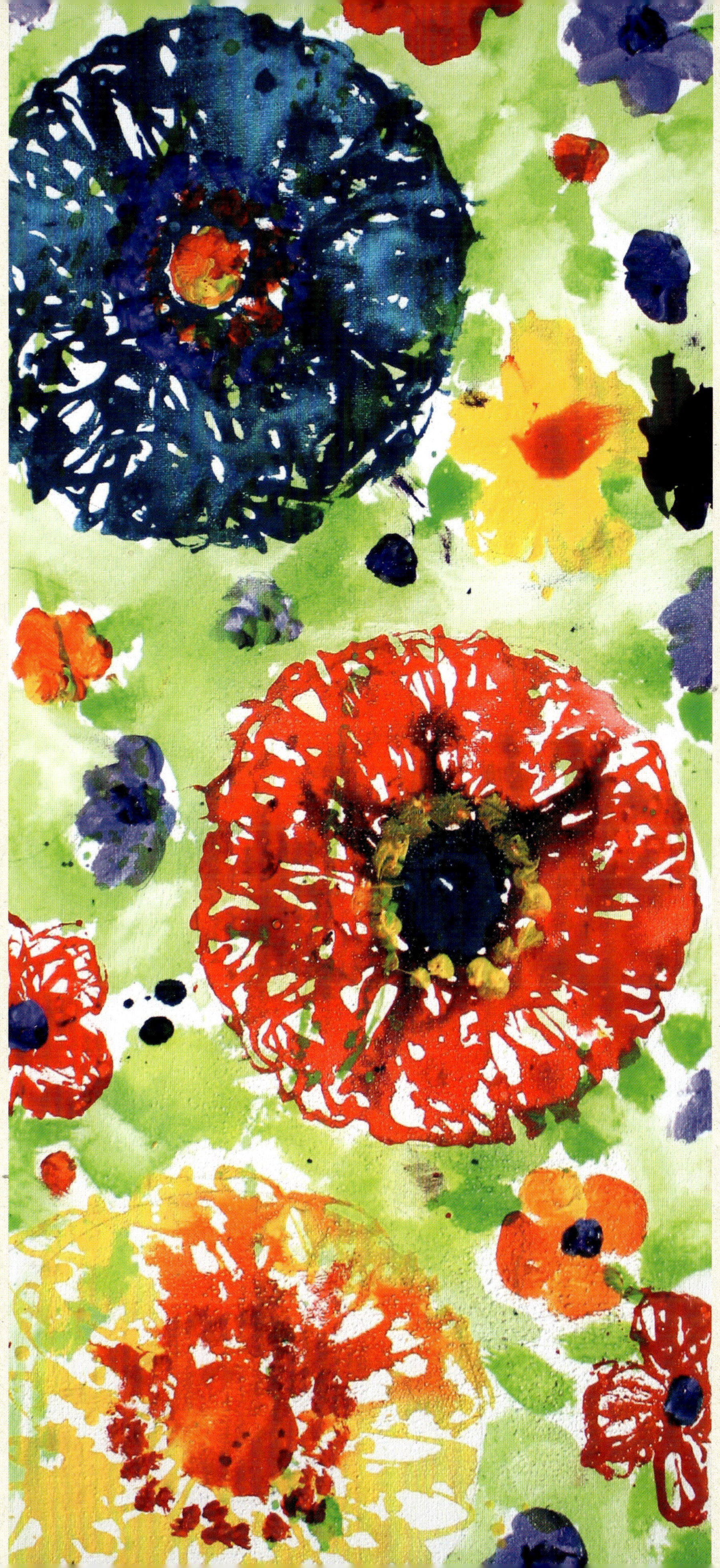

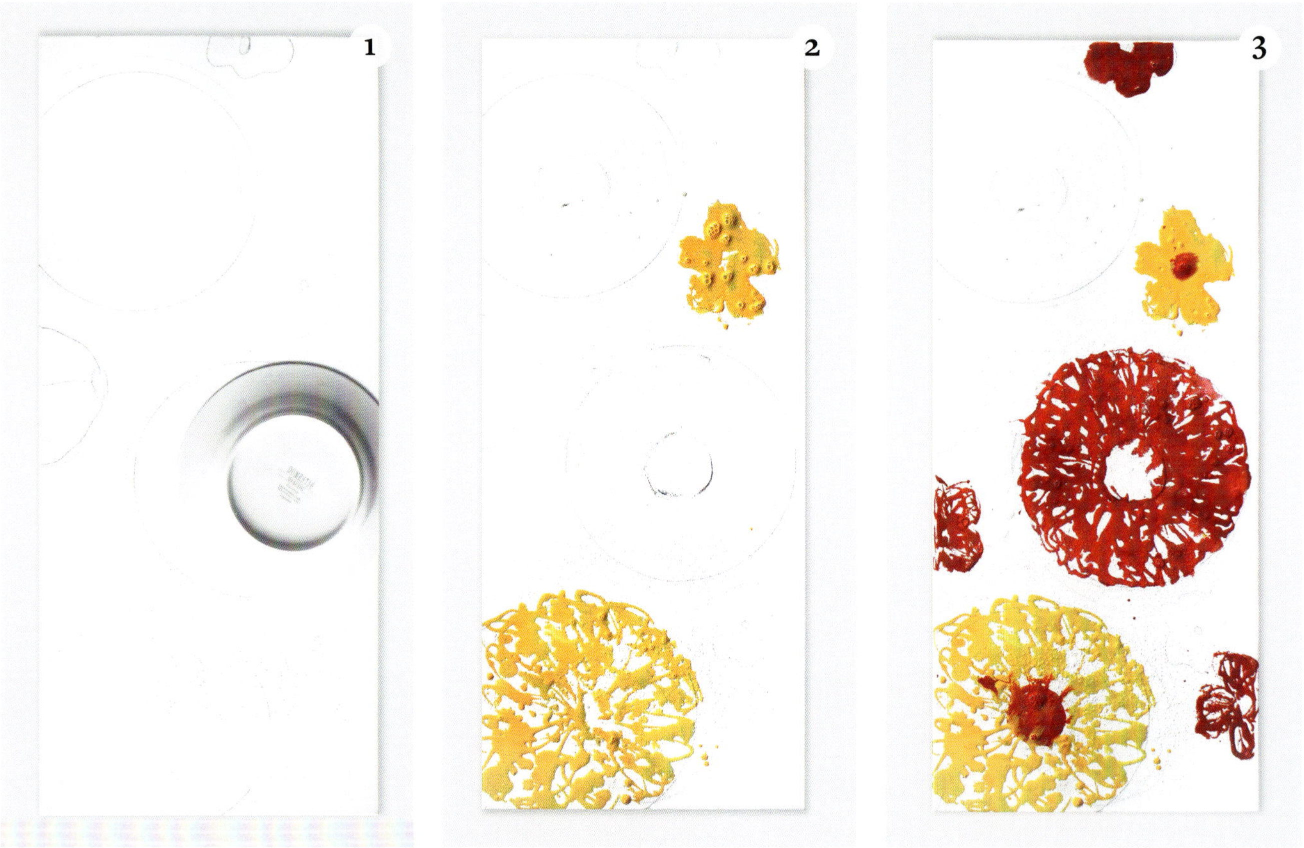

1 Zeichne die Umrisse deiner Blumen mit einem Bleistift und einer Schablone auf, zum Beispiel mit einem Teller. Denke auch an die inneren Kreise für den Stempel der Blume. Diese kannst du etwa mit einer Tasse aufmalen.

2 Nimm deinen kleinen Rundpinsel und ziehe mit Wasser krakelige Linien innerhalb deiner Blume. Nimm die Pipette der Acrylic Ink-Farbe in Gelb und tropfe etwas Farbe in die Linien. Diese verläuft sofort. Ich liebe diesen Effekt! Lass ruhig verschiedene Farben ineinanderlaufen, so ergeben sich schöne Mischungen.

3 Nimm deine beiden Rottöne und beginne wieder, mit dem Wasser zu malen. Nun kannst du abwechselnd den hellen Rotton und den dunklen Rotton in deine Blume tropfen lassen.

4

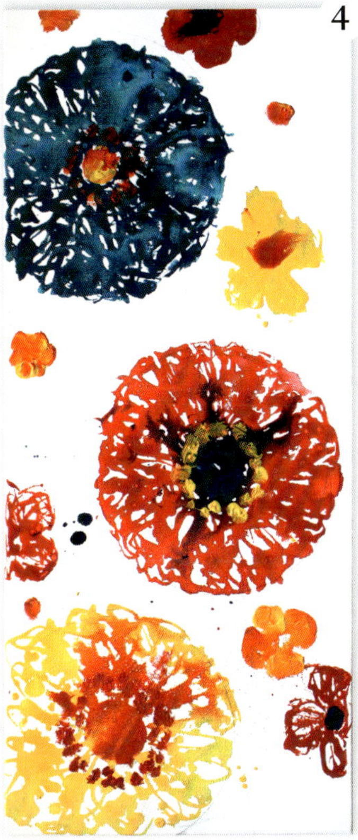

5

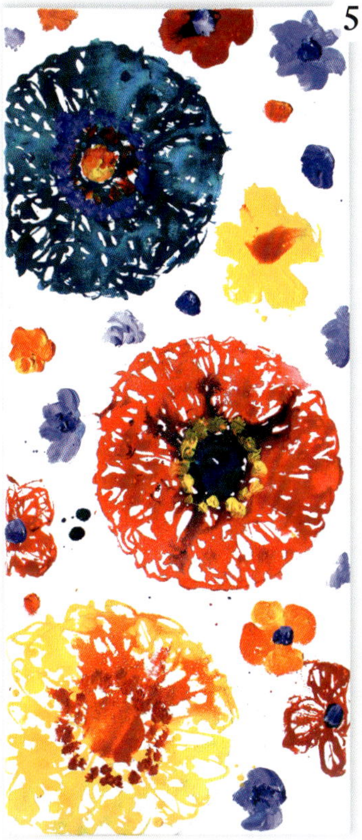

6

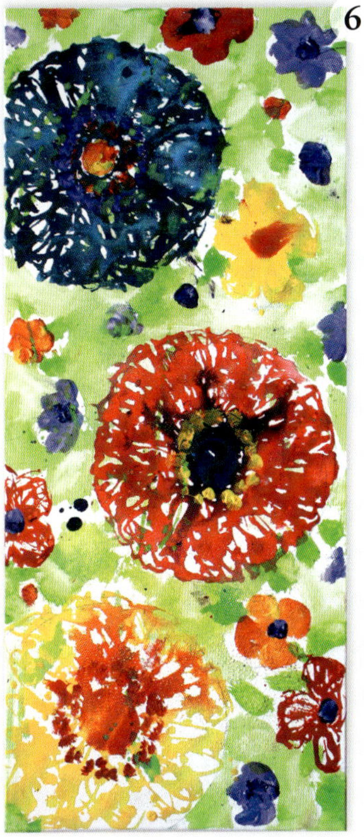

4 Nun kommt das Blau an die Reihe. Tropfe abwechselnd Kobaltblau und Flieder auf die Wasserlinien in der dritten Blume. Achte darauf, dass der innere Kreis der blauen Blume frei bleibt. An dieser Stelle darf auch kein Wasser aufgetragen werden. Gestalte dein Bild weiter. Mit deinem Rundpinsel kannst du weitere Blumen oder Punkte hinzufügen. Tauche dazu den Pinsel in jeweils zwei Farben, das macht die Blütenblätter umso lebendiger. Die gelbe Blume bekommt anschließend einen Stempel in Rot, die rote Blume in Blau und die blaue Blume in Rot und Gelb.

5 Stempele weitere kleine Blüten, angemischt mit Flieder und Weiß, zwischen die anderen Blumen. Mit Weiß kannst du die Blütenblätter aufhellen, wie es dir gefällt. Mit der aufgehellten Fliederfarbe kannst du auch einige innere Stempel gestalten.

6 Nun kannst du dein Bild nach Belieben weiter gestalten. Ein wichtiges Stilelement ist hier die grüne Farbe im Hintergrund. Wenn alle Motive getrocknet sind, malst du dein Maigrün mit einem Rundpinsel auf. Nimm gleichzeitig mit einem zweiten Pinsel etwas klares Wasser auf und verdünne so dein Grün direkt auf der Leinwand. Dies ergibt einen schönen marmorierten Effekt.

Rote Blüten

Bei *diesem Motiv kehrt eine Technik wieder, die du schon kennengelernt hast: die Folientechnik. Dazu benötigst du wieder eine normale Haushaltsfolie in Größe deiner Motive.*

MATERIAL

- Flachpinsel (ca. Größe 12)
- Kleiner Rundpinsel (ca. Größe 8)
- Haushaltsfolie
- Korken/Taschentuch
- Zeitungen zum Abdecken
- 1 quadratische Leinwand (z. B. 50 x 50 cm)

FARBEN

Acrylic Ink:

- Kadmiumgelbton
- Zinnoberrot
- Maigrün

Acryl:

- Titanweiß
- Zinnoberrot
- Magenta
- Türkisblau
- Violett

Technik

Folientechnik

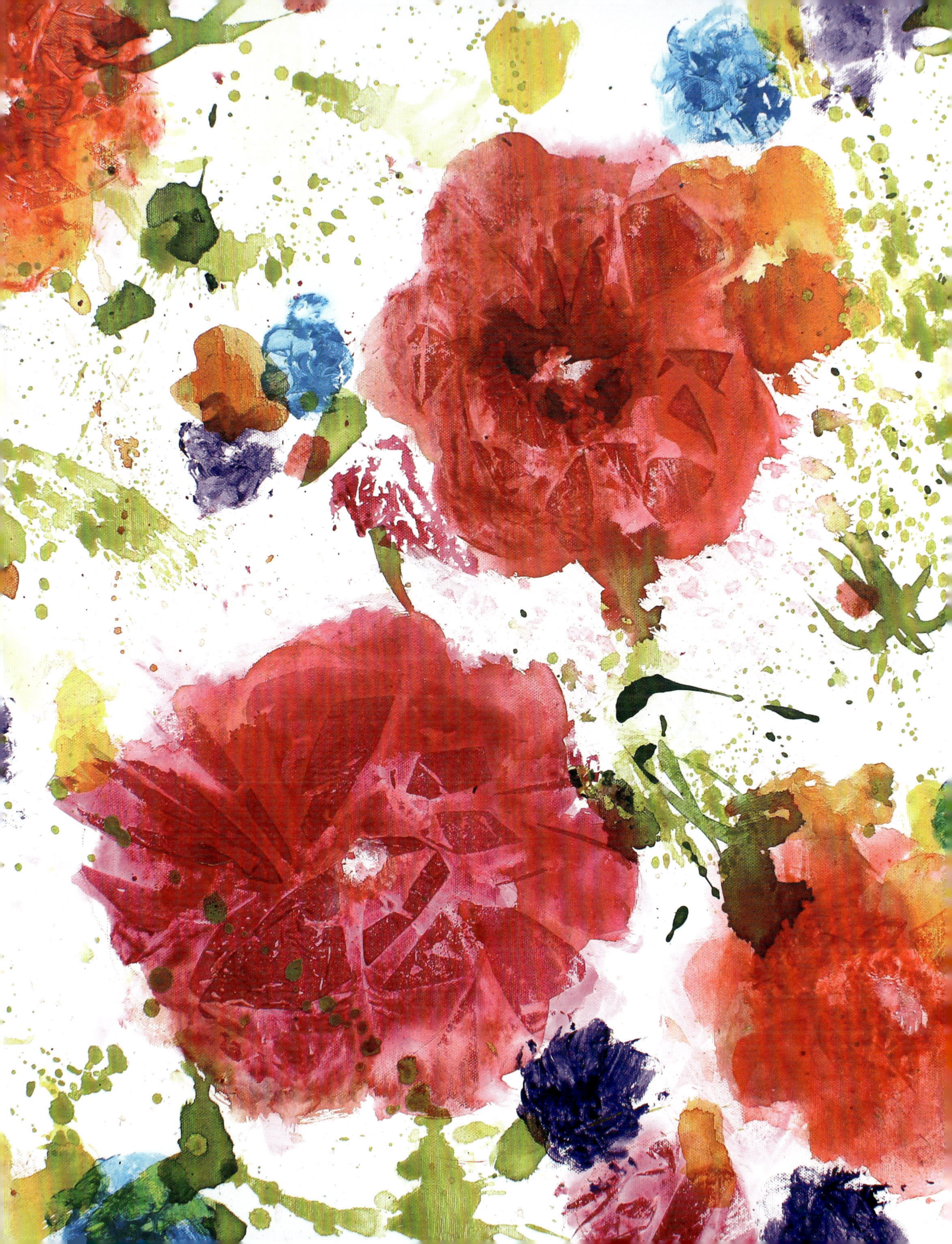

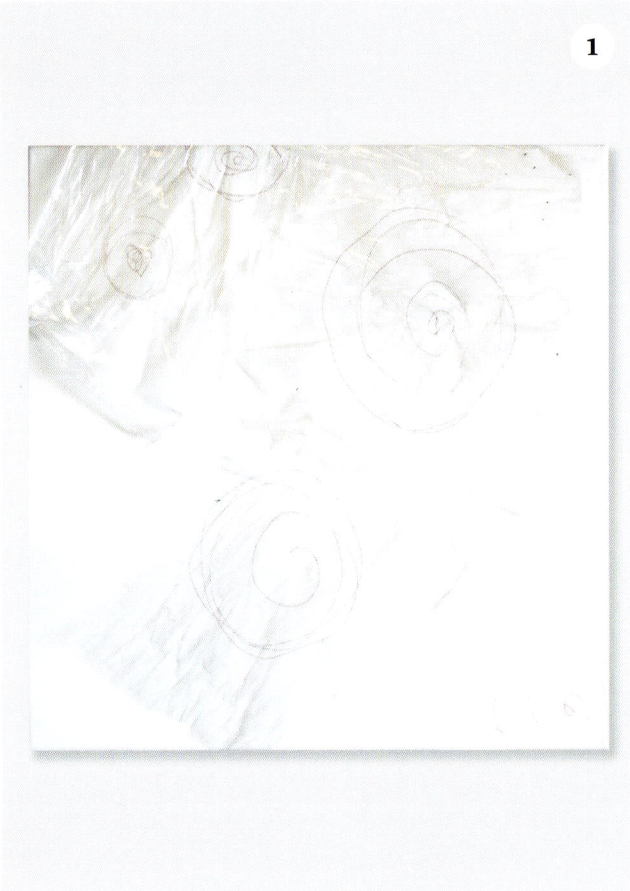

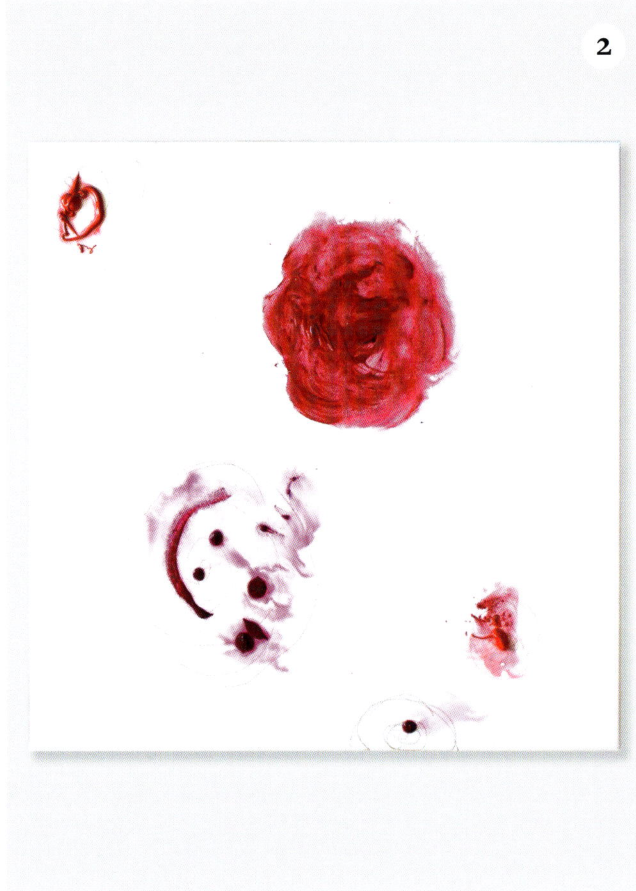

1 Schneide deine Folie auf die Motivgröße deiner Blumen zu. Skizziere mit Bleistift leicht auf, wo du diese platzieren möchtest.

2 Im zweiten Schritt nimmst du rote und magentafarbene Acrylfarbe. Bestreiche deine Leinwand mit Wasser (am besten nimmst du hierzu einen großen Flachpinsel) und trage anschließend deine Farben auf die vorgezeichneten Blumen auf. Lege nun wieder die Folie auf die noch nasse Farbe.

Tipp

Achte unbedingt darauf, dass deine Farben noch nass sind, bevor du die Folie auflegst, sonst funktioniert die Technik nicht.

3

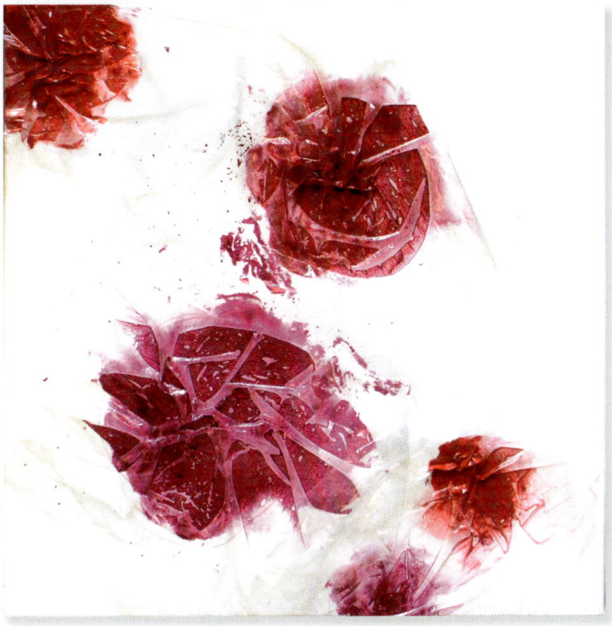

4

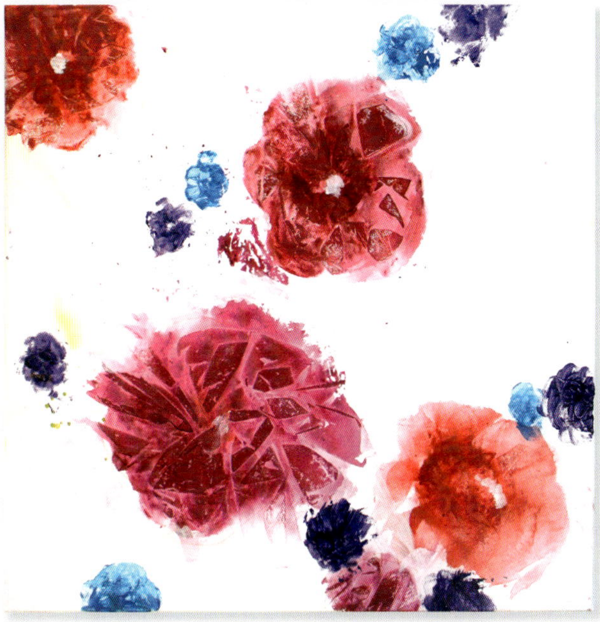

3 Ziehe mit den Fingern deine Folie auf dem Bild etwas zusammen und bewege sie leicht hin und her. Nun brauchst du Geduld: Deine Folie und deine Farbe müssen für mindestens zwei Stunden vollständig durchtrocknen.

4 Jetzt kommt der spannende Moment: Du kannst deine Folie abziehen. Füge nach Belieben violette, blaue und orange Blüten in Form von Flecken hinzu. Du kannst sie mit einem Korken stempeln oder mit einem Rundpinsel malen. Alternativ kannst du auch die Taschentuch-Technik verwenden. Wähle die Farben, nach denen dir der Sinn steht.

Tipp

Verwende bewusst verschiedene Techniken für dein Bild: Je mehr, desto interessanter wird dein Motiv.

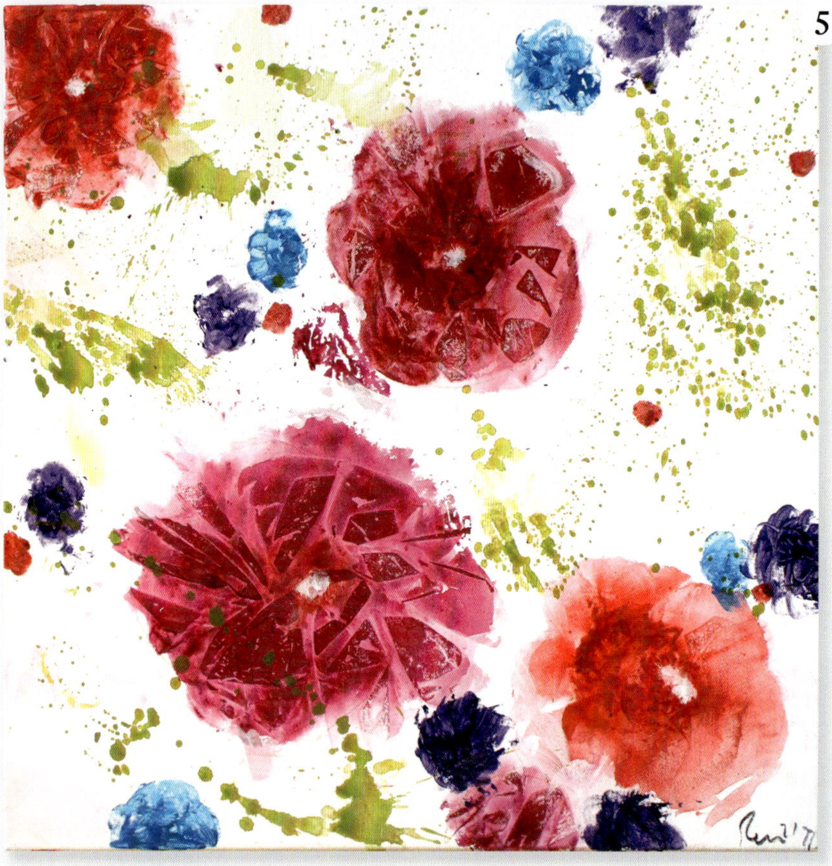

5

5 Nun kommt das Grün hinzu. Ich habe hier einen hellgrünen Farbton gewählt, das ist aber kein Muss. Male nach Herzenslust so viele grüne Blätter hinzu, wie du willst, und deute auch zwischen den einzelnen Blumen im Vordergrund grüne Stiele an. Benutze hierfür einen kleinen Rundpinsel oder nimm einen Fächerpinsel und schüttele ihn über dein Bild.

Tipp

Die Folientechnik kannst du jederzeit wiederholen, wenn dir dein Bild zu leer erscheint. Wähle dazu eine neue Farbe und beginne wieder bei Step 1.

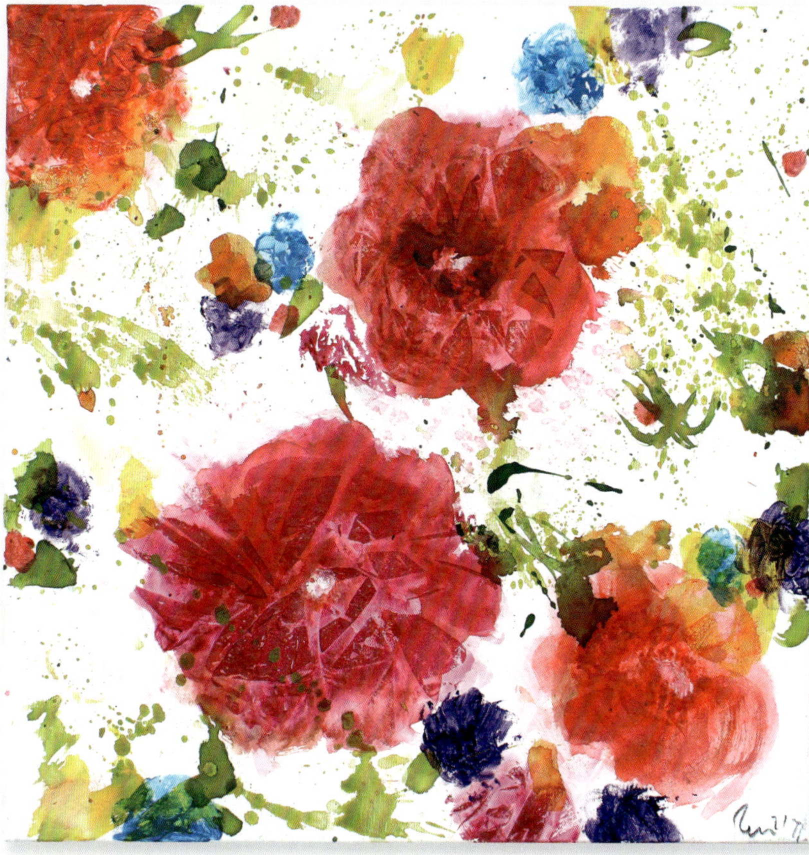

6

6 Nun kommt wieder das Feintuning. Schüttele und kleckse weitere Farben auf dein Bild, zum Beispiel Gelbgrün. Mit Titanweiß kannst du bei Bedarf deine Blumenformen etwas korrigieren, indem du sie etwas abrundest. Setze in die Mitte der Blüten einen weißen Punkt – den Blütenstempel. Auch die entstandenen Strukturen können weiter- und übermalt werden, bis dir dein Bild gefällt.

Tipp

Probiere die Technik mit der Folie zuerst auf einer Probeleinwand aus – es gehört etwas Übung dazu. Wichtig ist auch, dass die Farbe unter der Folie vollständig trocken ist, bevor du darauf weiterarbeitest.

Buntes Blumen Potpourri

Bei *diesem Motiv verwenden wir nun fast alle Techniken, die du in diesem Buch kennengelernt hast. Dazu benötigst du wieder eine Haushaltsfolie in Größe deiner Leinwand, einen Korken, zwei Wattepads, Ölpastellkreide, Kohle und deinen Pinselrücken zum Kratzen. Und natürlich: Wasser.*

MATERIAL

- Flachpinsel (ca. Größe 12)
- Kleiner Rundpinsel (ca. Größe 8)
- Haushaltsfolie
- Ölpastellkreide in Rosa und beliebigen Farben
- Zeichenkohle
- Korken/Wattepads
- Zeitungen zum Abdecken
- 1 rechteckige Leinwand (z. B. 50 x 70 cm)

FARBEN

Acrylic Ink:

- Kadmiumgelbton
- Primär Magenta
- Maigrün

Acryl:

- Titanweiß
- Zinnoberrot
- Türkisblau
- Violett

Technik

alle Techniken mischen

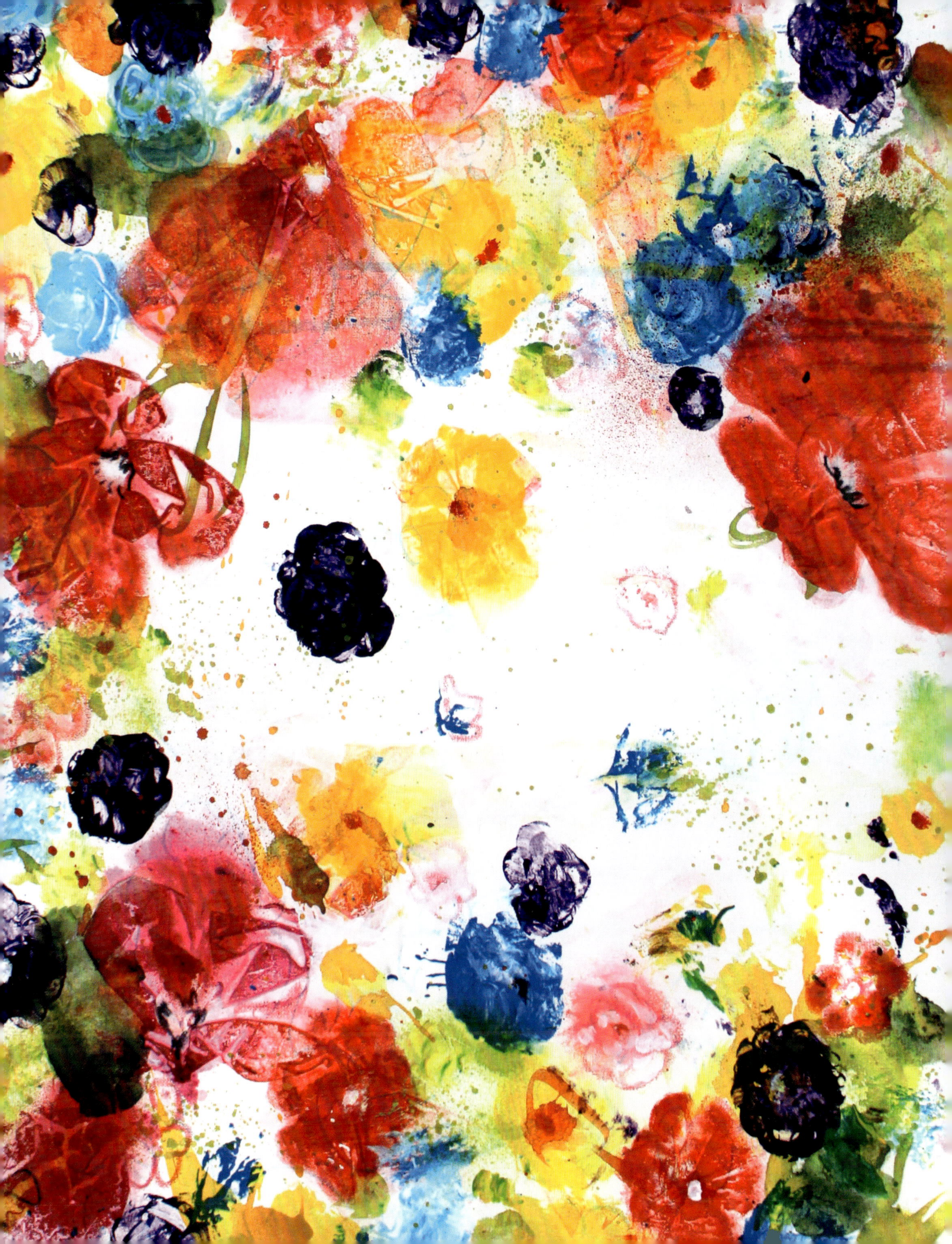

1

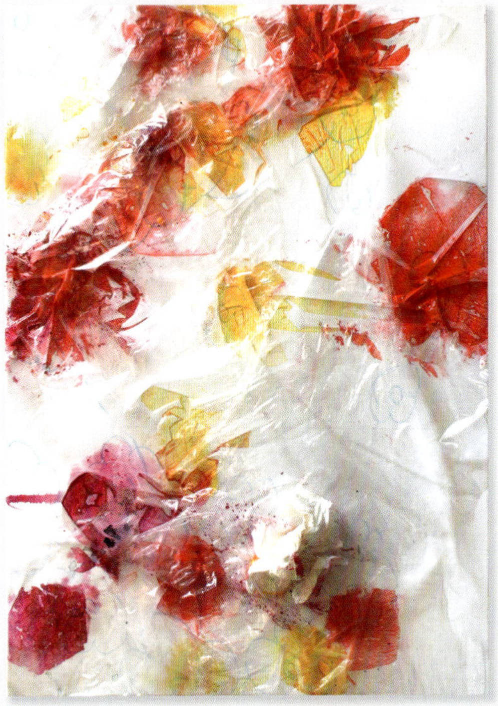

2

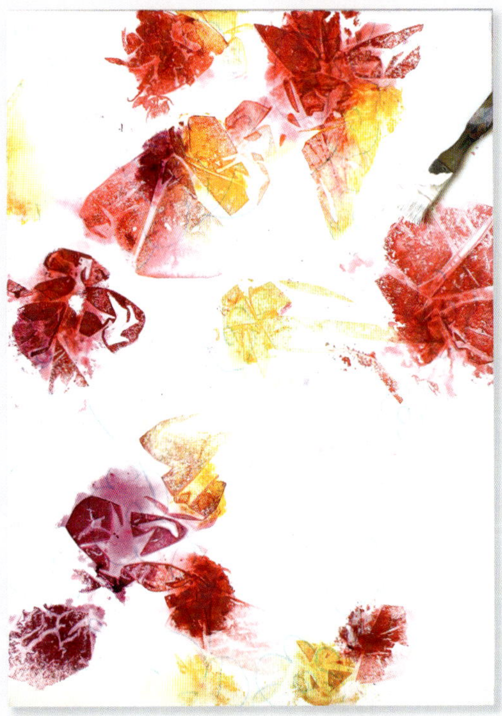

3

1 Skizziere mit deiner Ölpastellkreide vorsichtig auf, an welcher Stelle du welche Blumen platzieren möchtest. Wenn du zu stark aufdrückst, könnte der Strich unter einer hellen Farbe durchscheinen. Schneide dann deine Folie auf Leinwandgröße zu.

2 Im zweiten Schritt nimmst du rote Acrylfarbe und Acrylic Ink-Farbe in Magenta und Gelb. Bestreiche deine Leinwand mit Wasser (am besten nimmst du hierzu einen großen Flachpinsel) und trage anschließend deine beiden Farben auf die vorgezeichneten Blumen flächig auf. Lege nun deine zugeschnittene Folie auf die Blumen. Ziehe deine Folie auf dem Bild etwas zusammen und bewege sie leicht hin und her. Lass das Ganze vollständig trocknen.

3 Jetzt kommt der spannende Moment: Nach ca. zwei Stunden kannst du deine Folie abziehen. Man erkennt bereits zarte Blütenformen. Mit Weiß kannst du deine Blumen noch etwas herausarbeiten, indem du „unschöne“ Stellen übermalst.

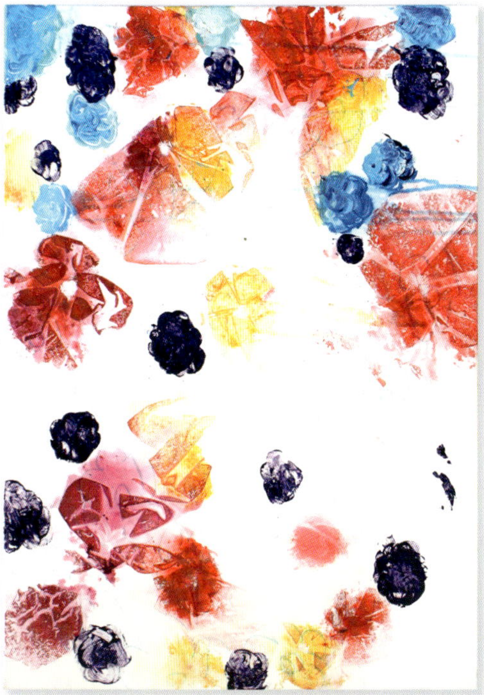

4

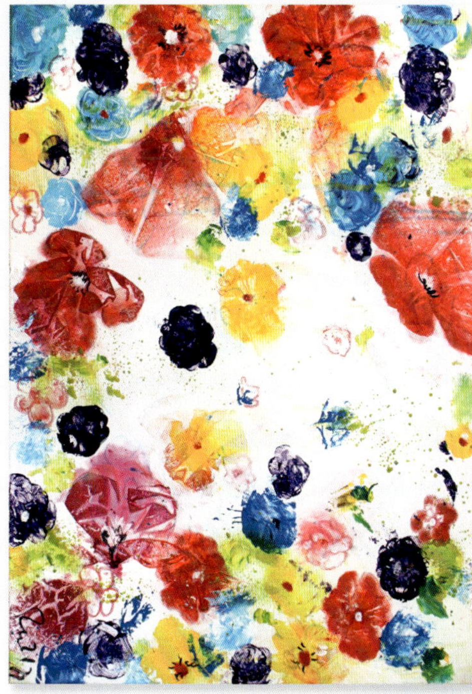

5

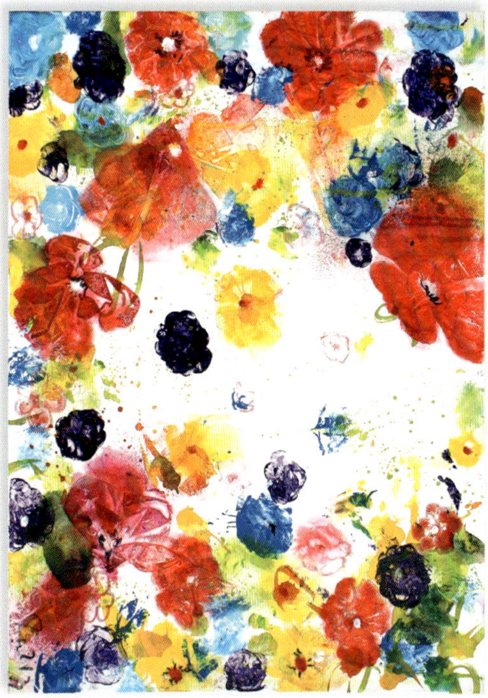

6

4 Füge nach Belieben violette und blaue Blüten hinzu. Du kannst sie mit der Korkentechnik stempeln oder mit einem Rundpinsel malen und mit dem Pinselrücken hineinkratzen. Alternativ kannst du auch die Taschentuch- oder Wattepad-Technik verwenden. Gerne kannst du auch andere Farben wählen. Nimm die Farben, nach denen dir der Sinn steht.

5 Setze weitere gelbe Blüten in dein Bild, indem du sie aufstempelst oder malst. Ebenso kannst du kleine Blüten oder andere Ornamente mit Ölpastellkreide in die Zwischenräume zeichnen.

6 Male nun so viele grüne Blätter hinzu, wie du willst, und deute zwischen den Blumen im Vordergrund grüne Stiele an. Benutze hierfür einen kleinen Rundpinsel oder nimm einen Fächerpinsel und schüttele ihn über dein Bild. Schüttele und kleckse weitere Farben auf dein Bild, zum Beispiel Gelbgrün. Mit Titanweiß kannst du bei Bedarf deine Blumenformen etwas korrigieren. Setze in die Mitte der Blüten einen weißen Punkt, den Blütenstempel.

Zeichnen

***Bei** allen malerischen Projekten gehört eines als Grundlage dazu: das Zeichnen. Hier zeige ich dir, wie du aus einer einfachen Grundform – einem Kreis – deine Blumen entwickelst. Nur Mut! Es ist nicht so schwierig, wie du denkst. Probiere es einfach aus! Du wirst sehen, dass dir deine Blumen danach viel einfacher gelingen werden.*

MATERIAL

- Bleistifte HB oder 2B/Zeichenkohle/Kreide
- Zeichenpapier nach Wahl
- Radierer und Spitzer
- Schablone

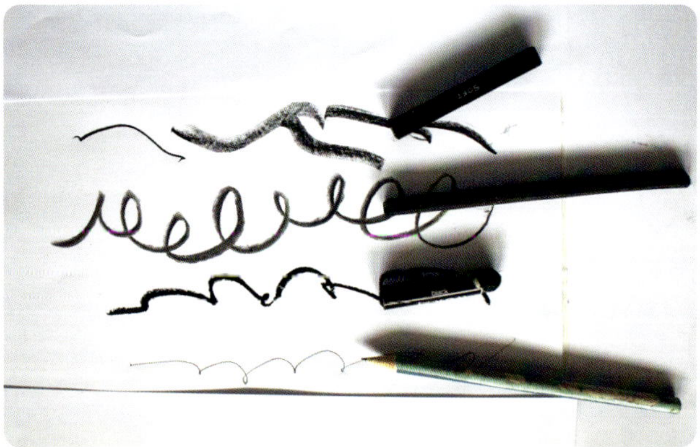

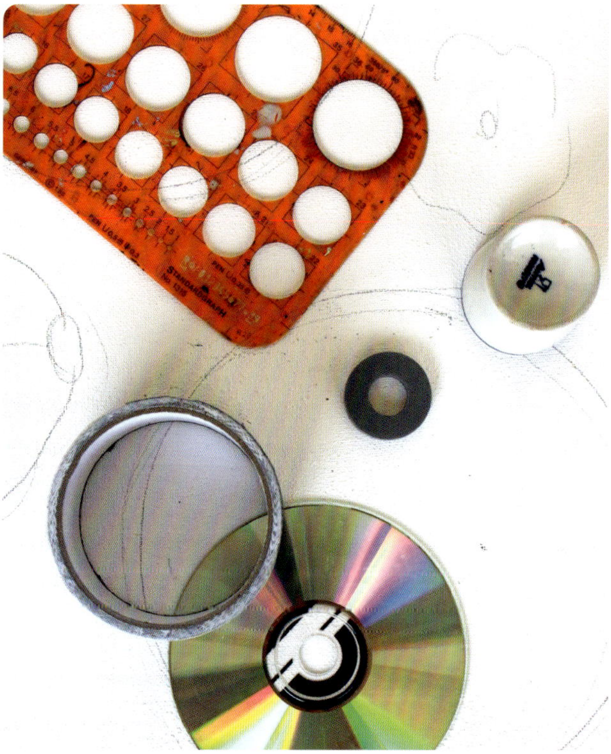

Richte alle Zeichenutensilien her und lege etwas Papier bereit. Du kannst selbst wählen, ob du mit Bleistift, Zeichenkohle oder schwarzer Kreide deine Zeichnungen anfertigen möchtest. Wir beginnen bei fast allen Blumen mit einem Kreis.

Suche dir eine Schablone, mit der du deinen Kreis zeichnest. Du kannst einen Teller, ein Glas oder eine alte CD hernehmen. Zeichne mit deinem Zeichenstift mehrere Kreise auf dein Papier.

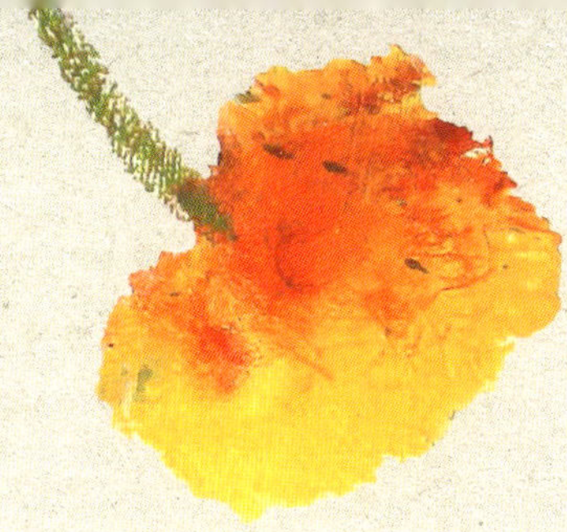

1

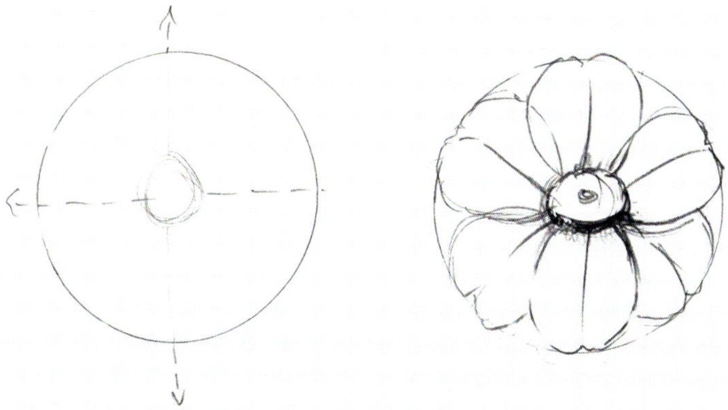

2

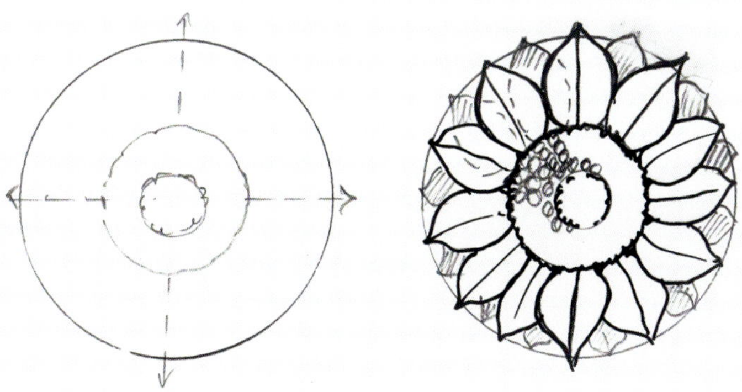

1
runde Blumen

Aus dem ersten Kreis kannst du nun eine runde Blume zeichnen. Halbiere deinen Kreis mit einer gestrichelten Linie. In die obere und die untere Hälfte setzt du jeweils drei Blütenblätter. In die Mitte kommt ein kleiner Kreis – der Stempel.

2
Sonnenblume

Für den zweiten Kreis nehmen wir uns die Sonnenblume vor. Beachte, dass der innere Kreis bei dieser Blume sehr groß ist und einen weiteren, kleineren Kreis beinhaltet. Du kannst hierfür zwei etwas kleinere Schablonen aussuchen. Am äußeren Ring zeichnen wir viele spitze Blütenblätter.

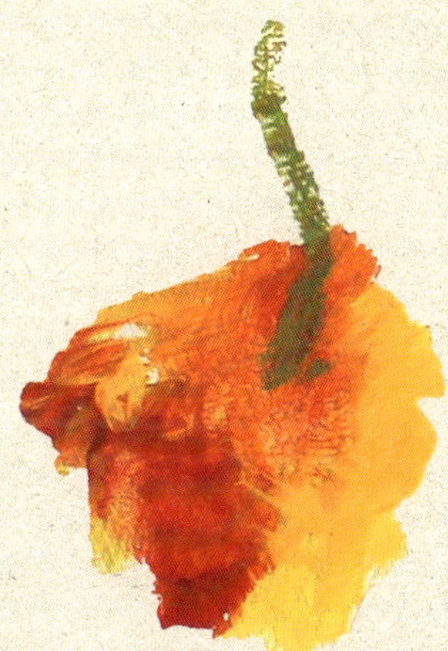

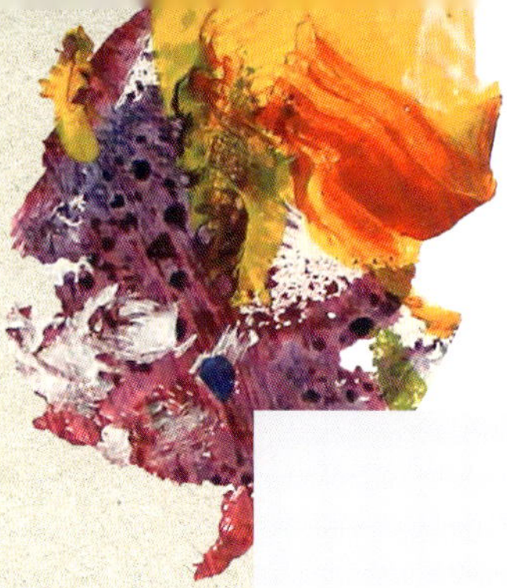

3 *Amaryllis*

Nun folgt die etwas anspruchsvollere Amaryllis. Zeichne hierfür zuerst zwei gegenüberliegende, sich überlappende Dreiecke in deinen Kreis. In das erste Dreieck kannst du von der Mitte aus die vorderen Blütenblätter einzeichnen, in das zweite Dreieck kommen die hinteren Blätter.

3

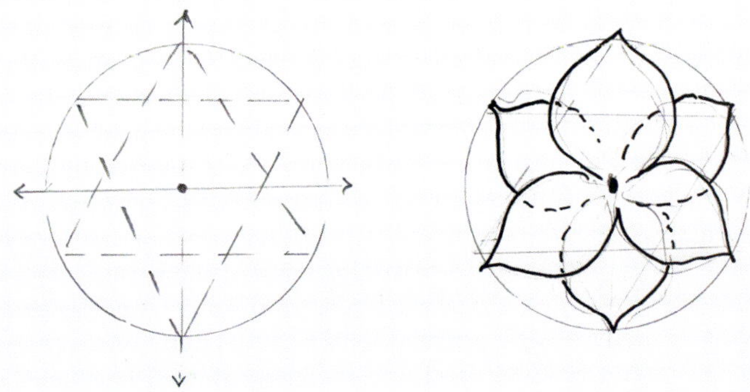

4 *Mohn*

Im Anschluss zeichnen wir den Mohn. Um Mohn von vorne und von unten zu skizzieren, zeichnest du einmal den schwarzen Stempel der Mohnblume in deinen ersten Kreis und den Stielansatz mit dem Stiel der Mohnblume in deinen zweiten Kreis.

4

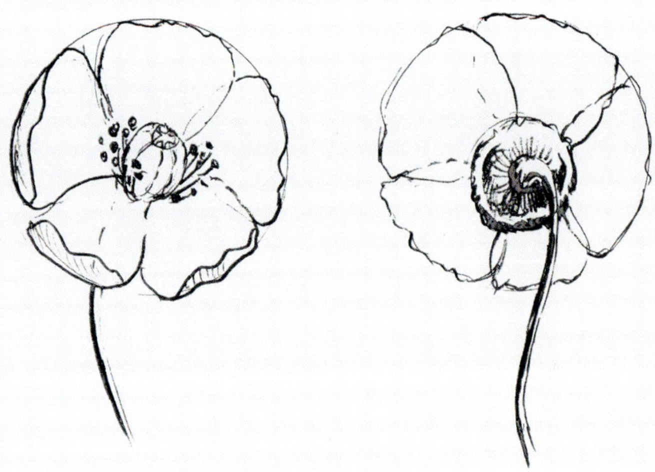

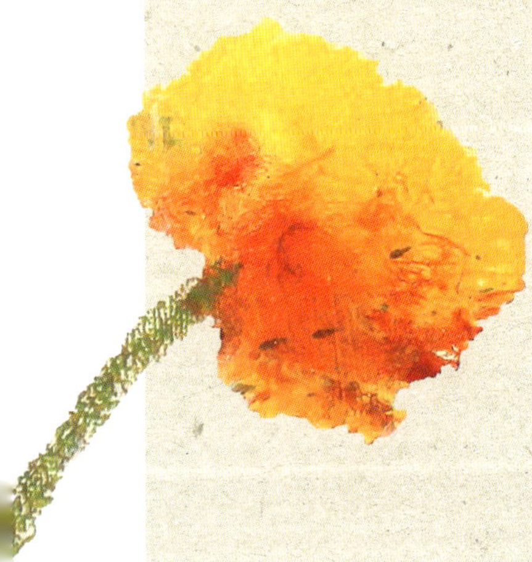

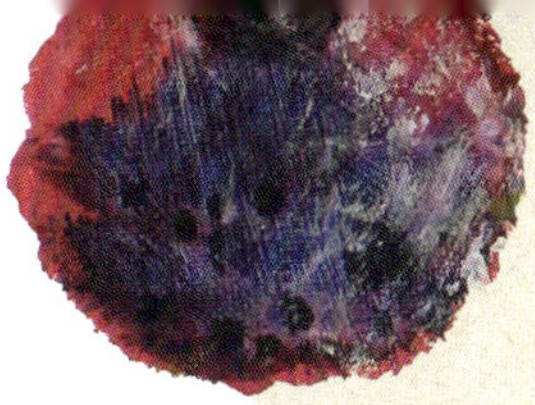

5

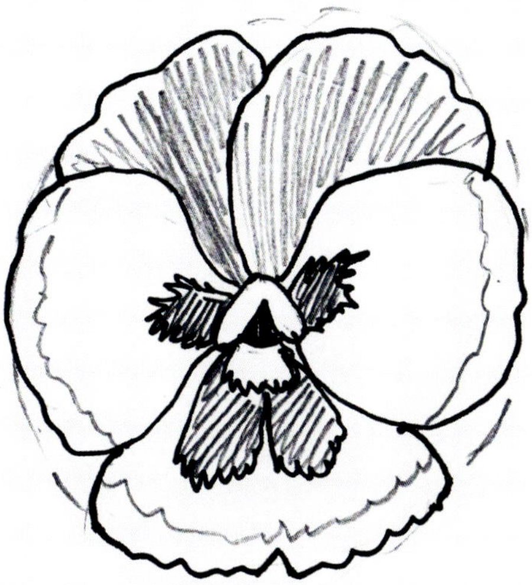

6

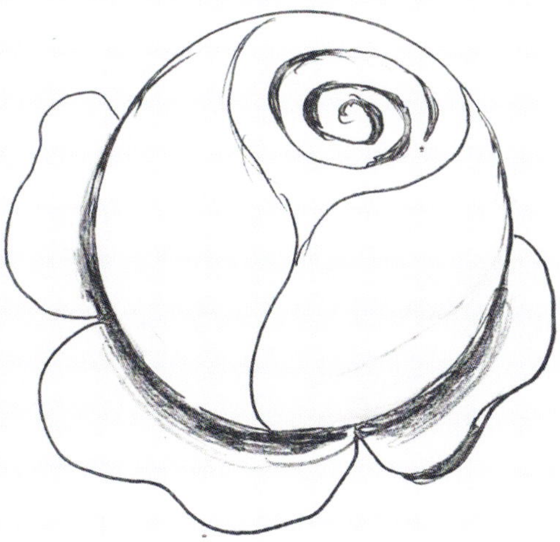

5
Stiefmütterchen und Veilchen

Beim Stiefmütterchen und beim Veilchen setzt du deinen „Mittelpunkt“ etwas unterhalb der Mitte. Das Stiefmütterchen bekommt seitlich zwei große Blütenblätter und ein breiteres Blütenblatt unten.

Achte bitte darauf, dass die Blätter am Außenrand leicht gezackt sind. Der Stempel ist ein kleines Dreieck in der Mitte, die schwarzen Musterungen außen herum sind charakteristisch für das Stiefmütterchen. Auch das Veilchen hat ein kleines Dreieck als Stempel und dünne, schwarze Musterungen.

6
Rose

Bei der Rose fügen wir als Erstes an der Seite einige Blütenblätter hinzu. Die Hälfte des Kreises zeichnest du mit zwei Blütenblättern ein, an die obere Seite des Kreises kommt eine Spirale. Sie deutet den Rosenkopf an.

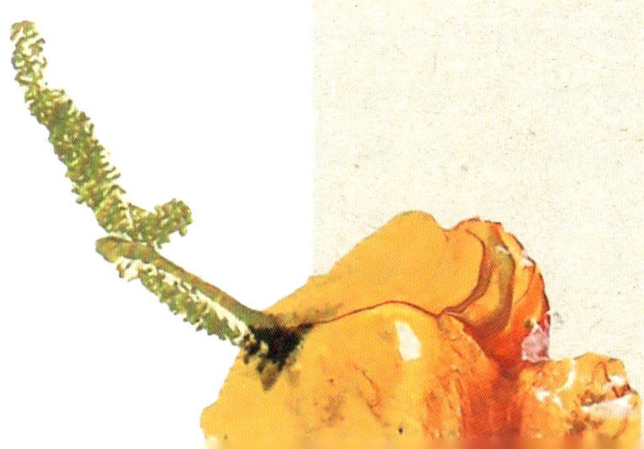

7
seitliche Blume

Teile deinen Kreis mit einer waagerechten Linie. Die Blütenblätter enden alle an dem mittleren Punkt unten am Kreis, aus dem auch der Stiel entspringt. Zeichne vier Blätter ein, von denen die äußeren angeschnitten sind.

8
Rittersporn

Diesmal ist unsere Grundform länglich statt rund. Stelle dir einen Kelch vor, der mit kleinen Blüten bedeckt ist. An der Seite werden die kleinen Blüten angeschnitten, bis dein Kelch vollständig gefüllt ist.

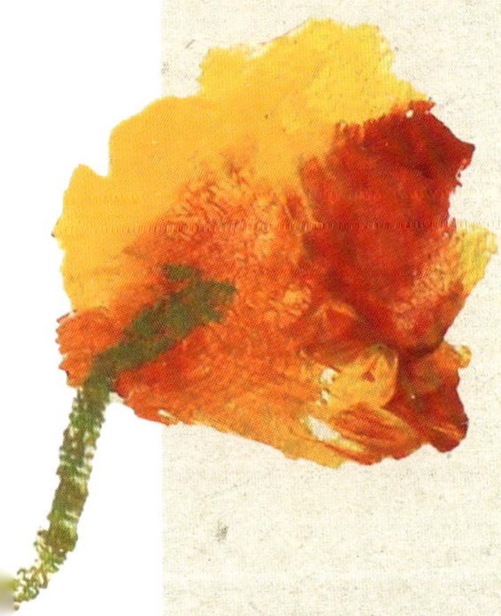

7

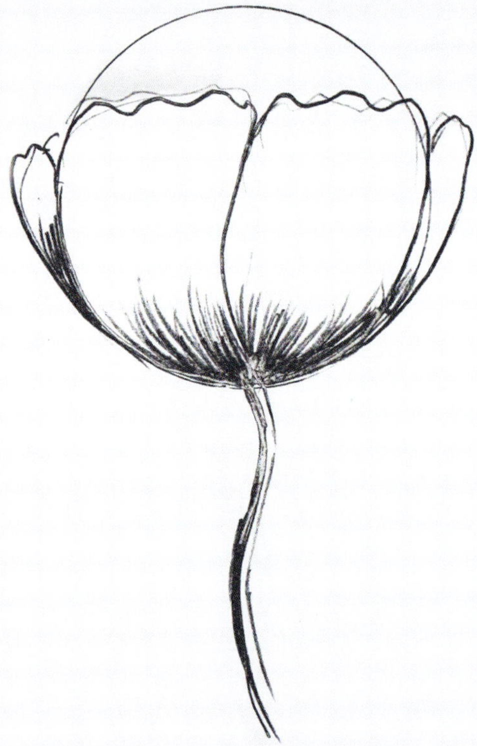

8

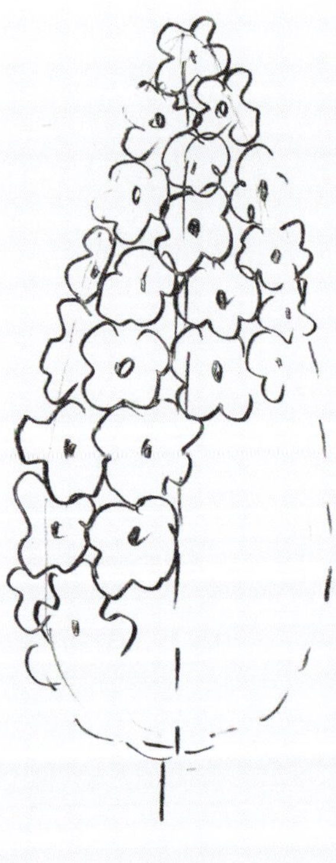

9

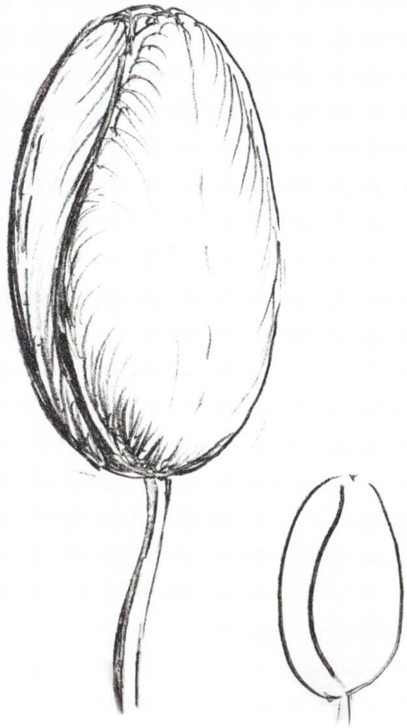

10

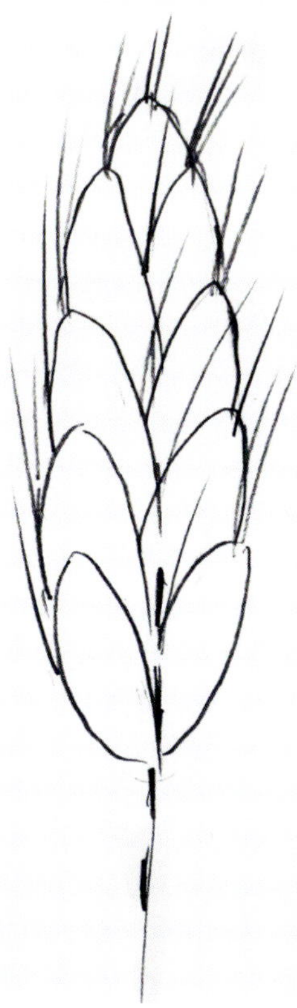

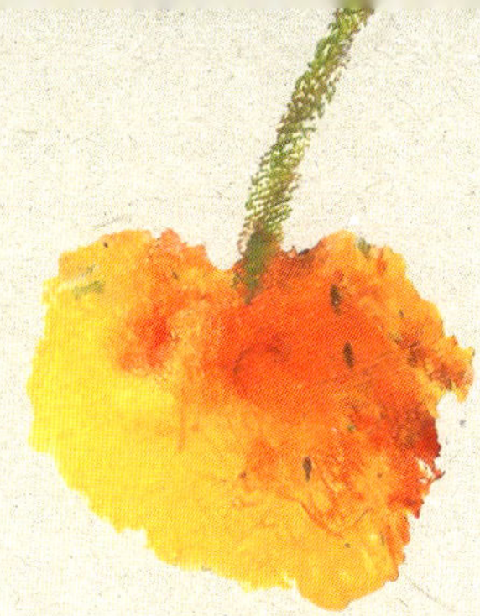

9
Tulpe

Bei der Tulpe beginnen wir mit einem Oval. In eine Seite des Ovals zeichnest du eine längliche Linie. Mit einer weiteren, gestrichelten Linie kannst du die Mitte des länglichen Blattes markieren. Von dieser Linie aus gehen halbrunde, kleine Linien ab, die zur Mitte hin zulaufen.

10
Ähre

Die Ähre hat wieder einen länglichen Umriss. Diesen teilst du in einzelne Segmente ein – die Körner.

Die einzelnen Körner bekommen dekorative „Haare“ an der oberen Seite.

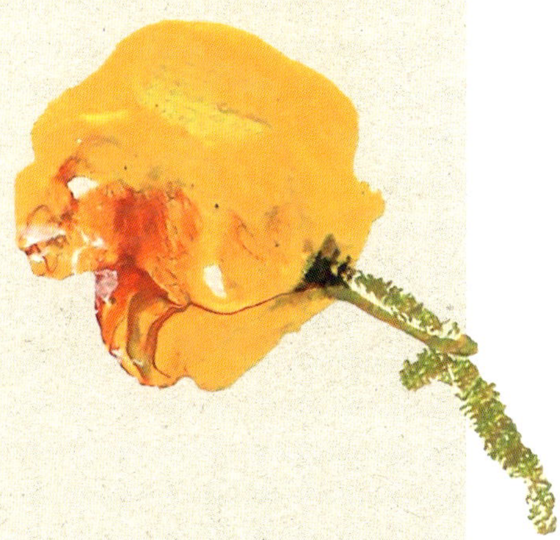

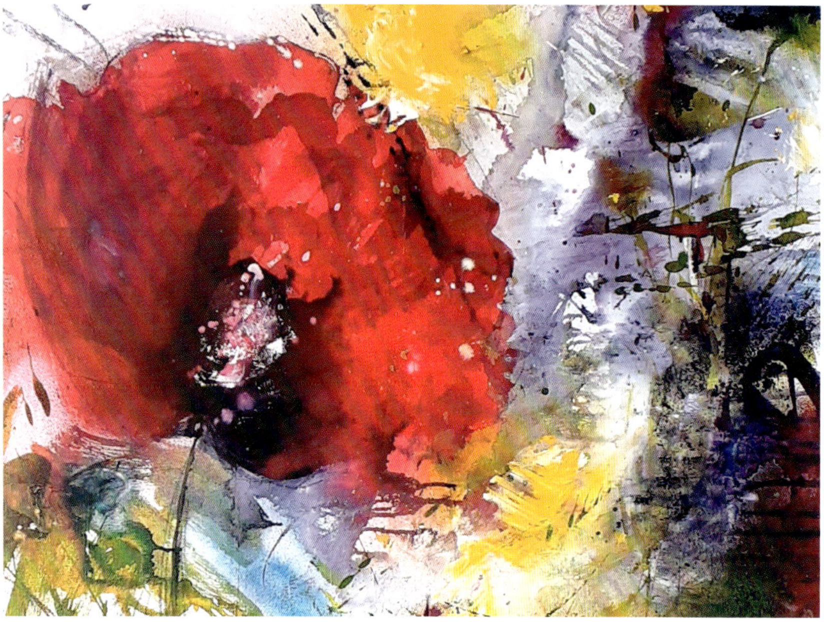
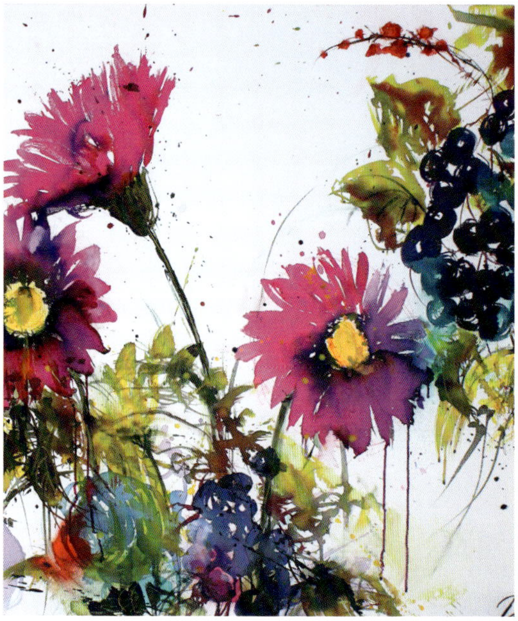
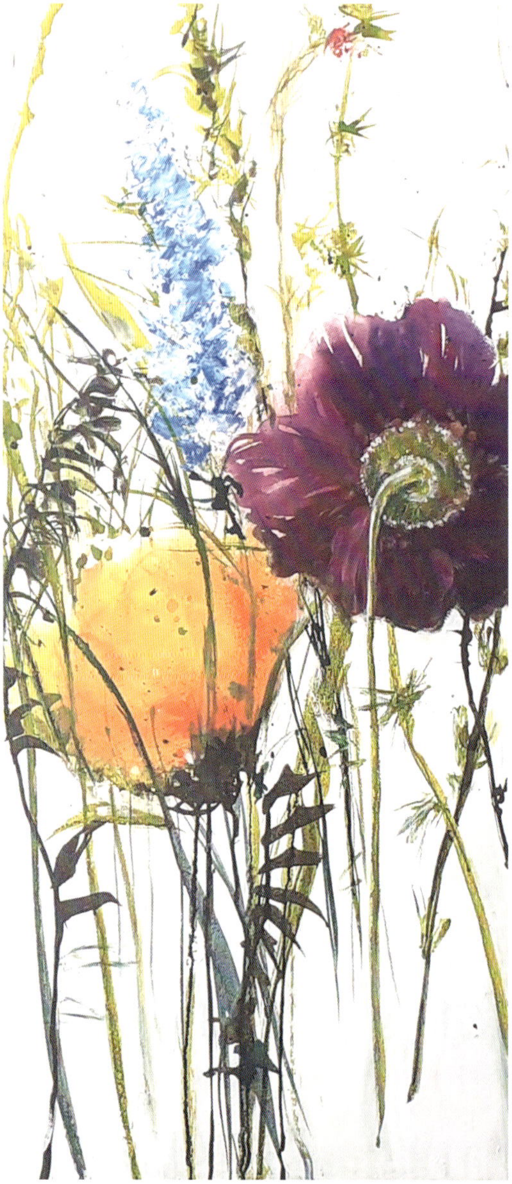
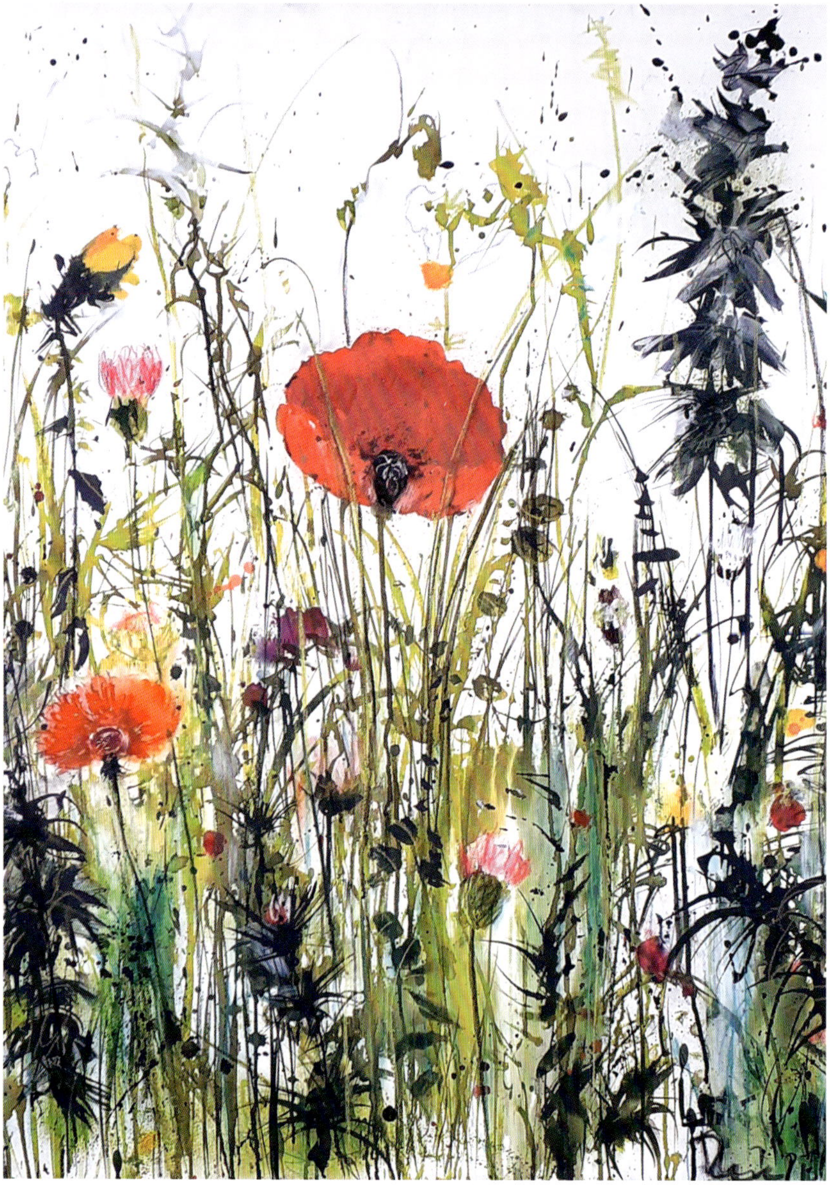

Dank

Danke sagen möchte ich …
… zuerst einmal der Edition Michael Fischer, für die Anregung, dieses Buch zu schreiben, und für die Möglichkeit, es veröffentlichen zu können.
… meinen beiden Lektorinnen, die mich geduldig beim Entstehungsprozess begleitet haben.
… den Firmen, die für dieses Buch Material zur Verfügung gestellt haben.
… meiner Familie für ihre Unterstützung allezeit.
… meinen Malschülern und Malschülerinnen, an denen ich stets weiterwachsen kann.
… meinen Freunden und Freundinnen, die mich ermutigt haben.
… und allen Lesern und Leserinnen, die dieses Buch ausgewählt haben.

Firmen, die für dieses Buch gespendet haben:

Canvasi *– Leinwände*
Schmincke und Lascaux *– Acrylfarben*
da vinci *– Pinsel*
Acrylic Ink-Farben *– Schmincke*
Honsell *– Ölpastellkreiden*

Über die Autorin

__Dipl. Ing. Heike Renz__ wurde 1967 in Herrenberg geboren und studierte an der ABK in Stuttgart sowie an der Hochschule Reutlingen Textildesign. Sie arbeitete 20 Jahre lang als Textildesignerin und entwickelte weltweit Kollektionen im Heimtextilbereich, bevor sie 2012 in ihrem Heimatort eine Kunstschule eröffnete. Beeinflusst durch die Arbeit als Textildesignerin entwickelten sich farbenfrohe, florale Themen zu ihrem bevorzugten Sujet. Bekannt ist sie für ihren lockeren, dynamischen Strich, der die Lebendigkeit ihrer Motive unterstreicht. Heute werden ihre Malereien auf der ganzen Welt ausgestellt.

www.galerieimgaeu.de
www.atelierimgaeu.de

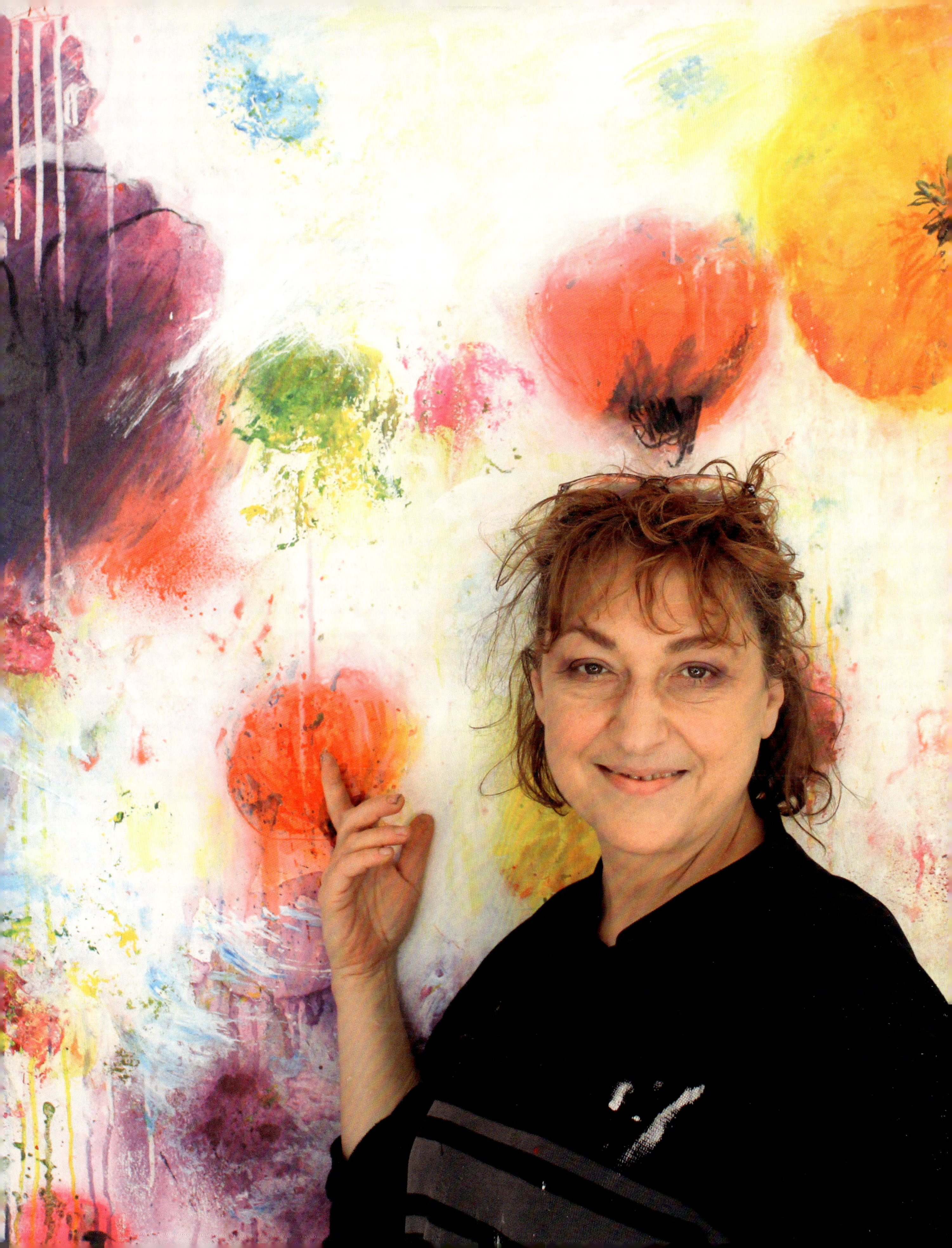

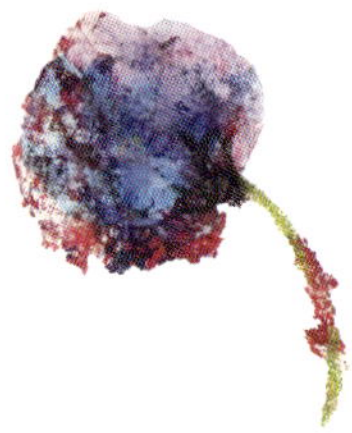

Impressum

Bibliografische Information der Deutschen Bibliothek.

Die Deutsche Bibliothek verzeichnet diese Publikation in der Deutschen Nationalbibliografie.
Detaillierte bibliografische Daten sind im Internet über http://www.dnb.de/ abrufbar.

EIN BUCH DER EDITION MICHAEL FISCHER

1. Auflage 2024

Cover, Layout & Satz: Luca Feigs
Redaktion und Lektorat: Dr. Franziska Witt-Klorer, Lara Kostov

ISBN 978-3-7459-1606-5

Gedruckt bei Polygraf Print, Čapajevova 44, 08001 Prešov, Slowakei

www.emf-verlag.de